U1015040

隧道现场
超前地质预报及工程应用

张成良　刘　磊　王国华　著

北　京
冶 金 工 业 出 版 社
2014

内 容 提 要

全书共分 11 章，第 1 ~4 章主要介绍隧道超前地质预报所需的地质学知识和影响隧道岩体稳定性的因素及相关的地质特征。第 5 ~8 章通过比较各种超前预报方法及理论分析研究，建立了综合预报体系，详细论述了综合超前预报的现场测线布置、数据采集和图像解译。第 9 章是针对综合预报体系的隧道工程运用。第 10、11 章是超前预报方法在相关行业的延伸应用。

本书可供从事隧道超前地质预报的科研人员、工程技术人员及管理人员借鉴和参考。

图书在版编目(CIP)数据

隧道现场超前地质预报及工程应用/张成良，刘磊，王国华著．—北京：冶金工业出版社，2013. 8（2014. 6 重印）
ISBN 978-7-5024-6368-7

Ⅰ. ①隧… Ⅱ. ①张… ②刘… ③王… Ⅲ. ①隧道工程—工程地质—预报 Ⅳ. ①U452. 1

中国版本图书馆 CIP 数据核字(2013) 第 199879 号

出 版 人　谭学余
地　　址　北京北河沿大街嵩祝院北巷 39 号，邮编 100009
电　　话　(010)64027926　电子信箱　yjcbs@ cnmip. com. cn
责任编辑　杨秋奎　美术编辑　彭子赫　版式设计　孙跃红
责任校对　郑　娟　责任印制　牛晓波
ISBN 978-7-5024-6368-7
冶金工业出版社出版发行；各地新华书店经销；北京慧美印刷有限公司印刷
2013 年 8 月第 1 版，2014 年 6 月第 2 次印刷
169mm × 239mm；12. 25 印张；235 千字；180 页
39. 00 元

冶金工业出版社投稿电话：(010)64027932　投稿信箱：tougao@ cnmip. com. cn
冶金工业出版社发行部　电话：(010)64044283　传真：(010)64027893
冶金书店　地址：北京东四西大街 46 号(100010)　电话：(010)65289081(兼传真)
（本书如有印装质量问题，本社发行部负责退换）

本书编写人员

张成良　刘　磊　王国华　王汝兴　王　春

李明银　赵　东　李任琼　陈代莲　孙　宇

邵　方　高加传　赵晓霞　杨绪祥　张全全

王　斌　郭运华　杨　溢　王永康　王喜雨

序

随着我国高等级公路、铁路及地下工程建设步伐的加快，山岭高速公路、铁路建设工程越来越多，水利水电、矿山的地下工程规模也越来越大，隧道在这些基础工程建设中发挥着越来越重要的作用。

众多工程实践表明，在隧道施工过程中，要穿越不同的地层，遇到各种地质条件，如软弱岩层、断层破碎带、膨胀土地层，以及岩爆、岩溶等地质灾害体等。不同的地质条件会影响隧道建设的进度，其中地质灾害体更是影响施工安全的关键因素。尤其是长大和深埋隧道极易发生地质灾害，主要是因为赋存环境下岩体的复杂力学行为比较突出，随之而来的工程地质问题比较多。因此，在隧道施工过程中必须对地质条件开展预测预报工作，这项工作对隧道的正常施工和顺利贯通发挥着十分重要的作用。

隧道现场超前地质预报正是在隧道开挖施工过程中开展的地质超前探测与预报工作，通过探测掌子面前方的地质构造、地层岩性、地下水和不良地质体的性质、范围、规模和位置等，以便及时掌握和反馈隧道地质条件信息，为调整和优化隧道设计参数和防护措施、优化隧道施工组织、制订施工安全应急预案、控制工程变更设计等提供依据。做好隧道现场超前地质预报工作，可有效预防和防止各类突发性地质灾害的发生，降低工程建设风险，实现工程质量、安全、工期、环境和投资等的综合性目标。

该书作者根据多年从事超前地质预报的工作经验和学术研究成果，对超前地质预报理论做了系统地阐述，明确了地质学知识在超前地质预报工作中的重要性，提倡地质知识和物探解译并重，同步发展、相辅相成的观念，提出以地质学为基础“长、中、短”相结合的综合预报体系，并已经在工程实践中进行了大量的应用，预报结果比较准确可靠，能够为相关科研人员和现场工作人提供借鉴和指导意义，具有很高的学术价值和广泛的应用前景。目前，我国的隧道超前地质预报技术正处于发展阶段，许多技术的掌握和提高尚需一个过程。相信本书的出版将会对提升我国隧道超前地质预报技术水平、防范突发性地质灾害、促进隧道开挖和基础设施建设的安全施工和质量管理起到积极的作用。故为之序。

中国工程院院士

2013 年 7 月 4 日

前　言

从整个岩土工程的发展史来看，19 世纪是长大桥梁发展的时代，20 世纪是高层建筑发展的时代，21 世纪将是大力开发利用地下空间的时代，隧道工程将会起着越来越重要的作用。随着我国经济的快速发展和西部大开发的推进，我国公路等级与规模不断提高，且高等级公路建设已呈现由平原地区向山岭地区推进、由东部向中西部发展的趋势，因此在公路特别是高速公路修建过程中隧道工程众多。截至 2005 年年底，我国隧道总数已达 9370 座，总长度 5200km，分别是改革开放之初的 22.7 倍和 908 倍，是世界上公路隧道最多的国家。

随着修建隧道的数量越来越多、规模越来越大、长度越来越长，如何“安全、快速、优质”地完成隧道建设工作是当前亟待解决的问题。隧道超前地质预报可以摸清和预测掌子面前方的水文地质和工程地质条件，是隧道施工必不可少的环节，也是“安全、快速、优质”地完成隧道施工的关键。

隧道超前地质预报所涉及的知识非常广泛，要求的专业技术水平较高。鉴于我国的隧道超前地质预报研究起步较晚，不仅要求从事隧道超前地质预报的工作人员有良好的物探专业知识，还要求具备良好的地质学知识，只有这样隧道超前地质预报结果才更可靠、精度才更高。但事实上，我国从事物探专业的人员综合专业基础知识比较薄弱，大多缺乏系统的理论指导和实践经验，应快速有效地提高物探专业的技术水平、提高超前预报的精度。本书着重于隧道超前地质预报所必备的地质学知识和超前地质预报理论与方法，结合从事超前预报工作所完成的工程实践，系统地阐述了隧道超前预报所需的知识和理论体系，并具体介绍隧道超前预报现场操作、信号采集和数据解译的工程应用，以期达到易学、易懂、易用的目的。

本书吸取了众多国内外超前地质预报研究的优点，提出了以地质为基础，“长、中、短”相结合的综合预报体系，实践证明该预报体系准确可靠。希望隧道超前地质预报的从业人员通过阅读本书，能够对隧道工程地质问题进行分析，能够掌握隧道超前地质预报的基本理论与方法，能够对隧道掌子面前方的不良地质体进行准确的预测预报。

本书在撰写过程中，得到了武汉理工大学李新平教授、梁开水教授，昆明理工大学杨溢教授，云南路电工程检测技术有限公司总经理孙宇、王汝兴高级工程师的指导，以及云南路电工程检测技术有限公司技术人员的支持和帮助，在此表示感谢。

作者参考了大量相关文献资料，在此谨向这些文献资料的作者致以真诚的谢意！

由于作者水平所限，书中不妥之处，恳请读者批评、指正。

作者于昆明
2013. 6. 8

目　录

1 绪 论

1.1 引言

从土木工程的发展史来看，19 世纪是长大桥梁发展的时代，20 世纪是高层建筑发展的时代，21 世纪将是长大隧道工程发展、大力开发利用地下空间的时代，隧道工程和地下工程在国民经济建设中发挥着越来越重要的作用。隧道在山岭地区可用做克服地形或高程障碍，缩短里程，改善线形，提高车速，节省时间，减少对植被的破坏，保护生态环境，同时可避免落石、坍方、雪崩等危害；在城市建设中可减少用地，构成立体交叉，解决交叉路口的拥挤堵塞，疏导交通；在江河、海峡、港湾地区，不影响水路通航；许多水电工程需修建大规模的隧洞工程用于引水发电。在经济可持续发展的战略中，隧道与地下工程将占据重要地位，其规模将日益壮大。

隧道工程是一项隐蔽工程，前方的地质情况变化多样，经常会遇到断层、破碎带、暗河、溶洞等不良地质体，而导致塌方、涌水和突水、岩溶塌陷、洞体缩径、山体变形和泥石流、岩爆及大变形等地质灾害发生。这些灾害的发生导致设备损坏、人员伤亡，影响施工进度，甚至导致整个工程的失败，造成严重的经济损失。如日本于 1984 ~ 1997 年间在隧道施工中死亡 220 人，其中因崩塌死亡的占 26%。在日本的青函隧道（53.8km）施工过程中遇到 115200m^3/d 的突水，共死亡 34 人、伤残 1300 余人，经过 5 个多月的工程处置措施才控制住隧道突水，总工期比预期推迟十年之久。意大利和瑞士之间的勒奇山隧道（14.6km）施工过程中因坍塌死亡 25 人。

我国川黔线凉风垭隧道（4.3km）因围岩遇水膨胀导致拱顶大量塌方，压裂拱圈和边墙，推迟工程达半年之久。成昆线红庙隧道因大量涌水和严重塌方被迫改线。成昆线沙木拉达隧道（6.4km）曾发生 52000m^3/d 的多次突水，造成停工 32 天，通车后严重漏水，多年的整治耗资近千万元。

王梦恕院士指出：“快速施工是我国 21 世纪隧道修建的主攻方向，消除施工中的地质灾害是快速施工的关键，而要消除隧道施工中的地质灾害，关键是要加强施工地质工作，其中主要就是地质灾害预测预报工作。”在隧道施工前对地质情况的了解对于隧道建设有十分重要的作用，围岩工程地质、水文地质条件、可能变形破坏模式、规模和自稳时间的正确预报和判断，是快速施工的关键。

隧道施工超前地质预报由来已久，在隧道施工过程中为了避免和减少地质灾害的发生，英、法、日、德等国家均将此列为隧道工程建设的重要研究内容。从我国根据矿山巷道掌子面揭露的围岩特性成功预报矿山巷道掌子面前方将遇到不良地质体引发巷道塌方开始，隧道施工超前地质预报的研究和应用由此展开。

随着隧道施工技术的提高，工程建设对隧道施工超前地质预报提出了更高的要求。受地质勘察精度、经费等条件的限制，设计与实际不符的情况时有发生。通过超前地质预报及时发现异常情况，预报掌子面前方不良地质体的位置、产状、类型及其围岩结构的完整性与突水的可能性，为隧道施工方案优化提供依据；为预防隧道突水、突泥、突气等可能造成的地质灾害及时提供信息，使施工单位提前做好施工准备。超前地质预报可以了解掌子面前方的工程地质条件及围岩类别，进而为施工单位选择合理的开挖断面、支护参数和施工方法提供理论依据。隧道超前地质预报可以为隧道施工提供技术支持，保障隧道施工安全，提高施工效率，缩短施工周期，减少或避免事故损失，具有重大的社会效益和经济效益。

1.2 研究进展

1.2.1 国外隧道超前预报的方法及研究进展

世界各国在19世纪70年代开始了隧道施工地质预报工作，方法多为通过导坑来了解前方不良地质地段，有的则通过超前水平钻孔进行预报。瑞士、日本等国十分重视隧道施工地质预报，许多施工单位配有专门的隧道施工地质工程技术人员，或由业主提供专业的施工地质队伍。超前导坑或平行导坑和超前水平钻孔都是比较直观的预报手段，原理基本一致，都是通过揭露沿隧道轴线方向的地质情况来进行地质预报，只是两者揭露的断面大小有差异而已，可以认为超前水平钻孔是小比例的超前导坑。超前水平钻孔相对于导坑来讲，耗时较少且经济性能较好，但需要超前水平钻机等重型设备，设备的一次投入成本可能较高。还可以通过在超前水平钻探施工过程中，对钻速、回水量等的记录分析、钻孔岩芯的识别、钻孔冲洗液的颜色变化等来确定前方围岩的地质情况，进而确定围岩级别。在曲线地段、纵坡坡度较大地段超前水平钻孔法有一定的应用局限。

地质雷达探测方法是目前分辨率最高的工程地球物理探测方法，该法源于欧美的航天探空雷达技术。1910年德国的G. Leimbach和H. Lowy就提出了利用雷达原理探测地下物质，但20世纪70年代以后，探地雷达的实际应用范围才得以扩大。地质雷达法是交流电法的一种，其基本原理是由发射机发射脉冲电磁波，其中一部分是沿着掌子面传播的直达波，经过时间 t_1 后到达接收机；另一部分电磁波传入岩体中，若在波的传播过程中遇到电性不同的岩体（如破碎岩体、含水岩体等），电磁波就发生反射，经过时间 t_2 后到达接收机，然后根据两种波传播时间的差值来确定掌子面前方不同岩体的具体位置。地质雷达的使用前提是掌子面前方探测范围内的岩体的电性与掌子面岩体有差异，而且差异越大越好。

20世纪50年代，苏联学者开始研究将直流电法用于煤矿井下探测。直流电法包括电阻率法（电剖面法、电测深法）、充电法、自然电场法、激发极化法等。其中电阻率法是依靠人工建立直流电场，在掌子面测量某点垂直方向的电阻率变化，以此来推测掌子面前方的地质体情况。该法可以确定不同的岩性、进行地层的划分，探测褶皱、断层等构造体的产状，探查含水体的分布情况等。20世纪70年代末期，德国、英国提取与利用槽波的埃里相探测巷道工作面前方的地质构造。

20世纪80年代以来许多国家都将地质预报问题列为重点研究课题。澳大利亚研究隧道掌子面前方地质情况预报，联邦德国进行掌子面前方地层动态的详细调查研究，法国主要研究在不降低掘进速度前提下的勘察方法，但都未取得可供推广的研究成果。日本主要研究掌子面前方地质预报，在青函隧道施工过程中，一方面开挖超前导洞，另一方面在导洞中沿隧道轴线打超前水平钻孔进行地质预报，这种方法取得了一定的效果，接着又开始了应用地球物理探测方法进行超前地质预报的研究。

20世纪90年代初，瑞士安伯格（Amberg）技术公司研发了一套超前预报系统设备——TSP（tunnel seismic prediction）即隧道地震预报系统。该系统采用地震波反射原理，地震波由24个爆破点上的小剂量炸药爆炸产生，当爆炸产生的地震入射波遇到岩体结构有变化的岩层时，在不同介质的分界面上，部分入射波被反射，采用电子传感器接收。因地震波在岩体中以固定的速度传播，所以反射波的到达时间和入射波到达不同岩体分界面的距离成正比，故能间接测量地质变化带和测点之间的距离，预测隧道掌子面前方的地质结构及围岩地质状况，同时还可对围岩力学参数（包括动态杨氏模量、静态杨氏模量、泊松比、纵波速度、密度、纵横波速比等）进行评估。其优点是探测距离远（可达掌子面前方100～300m）、分辨率高、抗干扰能力强、资料解译速度快、对施工影响小等。TSP在瑞士、法国、德国、奥地利、意大利、日本等国的隧道施工中得到了广泛的应用。利用TSP进行超前地质预报，是施工决策过程中不可缺少的一道工序。日本学者将TSP用于日本的多条隧道，并且改进开发了C-TSP（continuous-TSP）系统，该系统不是为了做TSP专门爆破而产生地震波，而是利用隧道开挖时的每一次爆破，对前方地质情况进行预测，探测距离最长可达150m。

2000年左右，美国NSA工程公司开发出TRT（true reflection tomography），即空间层析成像技术，并在欧洲、亚洲开始应用。TRT技术在欧洲隧道地质预报中应用较成功，如波利山隧道、奥地利穿越阿尔卑斯山脉的铁路双线隧道等。该方法的突出特点是在观测方式上实现了空间三维观测，资料处理手段采用地震偏移成像方法。该方法将检波器和激发炮点布置在隧道边墙和掌子面上，最大限度地扩展横向展布，以充分获得空间波场信息，提高波速分析和不良地质体的定位精度，较TSP法有明显的改进。理论预报长度为100～300m，软弱破碎地段为60～90m。

近年来，德国GeohydraulikData公司开发出了BEAM（bore—tunnelling electrical ahead monitoring），即隧道电法超前探测技术，是目前唯一的隧道电法超前地质预报方法。该方法是一种聚焦电流频率域的激发极化方法，其最大特点是通过在外围的环状电极发射一个屏蔽电流和在内部发射一个测量电流，使电流聚集进入要探测的岩体中，通过获得与岩体中空隙有关的电能储存能力参数PFE（percentage frequency effect）的变化，预测掌子面前方岩体的完整性和含水性。其另一个特点是可以将装置安装在盾构法施工的盾构掘进机的刀头（测量电极）和外侧护盾（屏蔽电极）上，也可安装在钻爆法施工的钻头前方（测量电极）和两侧钢架（屏蔽电极）上，随着隧道的掘进，连续不断地获得数据，并实时处理得到的PFE曲线，从PFE曲线即可推断掌子面前方不良地质体的性质。该项技术在欧洲许多国家已经开始使用。

1.2.2 国内隧道超前预报的方法及研究进展

我国隧道施工期超前预报研究工作始于20世纪50年代。铁二院地质工程师陈成宗先生在川黔铁路凉风垭隧道依据掌子面的地质情况，结合地质素描和丰富的地质工作经验，开展隧道掌子面超前地质预报工作，实现了对地质情况的短距离预测，预报距离为30m左右。

70年代，谷德振教授等根据掌子面地质性状和矿巷施工进度成功的预测了矿巷前方将会遇到断层并引发塌方，开启了我国隧道施工期超前预报研究和应用的序幕。对掌子面地质特征的分析主要是通过掌子面素描实现的，具体包括掌子面地层岩性、产状、节理面发育特征、受地质构造影响程度、地下水发育情况等。根据掌子面岩层的倾角，确定层位，采用相应公式计算软弱夹层在隧道洞身的位置，判断其稳定性，提出施工预防措施。该方法适用于预报范围内岩层产状变化不大的情况下，隧道开挖后，根据掌子面的地质条件，预测分析掌子面前方的地质情况。

此后，我国在大秦线军都山隧道、朔黄线长梁山隧道、西康线秦岭隧道、渝怀线圆梁山隧道、大运高速公路雁门关隧道等项目施工中陆续开展了超前地质预报工作，并贯穿于隧道全过程，取得了较好的效果。这个阶段为我国隧道施工超前地质预报的起步阶段，主要是侧重于单一方法预报和引进国外仪器设备及技术方法进行预报。伴随着我国隧道建设项目的增多，对隧道施工期的超前预报工作予以了极大重视，并将此列为隧道工程建设重点研究内容之一。有些施工单位配备了专门从事隧道施工的地质调查和预测的工程技术人员，有些则由业主聘请专业技术人员从事超前地质预报工作，并拨出专款或合同硬性规定必须开展此项工作。目前，我国隧道施工期超前地质预报工作运用得较多的方法有：超前勘探预报法、地质法、地球物理探测方法（TSP、TGP、TRT、地震反射负视速度法、陆地声呐法、地质雷达、瞬变电磁法等）以及以地质法为基础各种物探方法相结合的综合预报方法。

随着国家基础学科科研力度的加大及科技水平的提升，我国的超前预报从单一的引进国外先进设备和技术逐渐转变为具有自主知识产权的研发；从传统的运用地质法通过罗盘、铁锤、放大镜等简单工具进行预报工作逐步转变为采集—分析——体化的各种物探方法相结合的预报手段；同时仪器设备的智能化程度也越来越高，人为的经验判别所占的比重逐步下降。

计算机成图软件和数码成像技术的迅速发展，实现了隧道掌子面地质素描图、探测的原始波形及波谱图、接收信号的综合分析处理、计算分析图件的计算机化。专用软件的开发，极大地提升了探测数据分析处理的速度和精确度。中铁第一勘测设计院研制的高分辨地质探测仪专用软件、北京市水电物探研究所自主研发的 TGP206 型隧道超前地质预报系统、中铁西南科学研究院有限公司结合智能工程声波仪的研制原理成功开发了时域反射子波分析软件、频域反射谱分析软件和跨孔声波 CT 软件，大大提高了系统分辨率和数据分析处理速度，使得跨孔声波法隧道施工期地质预报探测结果实现了由平面展示到立体展示的转变。

1.3 存在的问题

近些年来，我国公路、铁路建设迅速发展，每年修建中长规模以上的隧道上百座，因此，如何提高隧道超前地质预报的准确性，是确保隧道施工安全、提高质量、加快施工进度和提高经济效益的重要保证。然而，国内外的超前地质预报工作，目前还存在着大量的问题和难题，其原因主要有以下三个方面：

（1）认识问题。主管部门在预算和招投标时，把隧道超前地质预报工作列入硬性指标；但是，在施工过程中，不少施工单位对超前地质预报工作的必要性认识不足，没意识到预报对施工的指导意义和作用，甚至认为是负担或影响施工。

（2）预报体系问题。隧道地质条件复杂、结构变化多样，在隧道超前预报过程中，物探具有多解性。采用单一的预报方法往往存在局限和不足。超前地质预报工作应坚持长、中、短距离预报方法相结合，相互印证，综合分析、解译，以使依据更充分，结论更合理、更科学。但施工部门往往以经费紧张为由，尽量少做或不做，致使预报手段、程序不合理，降低了超前地质预报的准确度。具体而言：越是不能开展系统的长、中、短距离相结合的预报，判定不良地质体的参考资料就越缺乏，判断的依据就越不充分，其结论和建议就越不具有参考性。

（3）专业配置问题。目前，超前地质预报队伍技术水平参差不齐，有些超前地质预报专业人员的地质专业素养不高，物理探测解译若缺乏专业的地质技术支撑，将会导致物理探测解译不准确和超前地质预报效果不理想，从而不能满足安全施工的要求。因此在隧道超前地质预报工作中应坚持物探人员与地质人员的合理配置，才能大大提高地质超前预报的预测精度。

2 隧道超前地质预报所需的地质学基础

地质分析预报法、地球物理勘探法和超前水平钻探等方法作为隧道超前地质预报的手段是可行的、也是不可缺的，但这些预报方法的基础是基于对预测地质体所处地质条件的掌握。隧道地质条件受地壳变化、气候、人类活动、工程扰动等因素的影响而复杂多变，掌握良好的地质学知识是隧道超前地质预报成功的前提。离开地质学的支撑，隧道超前地质预报的成功率将大大降低。因此，有必要对隧道所处位置的地形地质条件进行充分的认识和把握。

要正确认识地质学知识在地质超前预报工作中的作用，必须强调物探、钻探或导坑等手段与地质的结合，物探是地质从地表向（地下）深部看的“眼睛”，地质是物探认识测试信息资料和解释的“前提和基础”，自始至终都必须重视和加强地质调查，将地质解释的含义纳入到超前地质预报之中。没有地质解释内容的超前预报，不能称其为“超前地质预报”，只能称“高密度电法超前预报”、“TSP 法超前预报”、“地质雷达法超前预报”。

地质条件是千变万化的，要获得高水平、高质量的超前地质预报成果，在野外开展物探工作的同时必须进行地质调查和资料收集。内业工作时，要求物探人员不仅对物理探测数据处理、影像成图及其转化成果的识别、判读和解释，具有丰富的经验；要求解译人员具备将物探解译与地质调查资料紧密结合的能力。所预报的成果不仅是提交物探数据和图像，更重要的是物探与地质结合的成果，并对下一步施工提出科学依据、合理的建议。只有物探人员与地质人员密切合作进行的综合解释，才能取得令人满意的超前地质预报成果。

2.1 地壳岩石的分类

岩石是组成地壳的基本物质，它是由矿物或岩屑在地质作用下按一定规律凝聚而成的自然地质体。如玄武岩、石灰岩、片麻岩，都是指具有一定成因、一定矿物成分及结构构造的岩石。岩石可由单种矿物所组成，如纯洁的大理石由方解石组成；而多数的岩石都是由两种以上的矿物组成，如玄武岩主要由石英、长石和辉石三种矿物所组成。按照成因岩石可分为岩浆岩、沉积岩和变质岩三大类。

2.1.1 岩浆岩

地壳下部，由于放射性元素的集中，不断地衰变而放出大量的热能。使物质处于高温（1000℃以上）、高压（上部岩石的重量产生的巨大压力）的过热可塑状态。成分复杂，但主要是硅酸盐，并含有大量的水汽和各种其他的气体。当地壳变动时，上部岩层压力一旦减低，过热可塑性状态的物质就立即转变为高温的熔融体——岩浆。岩浆内部压力很大，不断向地壳压力低的地方移动，以致冲破地壳深部的岩层，沿着裂缝上升。上升到一定高度，湿度、压力都要减低。当岩浆的内部压力小于上部岩层压力时，迫使岩浆停留下，冷凝成岩浆岩。

2.1.1.1　岩浆岩的分类

按照冷凝成岩浆岩的地质环境的不同，将岩浆岩分深成岩、浅成岩及喷出岩三大类：

（1）深成岩：岩浆侵入地壳深处约距地表 3km 冷凝而成的岩石。岩浆压力和温度较高，温度降低缓慢，组成岩石的矿物结晶良好。

（2）浅成岩：岩浆沿地壳裂缝上升距地表较浅处冷凝而成的岩石。由于岩浆压力小，温度降低较快，组成岩石的矿物结晶较细小。

（3）喷出岩（火山岩）：岩浆沿地表裂缝一直上升喷出地表，这种活动称为火山喷发，对地表产生的一切影响称为火山作用，形成的岩石称为喷出岩。在地表的条件下，温度降低迅速，矿物来不及结晶或结晶较差，肉眼不易分辨清楚。

2.1.1.2　岩浆岩的产状

岩浆岩的产状是反映岩体空间位置与围岩的相互关系及其形态特征。由于岩浆本身成分的不同，受地质条件的影响，岩浆岩的产状大致有岩基、岩株、岩盘、岩床、熔岩流等（图 2-1）。

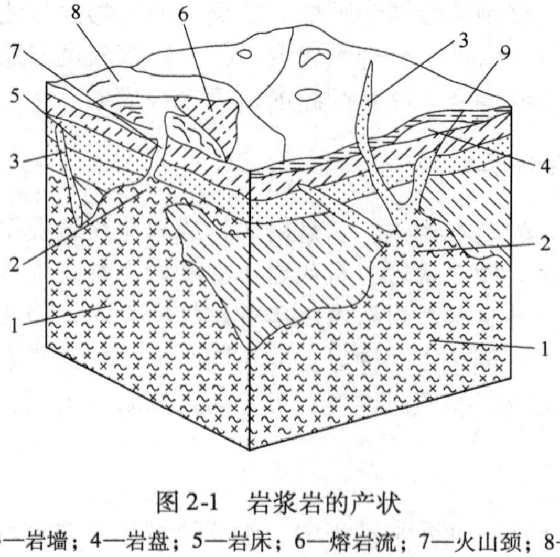

图 2-1　岩浆岩的产状

1—岩基；2—岩株；3—岩墙；4—岩盘；5—岩床；6—熔岩流；7—火山颈；8—火山锥；9—火山口

（1）岩基：巨大的侵入岩体，范围很大，常与硅铝层连在一起。形状不规则，表面起伏不平。与围岩成不整合接触，露出地面大小决定当地的剥蚀深度。

（2）岩株：与围岩接触较陡，面积达几平方千米或几十平方千米，其下部与岩基相连，比岩基小。

（3）岩盘：岩浆冷凝成为上凸下平呈透镜状的侵入岩体的侵入体连通，直径可大至几千米。

（4）岩床：岩浆沿着成层的围岩方向侵入，表面无凸起，略微平整，范围一米至几米。

（5）熔岩流：从火山口或火山裂隙喷出到地表丧失了部分气体的流动岩浆。

2.1.1.3 岩浆岩的矿物成分

组成岩浆岩的矿物，根据颜色，可分为浅色矿物和深色矿物两类。浅色矿物有石英、正长石、斜长石及白云母等（图2-2）。深色矿物有黑云母、角闪石、辉石及橄榄石等（图2-3）。

图2-2 组成岩浆岩的浅色矿物

a—石英；b—正长石；c—斜长石；d—白云母

图 2-3 组成岩浆岩的深色矿物
a—黑云母；b—角闪石；c—辉石；d—橄榄石

岩浆岩的矿物成分是岩浆化学成分的反映。岩浆的化学成分相当复杂，但对岩石的矿物成分影响最大的是 SiO_2。根据 SiO_2 的含量，岩浆岩可分为酸性岩类、中性岩类、基性岩类、超基性岩类。

（1）酸性岩类（SiO_2 含量 >65%）矿物成分以石英、正长石为主，并含有少量的黑云母和角闪石。岩石的颜色浅，密度小。

（2）中性岩类（SiO_2 含量 52% ~65%）矿物成分以正长石、斜长石、角闪石为主，并含有少量的黑云母及辉石。岩石的颜色比较深，密度比较大。

（3）基性岩类（SiO_2 含量 45% ~52%）矿物成分以斜长石、辉石为主，含有少量的角闪石及橄榄石。岩石的颜色深，密度也比较大。

（4）超基性岩类（SiO_2 <45%）矿物成分以橄榄石、辉石为主，其次有角闪石，一般不含硅铝矿物。岩石的颜色很深，密度很大。

2.1.1.4 岩浆岩的结构和构造

A 结构

岩浆岩的结构是指组成岩石的矿物的结晶程度、晶粒的大小、形状及其相互结合的情况。岩浆岩的结构特征，是岩浆成分和岩浆冷凝时物理环境的综合反映。

(1) 全晶质结构：岩石全部由结晶的矿物颗粒组成（图2-4中1）。其中同一种矿物的结晶颗粒大小近似，称为等粒结构。等粒结构按结晶颗粒的绝对大小，可以分为粗粒、中粒、细料、微粒结构。

1) 粗粒结构矿物的结晶颗粒大于5mm；

2) 中粒结构矿物的结晶颗粒2～5mm；

3) 细粒结构矿物的结晶颗粒0.2～2mm；

4) 微粒结构矿物的结晶颗粒小于0.2mm。

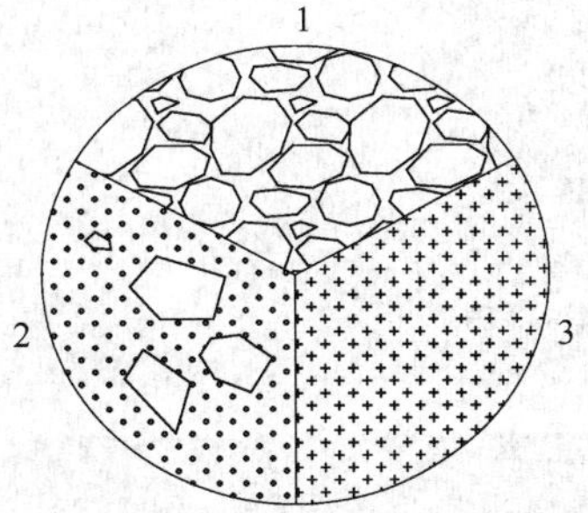

图2-4 岩浆岩按结晶程度划分的三种结构

1—全晶质结构；2—半晶质结构；3—非晶质结构（玻璃质结构）

岩石中的同一种主要矿物，其结晶颗粒如大小悬殊，则称为似斑状结构。其中晶形比较完好的粗大颗粒称为斑晶，小的结晶颗粒称为石基。全晶质结构主要为深成岩和浅成岩的结构，部分喷出岩有时也具有这种结构。

(2) 半晶质结构。岩石由结晶的矿物颗粒和部分未结晶的玻璃质组成（图2-4中2）。结晶的矿物如颗粒粗大，晶形完好，就称为斑状结构。半晶质结构主要为浅成岩具有的结构，有时在部分喷出岩中也能看到这种结构。

(3) 非晶质结构，又称为玻璃质结构。岩石全部由熔岩冷凝的玻璃质组成（图2-4中3）。非晶质结构为部分喷出岩具有的结构。

B 构造

构造是指矿物在岩石中的组合方式和空间分布情况。构造的特征，主要取决于岩浆冷凝时的环境。岩浆岩最常见的构造（图2-5）主要的有块状、流纹状、气孔状、杏仁状。

(1) 块状构造。矿物在岩石中分布杂乱无章，不显层次，呈致密块状。如花岗岩、花斑岩等一系列深成岩与浅成岩的构造。

(2) 流纹状构造。由于熔岩流动而产生的由一些不同颜色的条纹和拉长的气孔等定向排列所形成的流动状构造。这种构造仅出现于喷出岩中，如流纹岩所具有的构造。

(3) 气孔状构造。岩浆凝固时，挥发性的气体未能及时逸出，以致在岩石中留下许多圆形、椭圆形或长管形的孔洞。气孔状构造常为玄武岩等喷出岩所具有。

图 2-5 岩浆岩常见构造

a—块状构造；b—流纹状构造；c—气孔状构造；d—杏仁状构造

（4）杏仁状构造。岩石中的气孔，为后期矿物（如方解石、石英等）充填所形成的一种形似杏仁的构造。如某些玄武岩和安山岩的构造。气孔状构造和杏仁状构造，多分布于熔岩的表层。

2.1.1.5 常见的岩浆岩

酸性岩类主要有（图 2-6）：

（1）花岗岩为深成侵入岩。多呈肉红色、灰色或灰白色。矿物成分主要的为石英和正长石，其次有黑云母、角闪石和其他矿物。全晶质等粒结构（也有不等粒或似斑状结构），块状构造。根据所含深色矿物的不同，可进一步分为黑云母花岗岩、角闪石花岗岩等。花岗岩分布广泛，性质均匀坚固。

（2）花岗斑岩为浅成侵入岩。成分与花岗岩相似，所不同的是具斑状结构，斑晶为长石或石英，石基多由细小的长石、石英及其他矿物组成。

（3）流纹岩为喷出岩，呈岩流产出。常呈灰白、紫灰或浅黄褐色。具有典

图 2-6 常见岩浆岩中的酸性岩类

a—黑云母花岗岩；b—角闪石花岗岩；c—花岗斑岩；d—流纹岩

型的流纹构造，斑状结构，细小的斑晶常由石英或长石组成。在流纹岩中很少出现黑云母和角闪石等深色矿物。

中性岩类主要有（图 2-7）：

（1）正长岩为深成侵入岩，肉红色、浅灰或浅黄色。全晶质等粒结构，块状构造。主要矿物成分为正长石，其次为黑云母和角闪石，一般石英含量极少。其物理力学性质与花岗岩相似，但不如花岗岩坚硬，且易风化。

（2）正长斑岩为浅成侵入岩，与正长岩所不同的是具斑状结构，斑晶主要是正长石，石基比较致密。一般呈棕灰色或浅红褐色。

（3）粗面岩为喷出岩，常呈浅灰、浅褐黄或淡红色。斑状结构，斑晶为正长石，石基多为隐晶质，具细小孔隙，表面粗糙。

（4）闪长岩为深成侵入岩，灰白、深灰至黑灰色。主要矿物为斜长石和角闪石，其次有黑云母和辉石。全晶质等粒结构，块状构造。闪长岩结构致密，强度高，且具有较高的韧性和抗风化能力。

图 2-7　常见岩浆岩中的中性岩类

a—正长岩；b—正长斑岩；c—粗面岩；d—闪长岩；e—闪长玢岩；f—安山岩

（5）闪长玢岩为浅成侵入岩，灰色或灰绿色。成分与闪长岩相似，具斑状结构，斑晶主要为斜长石，有时为角闪石。岩石中常有绿泥石、高岭石和方解石等次生矿物。

（6）安山岩为喷出岩，灰色、紫色或灰紫色。斑状结构，斑晶常为斜长石。气孔状或杏仁状构造。

基性岩类主要有（图2-8）：

（1）辉长岩为深成侵入岩。灰黑至黑色。全晶质等粒结构，块状构造。主要矿物为斜长石和辉石，其次有橄榄石、角闪石和黑云母。辉长岩强度高，抗风化能力强。

（2）辉绿岩为浅成侵入岩。灰绿或黑绿色。具特殊的辉绿结构（辉石充填于斜长石晶体格架的空隙中），成分与辉长岩相似，但常含有方解石、绿泥石等次生矿物，强度也高。

（3）玄武岩为喷出岩。灰黑至黑色。成分与辉长岩相似。呈隐晶质细粒或斑状结构，气孔或杏仁状构造。玄武岩致密坚硬、性脆，强度很高。

图2-8 常见岩浆岩中的基性岩类

a—辉长岩；b—辉绿岩；c—玄武岩（杏仁状构造）；d—玄武岩（气孔状构造）

2.1.2 沉积岩

沉积岩是在地表和地表下不太深的地方，由松散堆积物在温度不高和压力不大的条件下形成的。它是地壳表面分布最广的一种层状的岩石。

出露地表的各种岩石，经长期的日晒雨淋，风化破坏，逐渐地松散分解，或成为岩石碎屑，或成为细粒黏土矿物，或者成为其他溶解物质。这些形成岩石的风化产物，大部分被流水等运动介质搬运到河、湖、海洋等低洼的地方沉积下来，成为松散的堆积物。这些松散的堆积物经长期压密、胶结、重结晶等复杂的地质过程，就形成了沉积岩。此外如沉积过程中的生物活动和火山喷出物的堆积，在沉积岩的形成中也有重要的意义。

2.1.2.1 沉积岩的物质组成和分类

A 沉积岩的物质组成

沉积岩主要由碎屑物质、黏土矿物、化学沉积矿物、有机质及生物残骸等物质组成。

（1）碎屑物质为先成岩石经物理风化作用产生的碎屑物质组成。其大部分是化学性质比较稳定，难溶于水的原生矿物的碎屑，如石英、长石、白云母等；一部分则是岩石的碎屑。此外，还有其他方式生成的一些物质，如火山喷发产生的火山灰等。

（2）黏土矿物为一些由含铝硅酸盐类矿物的岩石经化学风化作用形成的次生矿物。如高岭石、微晶高岭石及水云母等。这类矿物的颗粒极细（小于0.005mm），具有很大的亲水性、可塑性及膨胀性。

（3）化学沉积矿物为纯化学作用或生物化学作用，从溶液中沉淀结晶产生的沉积矿物。如方解石、白云石、石膏、石盐、铁和锰的氧化物或氢氧化物等。

（4）有机质及生物残骸为生物残骸或有机化学变化而成的物质。如贝壳、泥炭及其他有机质等。

在沉积岩的组成物质中特有的黏土矿物、方解石、白云石、有机质等，是区别于岩浆岩的一个重要特征。

B 沉积岩的分类

根据物质组成的特点，沉积岩一般分为碎屑岩类、黏土岩类、化学及生物化学岩类。

（1）碎屑岩类为碎屑物质组成的岩石。其中由先成岩石风化破坏产生的碎屑物质形成的，称为沉积碎屑岩，如砾岩、砂岩及粉砂岩等；由火山喷出的碎屑物质形成的，称为火山碎屑岩，如火山角砾岩、凝灰岩等。

（2）黏土岩类为黏土矿物及其他矿物的黏土粒组成的岩石，如泥岩、页岩等。

（3）化学及生物化学岩类为方解石、白云石等碳酸盐类的矿物及部分有机物组成的岩石，如石灰岩、白云岩等。

2.1.2.2 沉积岩的结构和构造

A 沉积岩的结构

沉积岩的结构，按组成物质、颗粒大小及其形状等方面的特点，一般分为碎屑结构、泥质结构、结晶结构及生物结构四种。

（1）碎屑结构。碎屑物质被胶结物胶结而成。按碎屑粒径的大小，可分为：1）砾状结构—碎屑粒径大于2mm。碎屑形成后未经搬运或搬运不远而留有棱角，称为角砾状结构；碎屑经过搬运呈浑圆状或具有一定磨圆度，称为砾状结构。2）砂质结构—碎屑粒径介于0.05～2mm之间。其中由0.5～2mm的为粗粒结构，如粗粒砂岩；由0.25～0.5mm的为中粒结构，如中粒砂岩；由0.05～0.25mm的为细粒结构，如细粒砂岩。3）粉砂质结构—碎屑粒径由0.005～0.05mm，如粉砂岩。

按胶结物的成分，可分为：1）硅质胶结，由石英及其他二氧化硅胶结而成。颜色浅，强度高。2）铁质胶结，由铁的氧化物及氢氧化物胶结而成。颜色深，呈红色，强度次于硅质胶结。3）钙质胶结，由方解石等碳酸钙一类的物质胶结而成。颜色浅，强度比较低，容易遭受侵蚀。4）泥质胶结，由细类黏土矿物胶结而成。颜色不定，胶结松散，强度最低，容易遭受风化破坏。

（2）泥质结构几乎全部由小于0.005mm的黏土质点组成，是泥岩、页岩、黏土岩的主要结构。

（3）结晶结构由溶液沉淀或重结晶所形成。由沉淀生成的晶粒极细，经重结晶作用晶粒变粗，但一般多小于1mm，肉眼不易分辨。结晶结构为石灰岩、白云岩等化学岩的主要结构。

（4）生物结构由生物遗体或碎片所组成，如贝壳结构、珊瑚结构等。

B 沉积岩的构造

沉积岩的构造是指其组成部分的空间分布及其相互间的排列关系。沉积岩最主要的构造是层理构造。层理是沉积岩成层的性质。由于季节性气候的变化，沉积环境的改变，使先后沉积的物质在颗粒大小、形状、颜色和成分上发生相应变化，从而显示出来的成层现象，称为层理构造。由于形成层理的条件不同，层理有各种不同的形态类型，如常见的有水平层理（图2-9a）、斜层理（图2-9b）、交错层理（图2-9c）等。根据层理可以推断沉积物的沉积环境和搬运介质的运动特征。

层与层之间的界面，称为层面。在层面上有时可以看到波痕、雨痕及干裂的痕迹。上下两个层面间成分基本均匀一致的岩石，称为岩层（图2-10a）。它是层理最大的组成单位。一个岩层上下层面之间的垂直距离称为岩层的厚度。在短距离内岩层厚度的减小称为变薄（图2-10b）；厚度变薄以至消失称为尖灭（图

2-10c）；两端尖灭就成为透镜体（图 2-10d）；大厚度岩层中所夹的薄层，称为夹层（图 2-10e）。

a　　b　　c

图 2-9　层理类型

a—水平层理；b—斜层理；c—交错层理

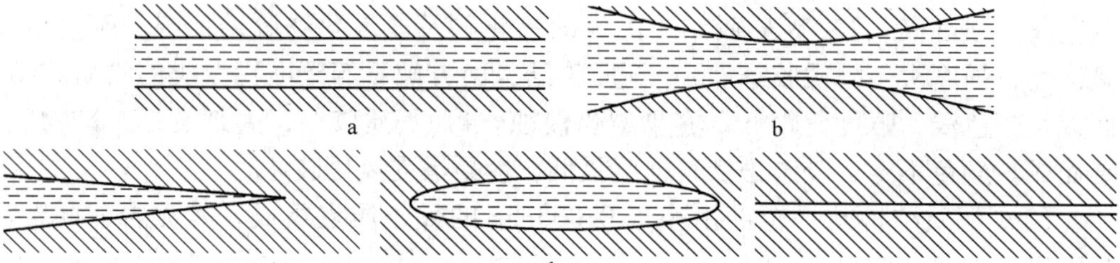

a　　b　　c　　d　　e

图 2-10　岩层的几种形态

a—岩层；b—变薄；c—尖灭；d—透镜体；e—夹层

沉积岩内岩层的变薄、尖灭和透镜体，可使其强度和透水性在不同的方向发生变化；松软夹层，容易引起上覆岩层发生顺层滑动。

2.1.2.3　常见的沉积岩

A　碎屑岩类

a　火山碎屑岩

火山碎屑岩是由火山喷发的碎屑物质在地表经短距离搬运，或就地沉积而成。由于它在成因上具有火山喷出与沉积的双重性，所以是介于喷出岩和沉积岩之间的过渡类型。常见的有以下几种（图 2-11）：

（1）火山集块岩主要由粒径大于 100mm 的粗火山碎屑物质组成，胶结物主要为火山灰或熔岩，有时为碳酸钙、二氧化硅或泥质。

（2）火山角砾岩中火山碎屑占 90% 以上，粒径一般为 2 ~ 100mm，多呈棱角状，常为火山灰或硅质胶结。颜色常呈暗灰、蓝灰或褐灰色。

图 2-11 常见沉积岩中的火山碎屑岩类

a—火山集块岩；b—火山角砾岩；c—凝灰岩；d—砾岩

（3）凝灰岩一般由小于 2mm 的火山灰及细碎屑组成。碎屑主要是晶屑、玻屑及岩屑。胶结物为火山灰等。凝灰岩孔隙性高，重度小，易风化。

b 沉积碎屑岩

沉积碎屑岩又称为正常碎屑岩。是由先成岩石风化剥蚀的碎屑物质，经搬运、沉积、胶结而成的岩体。常见的有砾岩及角砾石、砂岩、粉砂岩（图 2-12）等。

（1）砾岩及角砾石为砾状结构，由 50% 以上大于 2mm 的粗大碎屑胶结而成。由浑圆状砾石胶结而成的称为砾岩；由棱角状的角砾胶结而成的称为角砾岩。角砾岩的岩性成分比较单一，砾岩的岩性成分一般比较复杂，经常由多种岩石的碎屑和矿物颗粒组成。胶结物的成分有钙质、泥质、铁质及硅质等。

（2）砂岩为砂质结构，由 50% 以上粒径介于 0.05 ~ 2mm 的砂粒胶结而成。按砂粒的矿物组成，可分为石英砂岩、长石砂岩和岩屑砂岩等。按砂粒粒径的大小，可分为粗粒砂岩、中粒砂岩和细粒砂岩。胶结物的成分对砂岩的物理力学性

图 2-12 常见沉积岩中的沉积碎屑岩类

a—砂岩；b—粉砂岩

质有重要影响。根据胶结物的成分，又可将砂岩分为硅质砂岩、铁质砂岩、钙质砂岩及泥质砂岩几个亚类。硅质砂岩的颜色浅，强度高、抵抗风化的能力强。泥质砂岩一般呈黄褐色、吸水性大、易软化，强度和稳定性差。铁质砂岩常呈紫红色或棕红色，钙质砂岩呈白色或灰白色，强度和稳定性介于硅质与泥质砂岩之间。

（3）粉砂岩为粉砂质结构，常有清晰的水平层理。矿物成分与砂岩近似，但黏土矿物的含量一般较高，主要由粉砂胶结而成。结构较疏松，强度和稳定性不高。

B 黏土岩类

黏土岩类主要包括页岩、泥岩（图 2-13）。

（1）页岩由黏土脱水胶结而成，以黏土矿物为主，大部分有明显的薄层理，

图 2-13 常见沉积岩中的黏土岩类

a—硅质页岩；b—泥岩

呈页片状。可分为硅质页岩、黏土质页岩、砂质页岩、钙质页岩及碳质页岩。除硅质页岩强度稍高外，其余者性软弱，易风化成碎片，强度低，与水作用易于软化而丧失稳定性。

（2）泥岩的成分与页岩相似，常成厚层状。以高岭石为主要成分的泥岩，常呈灰白色或黄白色，吸水性强，遇水后易软化。以微晶高岭石为主要成分的泥岩，常呈白色、玫瑰色或浅绿色，表面有滑感，可塑性小，吸水性高，吸水后体积急剧膨胀。黏土岩夹于坚硬岩层之间，形成软弱夹层，浸水后易于软化滑动。

C 化学及生物化学岩类

化学及生物化学岩类主要包括石灰岩、白云岩（图2-14）。

（1）石灰岩，简称灰岩。矿物成分以方解石为主，其次含有少量的白云石和黏土矿物。常呈深灰、浅灰色，纯质灰岩呈白色。由纯化学作用生成的具有结晶结构，但晶粒极细。经重结晶作用即可形成晶粒比较明显的结晶灰岩。由生物化学作用生成的灰岩，常含有丰富的有机物残骸。石灰岩中一般都含有一些白云石和黏土矿物，当黏土矿物含量达25%～50%时，称为泥灰岩；白云石含量达25%～50%时，称为白云质灰岩。

（2）白云岩的主要矿物成分为白云石，也含方解石和黏土矿物，结晶结构。纯质白云岩为白色，随所含杂质的不同，可出现不同的颜色。性质与石灰岩相似，但强度和稳定性比石灰岩高。

a b

图2-14 常见沉积岩中的化学与生物化学岩类

a—石灰岩；b—白云岩

2.1.3 变质岩

变质岩是由原来的岩石（岩浆岩、沉积岩和变质岩）在地壳中受到高温、高压及化学成分加入的影响，在固体状态下发生矿物成分及结构构造变化后形成新的岩石。所以，变质岩不仅具有自身独特的特点，而且还常保留着原来岩石的某些特征。

2.1.3.1 变质作用的因素

在变质因素的影响下，促使岩石在固体状态下改变其成分、结构和构造的作用，称为变质作用。引起变质作用的主要因素是高温、高压和新的化学成分的加入。

大部分的变质作用都是在高温条件下进行的。因为温度升高后，一方面能促使岩石发生重结晶，形成新的结晶结构，如石灰岩发生重结晶作用后晶粒增大，成为大理岩；另一方面还能促进矿物间的化学反应，产生新的变质矿物。引起变质作用的热源是炽热岩浆带来的热量以及地壳深处的高温（构造运动所产生的热）。

引起岩石发生变质的高压，一是上覆岩层重量产生的静压力；二是构造运动或岩浆活动所引起的横向挤压力。在静压力的长期作用下，能使岩石的孔隙性减小，因面使岩石变得更加致密坚硬。同时在一定温度的作用下，会使岩石的塑性增强，密度增大，形成像石榴子石等体积小而密度大的变质矿物。由构造运动产生的定向横压力，有时比静压力更大。它一方面使岩石和矿物发生变形和破裂，形成各种破碎构造；同时在与静压力的综合作用下，有利于片状、柱状矿物定向生长；随着温度的升高。促进新的矿物组合和发生重结晶作用，而形成变质岩特有的片理构造。

在岩石发生变质作用的过程中，新的化学成分主要来自岩浆活动带来的含有复杂化学元素的热液和挥发性气体。在温度和压力的综合作用下，这些具有化学活动性的成分，容易与周围岩石发生反应，产生各种新的变质矿物，甚至会使岩石的化学成分发生变化。

岩石发生变质，经常是上述因素综合作用的结果。由于变质前原来岩石的性质就不同，变质过程中变质作用的主要因素和变质的程度不同，因而形成了各种不同特征的变质岩。

2.1.3.2 变质岩的一般特征

A 矿物成分

变质岩的矿物成分，除保留有原来岩石的矿物，如石英、长石、云母、角闪石、辉石、方解石、白云石等外，由于发生了变质作用而产生了许多新的变质矿物，如石榴子石、滑石、绿泥石、蛇纹石等。根据变质岩特有的变质矿物，可把变质岩与其他岩石区别开来。

B 结构和构造

变质岩的结构和岩浆岩类似，几乎全部是结晶结构。但变质岩的结晶结构主要是经过重结晶作用形成的，所以在描述变质岩的结构时，一般应加“变晶”两字以示区别，如粗粒变晶结构、斑状变晶结构等。如果变质作用进行得不彻底，在形成的变质岩中还残留有变质前原来岩石的结构特征时，则称为变余结构。

变质岩的构造，主要的是片理构造和块状构造。其中片理构造是变质岩所特有的，是从构造上区别于其他岩石的一个显著标志。比较典型的片理构造有下面几种（图2-15）：

（1）板状构造。片理厚，片理面平直，重结晶作用不明显，颗粒细密，光泽微弱，沿片理面裂开则呈厚度一致的板状，如板岩。

（2）千枚状构造。片理薄，片理面较平直，颗粒细密，沿片理而有绢云母出现，容易裂开呈千枚状，呈丝绢光泽，如千枚岩。

（3）片状构造。重结晶作用明显，片状、板状或柱状矿物沿片理面富集，平行排列，片理很薄，沿片理面很容易剥开呈不规则的薄片，光泽很强，如云母片岩等。

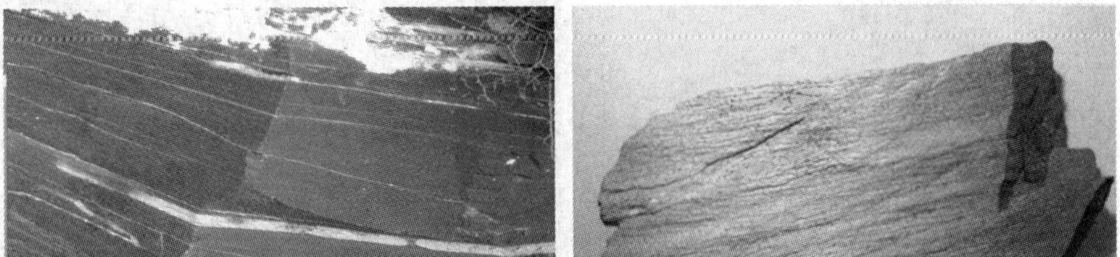

图2-15 典型的片理构造

a—板状构造；b—千枚状构造；c—片状构造；d—片麻状构造

（4）片麻状构造。颗粒粗大，片理很不规则，粒状矿物呈条带状分布，少量片状、柱状矿物相间断续平行排列，沿片理面不易裂开，如片麻岩。

变质岩除上述片理构造外，如果岩石主要由粒状矿物组成时构造，如大理岩和石英岩等。

C　常见的变质岩

片理状岩类主要包括片麻岩、片岩、千枚岩等（图2-16）。

（1）片麻岩具典型的片麻状构造，变晶或变余结构，因发生重结晶，一般晶粒粗大，肉眼可以辨识。片麻岩可以由岩浆岩变质而成，也可由沉积岩变质形成。主要矿物为石英和长石，其次有云母、角闪石、辉石等。此外有时尚含有少许石榴子石等变质矿物。岩石颜色视深色矿物含量而定，石英、长石含量多时色浅，黑云母、角闪石等深色矿物含量多时色深。片麻岩强度较高，因具片理构造，故较易风化。

（2）片岩具片状构造，变晶结构。矿物成分主要是一些片状矿物，如云母、绿泥石、滑石等，此外尚含有少许石榴子石等变质矿物。片岩的片理一般比较发

a　b　c

图2-16　常见变质岩中的片理状岩类

a—片麻岩；b—片岩；c—千枚岩

育，片状矿物含量高，强度低，抗风化能力差，极易风化剥落，岩体也易沿片理倾向坍落。

（3）千枚岩多由黏土岩变质而成。矿物成分主要为石英、绢云母、绿泥石等。结晶程度比片岩差，晶粒极细，肉眼不能直接辨别，外表常呈黄绿、褐红、灰黑等色。由于含有较多的绢云母，片理面常有微弱的丝绢光泽。千枚岩的质地松软，强度低，抗风化能力差，容易风化剥落，沿片理倾向容易产生塌落。

块状岩类主要包括大理岩、石英岩等（图2-17）。

（1）大理岩由石灰岩或白云岩经重结晶变质而成，等粒变晶结构，块状构造。主要矿物成分为方解石，遇稀盐酸强烈起泡，可与其他浅色岩石相区别。大理岩常呈白色、浅红色、淡绿色、深灰色以及其他各种颜色，常因含有其他带色杂质而呈现出美丽的花纹。

（2）石英岩的结构和构造与大理岩相似。一般由较纯的石英砂岩变质而成，常呈白色，因含杂质，可出现灰白色、灰色、黄褐色或浅紫红色。强度很高，抵抗风化的能力很强。

a b

图2-17 常见岩浆岩中的块状岩类

a—大理岩；b—石英岩

2.1.4 三大类岩石的外观鉴别

鉴别岩石有各种不同的方法，但最基本的是根据岩石的外观特征简单工具（如小刀、放大镜等）进行的鉴别方法。

2.1.4.1 岩浆岩的鉴别方法

根据岩石的外观特征对岩浆岩进行鉴定时，首先要注意岩石的颜色岩石的结构和构造，最后分析岩石的主要矿物成分。

（1）先看岩石整体颜色的深浅。岩浆岩颜色的深浅，是岩石所含深色矿物多少的反映。一般来说，从酸性到基性（基性岩分布很少），深色矿物的含量是逐渐增加的，因而岩石的颜色也随之由浅变深。如果岩石是浅色的，那就可能是花岗岩或正长岩等酸性或偏于酸性的岩石。但不论是酸性岩或基性岩，因产出部位不同，还有深成岩、浅成岩和喷出岩之分。究竟属于哪一类岩石，需要进一步对岩石的结构和构造特征进行分析。

（2）分析岩石的结构和构造。岩浆岩的结构和构造特征，是岩石生成环境的反映。如果岩石是全晶质粗粒、中粒或似斑状结构，说明很可能是深成岩。如果是细粒、微粒或斑状结构，则可能是浅成岩或喷出岩。如果残晶细小或为玻璃质结构，则为喷出岩。如果具有气孔、杏仁或流纹状构造，则为喷出岩无疑。

（3）分析岩石的主要矿物成分，确定岩石的名称。这里可以举例说明，假定需要鉴别的是一块含有大量石英，颜色浅红，具全晶质中粒结构和块状构造的岩石。浅红色属浅色，浅色岩石一般是酸性或偏于酸性的，这就排除了基性或偏于基性的不少深色岩石。但酸性的或偏于酸性的岩石中，又有深成的花岗岩和正长岩、浅成的花岗斑岩和正长岩以及喷出的流纹岩和粗面岩。但它是全晶质中粒结构和块状构造，因此可以肯定，是深成岩。这就进一步排除了浅成岩和喷出岩。但究竟是花岗岩还是正长岩，这就需要对岩石的主要矿物成分作仔细地分析之后，才能得出结论。在花岗岩和正长岩的矿物组成中，都含有正长石，同时也都含有黑云母和角闪石等深色矿物。但花岗岩属于酸性岩，酸性岩除含有正长石、黑云母和角闪石外，一般都含有大量的石英。而正长岩属于中性岩，除含有大量的正长石和少许的黑云母与角闪石外，一般不含石英或仅含有少许的石英。矿物成分的这一重要区别，说明被鉴别的这块岩石是花岗岩。

2.1.4.2 沉积岩的鉴别方法

鉴别沉积岩时，可以先从观察岩石的结构开始，结合岩石的其他特征所属的大类分开，然后再作进一步分析，确定岩石的名称。

从沉积岩的结构特征来看，如果岩石是由碎屑和胶结物两部分组成，或者碎屑颗粒很细而不易与胶结物分辨，但触摸有明显含砂感的，一般是属于碎屑岩类的岩石。如果岩石颗粒十分细密，用放大镜也看不清楚，但断裂而暗淡呈土状，硬度低，触摸有滑腻感的，一般多是黏土类的岩石。具结晶结构的可能是化学岩类。

（1）碎屑岩。鉴别碎屑岩时，可先观察碎屑粒径的大小，其次分析胶结物的性质和碎屑物质的主要矿物成分。根据碎屑的粒径，先区分是砾岩、砂岩还是粉砂岩。根据胶结物的性质和碎屑物质的主要矿物成分，判断所属的亚类，并确定岩石的名称。例如，有一块由碎屑和胶结物质两部分组成的岩石，碎屑粒径介于0.25~0.5mm之间，点盐酸起泡强烈，说明这块岩石是钙质胶结的中粒砂岩。

进一步分析碎屑的主要矿物成分，发现这块岩石除含有大量的石英外，还含有约30%左右的长石。最后可以确定，这块岩石是钙质中粒长石砂岩。

（2）黏土岩。常见的黏土岩主要有页岩和泥岩两种。它们在外观上都有黏土岩的共同特征，但页岩层理清晰，一般沿层理能分成薄片，风化后呈碎片状，可以与层理不清晰、风化后呈碎块状的泥岩相区别。

（3）化学岩。常见的化学岩主要有石灰岩、白云岩和泥灰岩等。它们的外观特征都很类似，所不同的，主要是方解石、白云石及黏土矿物的含量有差别。所以在鉴别化学岩时，要特别注意对盐酸试剂的反应。石灰岩遇盐酸强烈起泡，泥灰岩遇盐酸也起泡，但由于泥灰岩的黏土矿物含量高，所以泡沫混浊，干后往往留有泥点。白云岩遇盐酸不起泡，或者反应微弱，但当粉碎成粉末之后，则发生显著泡沸现象，并常伴有嗞嗞的响声。

2.1.4.3 变质岩的鉴别方法

鉴别变质岩时，可以先从观察岩石的构造开始。根据构造，首先将变质岩区分为片理构造和块状构造的两类。然后可进一步根据片理特征和主要矿物成分，分析所属的亚类，确定岩石的名称。

例如，有一块具片理构造的岩石，其片理特征既不同于板岩的板状构造，也不同于云母片岩的片状构造，而是一种粒状的浅色矿物与片状的深色矿物，断续相间呈条带状分布的片麻构造，因此可以判断，这块岩石属于片麻岩。是什么片麻岩呢，经分析，浅色的粒状矿物主要是石英和正长石，片状的深色矿物是黑云母，此外还含有少许的角闪石和石榴子石，可以肯定，这块岩石是花岗片麻岩。

块状构造的变质岩，其中常见的主要是大理岩和石英岩。两者都是具有变晶结构的单矿岩，岩石的颜色一般都比较浅。但大理岩主要由方解石组成，硬度低，遇盐酸起泡；而石英岩几乎全部由石英颗粒组成，硬度很高。

2.2 地质构造及其对工程的影响

沉积岩层形成之后，其原始形态一般都是水平或近于水平的，并且在一定范围内是连续完整的。经过一段时间之后，会受到各种各样的地质营力的作用，使原来处于水平或近于水平的岩层发生变形、变位或者断裂，甚至沿断裂面发生了移动，这种在地应力作用下原始岩层发生的变动，称为地质构造运动。由此所形成的各种构造形态，称为地质构造。岩层构造变动主要表现为塑性变形和断裂变形。岩层受力发生连续的波状弯曲，即使失去外力，也不能恢复其原来的状态，这种变形称为塑性变形。岩层在受到强烈作用时，还会出现断裂，使岩层失去了完整性，这种变形称为断裂变形。

地质构造的规模有大有小，大的可以绵延数千米或更大，小的需要借助显微镜才能观察到。其表现形式多种多样，有的简单，有的复杂。就简单的而言，在一定范围内，可归纳为单斜构造、褶皱构造和断裂构造等 3 种类型。

2. 2. 1　单斜构造

原来水平的岩层，在受到地壳运动影响后，产状发生变动。其中最简单的一种形式，就是岩层向同一个方向倾斜，形成单斜构造。单斜构造往往是褶曲的一翼、断层的一盘（图 2-18）。

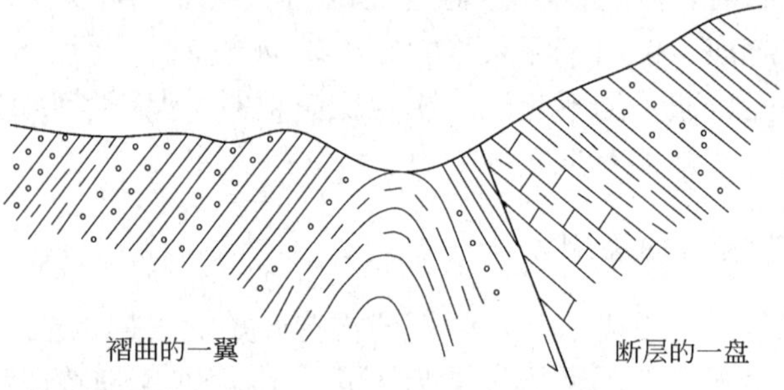

图 2-18　单斜构造和褶曲、断层构造的关系

2. 2. 1. 1　岩层的产状

岩层在空间的位置，称为岩层产状。倾斜岩层的产状，是用岩层层面的走向、倾向和倾角这三个产状要素（图 2-19）来表示的。

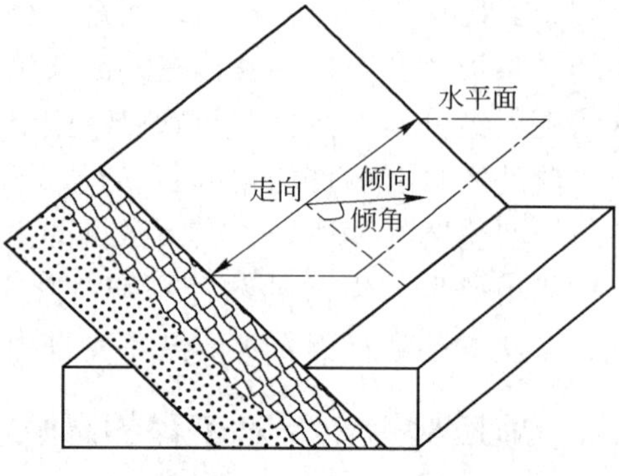

图 2-19　岩层产状三要素

A　走向

岩层面和任一水平面的交线称为走向线，走向线向两端延伸的方向称为岩层的走向。它表示倾斜岩层在空间的延伸方向。在岩层走向线上，各点的高程都相等，也就是一条水平线；因此，一个岩层面上，可有无数条走向线。当岩层面是一个平面时，其走向线是一组平行的水平直线，在层面上任一点的走向不变；当岩层面是曲面对，其走向线是水平的曲线，在岩层面上，不同地方的走向是不同的。

B　倾向

在岩层层面上，垂直于走向线，并且沿层面倾斜向下的直线称为倾斜线；倾斜线在水平面上的投影线，称为倾向线；倾向线所指的方向，即为岩层的倾向。倾向与走向为垂直关系。岩层倾向表示岩层向地下倾斜延伸的方向。

C 倾角

岩层的倾角表示岩层的倾斜程度。它是指岩层层面与假想水平面的锐夹角，亦即倾斜线与其相应的倾向线的锐夹角。

2.2.1.2 岩层产状的测定及表示方法

A 岩层产状的测定

岩层产状测量，是地质调查中的一项重要工作，在野外是用地质罗盘直接在岩层的层面上测量的。地质罗盘的构造如图2-20所示。

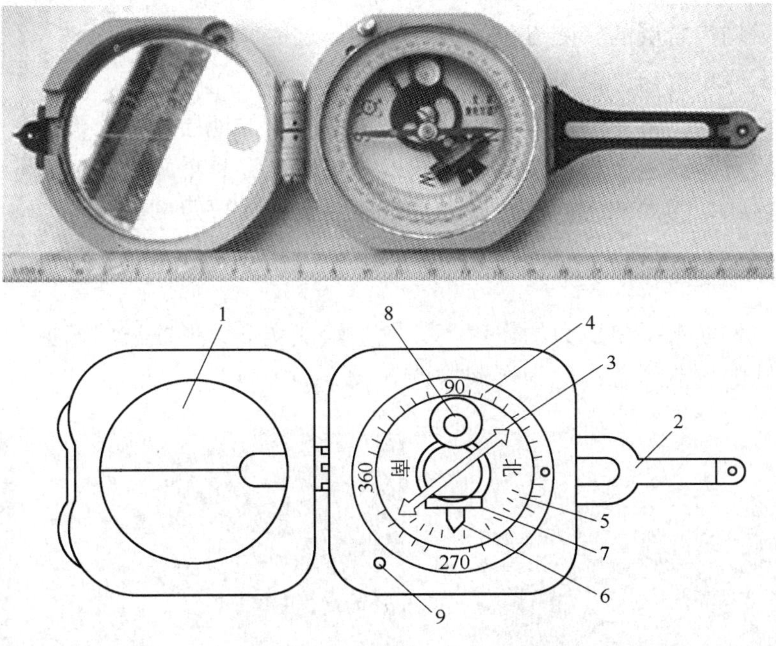

图2-20 地质罗盘构造

1—反光镜；2—瞄准觇板；3—磁针；4—水平刻度盘；5—垂直刻度盘；6—垂直刻度盘指示器；7—垂直水准器；8—地盘水准器；9—磁针固定螺旋

测量走向时，使罗盘的长边（与罗盘上标有北—南相平行的边）紧贴岩层面，将罗盘放平，水准泡居中，读指北针所示的方位角，就是岩层的走向。

测量倾向时，将罗盘的短边（与罗盘上标有北—南相垂直的边）紧贴层面，水准泡居中，读指北针所示方位角就是岩层的倾向。因为岩层的倾向只有一个，所以在测量岩层倾向时，要注意将罗盘的北端朝向岩层的倾斜方向。

测量倾角时，需将罗盘横着竖起来，使长边与岩层的走向垂直，紧贴岩层面，等倾斜器上的水准泡居中后，读悬垂所示的角度就是岩层倾角。

B 岩层产状的表示方法

（1）方位角法。东西、南北两直线相交，组成4个夹角各为90°。其中北东区为0°～90°，南东区为90°～180°，南西区为180°～270°，北西区为270°～360°。在表示一组走向为北西300°，倾向南西210°，倾角35°的岩层产状时，一般写成：N300°W，S210°W，∠35°的形式。由于倾向与走向垂直且方位唯一，已知倾向就可推算出走向，因此一般情况下只需记述岩层的倾向和倾角，故上述岩层产状一般记为SW210°∠35°。

（2）符号表示法。在各种平面地质图上，岩层产状常以各种符号表示在其相应的位置上。一般以长线代表岩层走向，以短线（可带箭头）代表岩层倾向。长短线所示均为岩层的实测方位，数字表示岩层的倾角。如：70°。

C 单斜构造的工程地质评价

单斜构造中，常见的工程地质问题均为不均匀的地层压力、偏压、顺层滑动等现象。故对于隧道工程来说隧道中线以垂直走向穿越最为有利。特别是隧道中线不能与软弱结构面的走向一致或者平行，至少要成一定的夹角。

2.2.2 褶皱构造

岩层在长期水平挤压力的作用下，发生塑性交形，形成波状弯曲但仍保持其连续完整性的构造形态，称为褶皱构造（图2-21）。

a　　b

图2-21 褶皱构造

a—褶皱构造示意图；b—褶皱构造照片

褶皱构造在地壳中的分布非常广泛，其形态多样，规模大小不等，大的可达数十千米或更大，小的可在标本上见到。大多数褶皱构造是由地壳运动产生的构造挤压应力作用下形成的，所以，常把造成褶皱构造的地壳运动称为褶皱运动。褶皱构造中的一个弯曲称为一个褶曲。可见褶曲是褶皱的基本单位，而褶皱则是由一系列褶曲组合而成的。

2.2.2.1 褶曲的基本要素

褶曲的形态是千变万化的，为了更好的认识和表述其形态特征及产出状态，通常把褶曲的基本组成部分及决定其形态特征的几何要素分别给以命名，统称为褶曲要素。

A 核部

褶曲的中心部位称为核部。通常把褶曲出露地表的最中心部位岩层称为核部。背斜核部地层相对于两翼地层为老地层，向斜核部地层相对于两翼地层为新地层。

B 翼

翼位于核部两侧，向不同方向倾斜的部分称为褶曲的翼。背斜两翼地层较核部地层新，向斜两翼地层较核部地层较老。

C 轴面

轴面是一个将褶曲平分为两部分的假想面。这个面可以是一个平面，也可以是一个曲面。轴面的产状有直立的、倾斜的，也有水平的。

D 轴

轴面与水平面的交线，称为褶曲的轴，又称轴线。如果轴面是一个平面、褶曲轴就是一条直线，如果轴面是一个曲面，则褶曲轴就是一条曲线；褶曲轴的方向，表示褶曲的延伸方向，它的长度代表褶曲的延伸长度。轴面与地表面的交线，称为轴迹，由于地表面一般情况下都不是一个水平面，因此，轴线和轴迹一般情况下是不一致的，轴迹只能大致表示褶曲的延伸方向，只有在轴面直立，地表面为平面时，轴迹和轴线才是一致的。在地形地质图上看到的都是轴迹，而不是褶曲的轴线。

E 枢纽

枢纽是指轴面与褶曲中同一岩层面的交线，它也是同一岩层面上由一翼到另一翼的分界线。其形态有水平的、倾斜的、直立的、波状起伏的等。枢纽常用来表示褶曲在其延伸方向上产状的变化。

2.2.2.2 褶曲的基本形态

褶曲有两种基本形态：背斜和向斜（图 2-22）。其基本特征各不相同。

背斜是指岩层向上弯曲的褶曲。其基本特征为：核心部位为老岩层，两翼为新岩层，新岩层呈对称重复出现。向斜是指岩层向下弯曲的褶曲。其基本特征为：核心部位是新岩层，两翼是老岩层，老岩层呈对称重复出现。

褶皱构造是由褶曲构造所组成，即由背斜、向斜构造组合在一起构成了褶皱

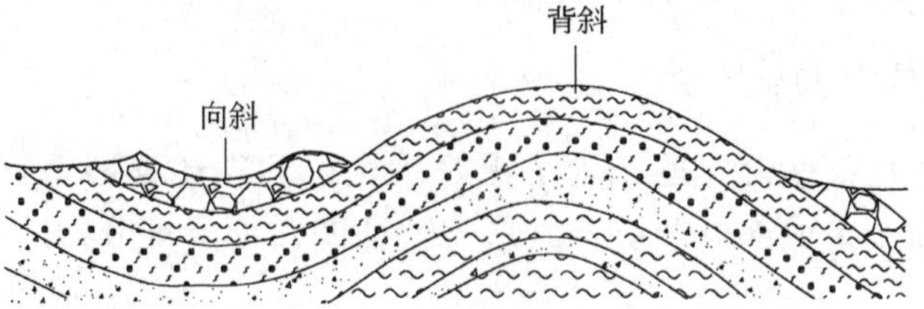

图 2-22 背斜与向斜

构造并且背斜和向斜总是相间出现，与背斜相连的必定是向斜，而向斜之后必定是背斜。

2.2.2.3 褶曲的类型

褶曲构造最基本的构造形态是向斜和背斜，自然界中，它们的几何形态是多种多样的。为了更好地描述褶曲在自然界中的形态，对褶曲构造进行了进一步的分类。

（1）直立褶曲：轴面直立或近于直立，两翼岩层倾向相反，倾角相等或近于相等，两翼岩层对称，因此，又称为对称褶曲（图 2-23a，图中 P 表示轴线）。

（2）斜歪褶曲：轴面倾斜，两翼岩层倾向相反，两翼岩层倾角不等，在横剖面上两翼不对称，因此又称为不对称褶曲、倾斜褶曲（图 2-23b）。

（3）倒转褶曲：轴面倾斜，两翼岩层倾向相同，发生倒转，两翼岩层倾角不等或者相等（图 2-9c）。

（4）平卧褶曲：轴面水平或近于水平，两翼岩层产状也近于水平，其中一翼岩层层序正常，另一翼岩层层序发生倒转（图 2-23d）。

（5）翻卷褶曲：轴面卷曲的平卧褶曲。转折端部位翻转向下，则为地层层

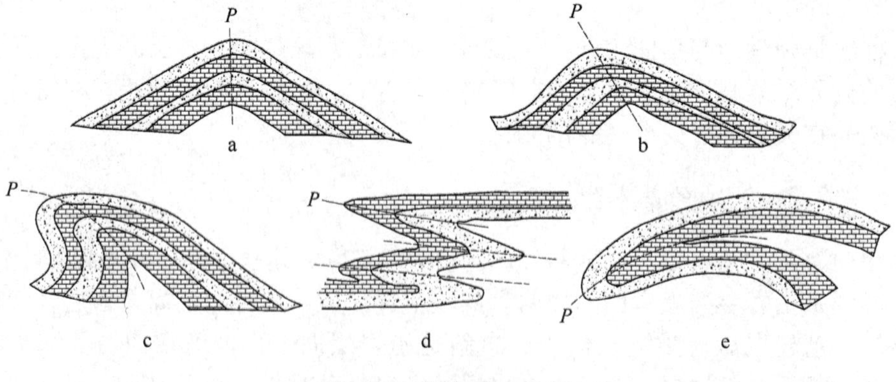

图 2-23 褶曲形态类型

a—直立褶曲；b—斜歪褶曲；c—倒转褶曲；d—平卧褶曲；e—翻卷褶曲

序不明的背斜构造；如翻卷向上，则为地层层序不明的向斜构造（图 2-23e）。

在褶曲构造中，褶曲的轴面产状和两翼岩层的倾斜程度，常和岩层的受力性质及褶皱的强烈程度有关。在褶皱不太强烈和受力性质比较简单的地区，一般多形成两翼岩层倾角舒缓的直立褶曲或斜歪褶曲；在褶皱强烈和受力性质比较复杂的地区，一般两翼岩层的倾角较大，常形成倒转或平卧褶曲。

2.2.2.4 褶皱构造的野外识别和工程地质评价

A 褶皱构造的野外识别

地壳中的褶皱，其形态多种多样，规模大小不等，因此，对不同的褶皱识别方法也有一定的差别。有的规模较小的褶皱，可以在有限的地段内（如在地表露头和工作面上）直接看到，根据岩层的形态特征，可以很容易识别出来；但大多不完全的大中型褶皱，在较小范围内是难以看出来的，这就需要根据地层产状和分布规律来确定其存在。

一般来说，新老地层依次对称重复出现是褶皱构造存在的基本表现形式。因此，了解和掌握工作区地层层序、岩性、厚度及其变化，以及地层的接触关系，是研究褶皱和各类地质构造的基础。在判别是否有褶皱存在时，应首先根据岩性、岩石的原生构造以及次生小构造确定地层层序，然后横穿地层走向进行观察。若发现地层有对称重复现象，可初步判定有褶皱构造存在，但尚不能作出最后结论。因为在野外，由于地形的切割，水平岩层和单斜岩层也会形成岩层对称重复现象，所以，必须结合岩层产状及地形起伏状况进行综合分析判断。

在水平岩层地区，最老岩层总是在地形最低的地方出露，最新的岩层总是在地形最高的地方出露；在单斜岩层地区，岩层露头的弯曲变化及新老岩层的对称出露，严格受地形特征、岩层产状及二者相互关系的共同控制，且岩层露头的延伸方向与地层的走向垂直或斜交。在褶皱构造地区，新老岩层呈条带状对称出现，且与地形起伏无关，岩层出露的延伸方向和地层走向一致。因此，在野外识别褶皱构时，必须结合地形起伏特点和岩层产状特点综合分析，才能得出正确结论。在地形上，常常会出现背斜成谷、向斜成山的特殊地形（图 2-24）。

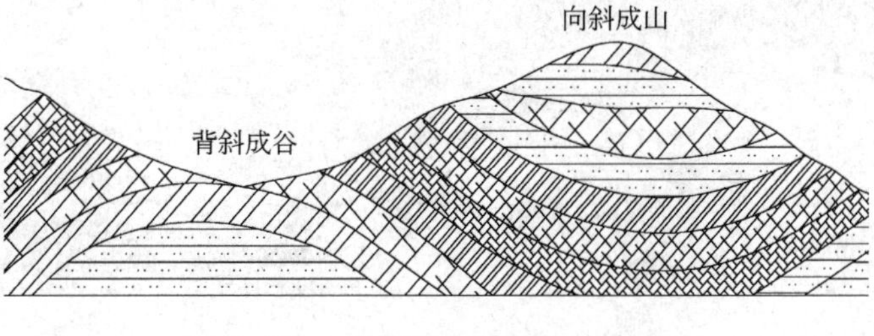

图 2-24 背斜成谷向斜成山地形

B　褶皱的工程地质评价

对于隧道工程来说，不论是背斜褶曲还是向斜褶曲，在褶曲的翼部遇到的基本是单斜构造，一般是比较有利的。如果中间有松软岩层或软弱构造面时，则在顺着倾向一侧的洞壁，有时会出现偏压现象，甚至会导致支撑破坏，发生局部坍塌。

在褶曲构造的轴部，从岩层的产状来说，是岩层倾向发生显著变化的地方，就构造作用对岩层整体性的影响来说，又是岩层受力作用最集中的地方，所以在褶曲构造的轴部，隧道工程最容易遇到由于岩层破碎而产生的岩体稳定性问题和向斜轴部地下水的问题，即隧道坍塌和涌水现象，有时会严重影响正常施工。

2.2.3　断裂构造

岩层受力后就会出现变形，当所受应力达到或超过岩层的弹性限度时，岩层就会产生断裂，这时岩层的连续完整性就遭到了破坏；岩层发生断裂后，断裂面两侧的岩块有的未出现显著位移，有的出现了显著的位移，这些构造形态统称为断裂构造。

根据岩层断裂后沿断裂面两侧岩块是否发生显著位移，可以将断裂构造划分为节理构造和断层构造两种基本类型。

2.2.3.1　节理

节理又称为裂隙，是断裂面两侧岩块没有发生明显位移的断裂。它可以是明显可见地张开或闭合的裂缝、裂隙，也可以是肉眼不易觉察的隐蔽的裂纹。其延伸长度有长有短，短者几厘米，长者几十米甚至更长。节理发育的密集程度也有很大差异，相邻两节理的距离可从数厘米到数米。节理的断裂面称为节理面，节理的产状可用节理面的产状要素加以描述和说明。节理裂隙发育的岩体如图 2-25 所示。

图 2-25　节理裂隙发育的岩体

A 节理的类型

根据节理的力学成因可把节理分为张节理（图2-26a）和剪节理（图2-26b）两种。

（1）张节理是指岩层在张应力作用下形成的节理，它既可以在大面积上发育，也可以只局限于某一局部地区。区域性的张节理通常是直立的或近于直立的，且规模较大；局部性张节理则分布于其他地质构造类型的一定部位。

张节理具有张开的裂口，可被结晶物质充填而成脉；节理面粗糙不平，节理面上没有擦痕；当节理发育在砾岩中时，节理面常常绕过砾石而呈现凹凸不平状；每个张节理沿走向和倾向都延长不远即行消失。

张节理常常出现在背斜、向斜的转折端、枢纽急剧倾伏部分，由于这些地方张应力集中，因此在这些构造部位，张节理最为发育。与背斜相伴生的张节理有两组：一组是与褶曲轴平行的节理，称为纵张节理；另一组是与褶曲轴垂直的节理，称为横张节理。在断层附近，也会由于张应力的作用形成羽状张节理。

（2）剪节理是指岩层在剪应力作用下而形成的节理。剪节理常成对出现，这种节理在褶皱岩层中广泛发育。在岩层尚未弯曲形成褶皱之前所形成的剪节理在平面上构成斜向“X”节理组；岩层弯曲形成褶皱时所产生的剪节理则在剖面上构成“X”节理组。通常这两组节理的发育程度是不等的。剪节理也可能发生于断层附近，形成两组羽状剪节理。其中一组平行于断层面，另一组则与断层面斜交。

a

b

图2-26 按力学成因分类的节理类型

a—张节理；b—剪节理

B 节理的野外观测

在野外观测节理时，一般需要按下列步骤进行：

（1）选择观测点。根据研究节理的目的和任务，选择适当的构造部位，建立观测点。所选择的观测点应：1）露头良好，最好能在三维空间观测，其露头

面积一般不小于 $10m^2$，以便于大量测量；2）构造特征清楚，岩层产状稳定；3）节理比较发育，组系及其相互关系比较明确；4）观测点应选在构造上的重要部位，并且在不同构造层、不同岩性岩层中都有观测点。

（2）节理的观测。在节理观测点上进行节理的观测时应：1）了解观测地段的地质背景，如地层及其产状，褶皱和断层的特点，观测点所处的构造部位等；2）根据节理的交切和错动关系，确定节理的形成顺序，同时对节理要进行分类，划分组系；3）研究节理发育程度，节理的发育程度常以密度或频率表示，它是指在垂直于走向单位距离内节理的条数；4）观测节理面，要对节理面的形态和结构节理面的平直程度，节理面是否有擦痕和羽状构造等进行观测。

（3）节理的测量和记录。在节理观测点上，对以上各方面进行观测的同时，要进行测量和记录。节理产状的测量方法和岩层产状的测量方法一样。如果节理面未充分揭露而不易测量时，可将一硬卡片插入节理内，直接测量卡片的产状。如果节理按方位和产状分组明显，也可分组测量，每组测量有代表性的几条节理，然后再统计节理的数目。

C 节理工程地质评价

岩体中的节理在工程中除了有利于开挖外，对岩体的强度和稳定性均有不利影响。岩体中存在节理或节理裂隙发育，破坏了岩体的完整性，促进风化速度，增强岩体的透水性，因而使岩体的强度和稳定性降低。当节理主要发育方向与隧道走向平行时，隧道容易产生偏压和塌方现象。

2.2.3.2 断层

断层是破裂面两侧的岩块有明显相对位移的一种断裂构造。断层规模大小不一，小的只有几米，大的上千千米。断层在地壳中广泛发育，是地壳中最重要的构造之一。

A 断层要素

断层要素是断层各个基本组成部分的总称，是用以描述断层空间形态特征的几何要素。断层要素包括断层面、断层线、上盘和下盘、断距等（图2-27）。

（1）断层面。断层面是一个将岩块或岩层断开成两部分，断开岩块或岩层顺着它发生相对滑动的破裂面。断层面的空间位置由其走向、倾向和倾角确定。在自然界中，断层面往往不是一个产状稳定的平面，而是沿走向和倾向都会发生一定变化的、呈舒缓波状的曲面。

断层面一般不是一个单一的面，而是由一系列破裂面或次级断层组成的带，这个带称为破碎带，其宽度一般为数十厘米到数十米不等。破碎带内常充填有经过揉搓的大小不等、成分杂乱的岩石碎块或岩屑、岩片。一般情况下，断层规模越大，破碎带越宽，结构越复杂。破碎带岩层破碎，抗风化能力小，因此，沿破

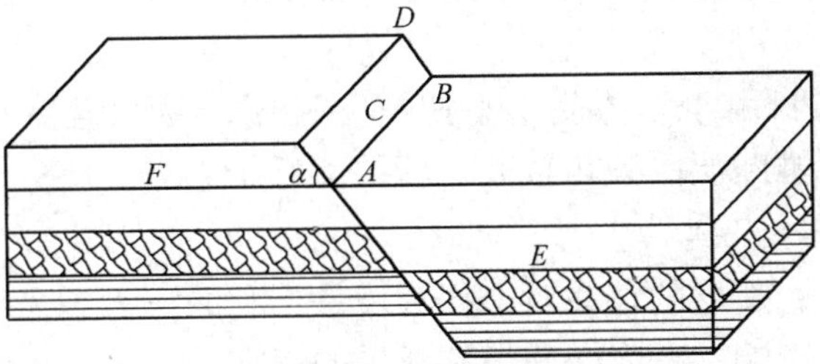

图 2-27 断层要素

AB—断层线；C—断层面；DB—总断距；E—上盘；F—下盘；α—断层倾角

碎带分布的方向上一般地势较低，常有沟谷河流分布。

（2）断层线。断层线是指断层面与地面的交线，也就是断层面在地面上的出露线。它可能是直线也可能是曲线，其形态由断层面形态、断层面产状以及地形起伏状况决定。断层倾角越小，地形起伏越大，断层线形态就越复杂。

（3）上盘和下盘。断层面两侧相对位移的岩块称为断盘。当断层面倾斜时，位于断层面上方的岩块称为上盘，位于断层面下方的岩块称为下盘；当断层面直立时，则无上、下盘之分，这时则可根据断层走向和两盘的相对位置给予命名，如东盘和西盘、北盘和南盘等。相对向上移动的岩块称为上升盘；相对向下移动的岩块称为下降盘。

（4）断距。断距是指断层两盘沿断层面相对移动开的距离。

B 断层的基本类型

根据断层两盘相对位移的情况，可以分为正断层、逆断层和平推断层三种（图 2-28）。

（1）正断层：上盘沿断层面相对下降，下盘沿断层面相对上升的断层。正断层一般是由于岩体受到水平张力及重力作用，使上盘岩断层面向下错动而成。一般规模不大，断层线比较平直，断层面倾角较陡，常大于45°。

（2）逆断层：上盘沿断层面相对上升，下盘沿断层面相对下降的断层。逆

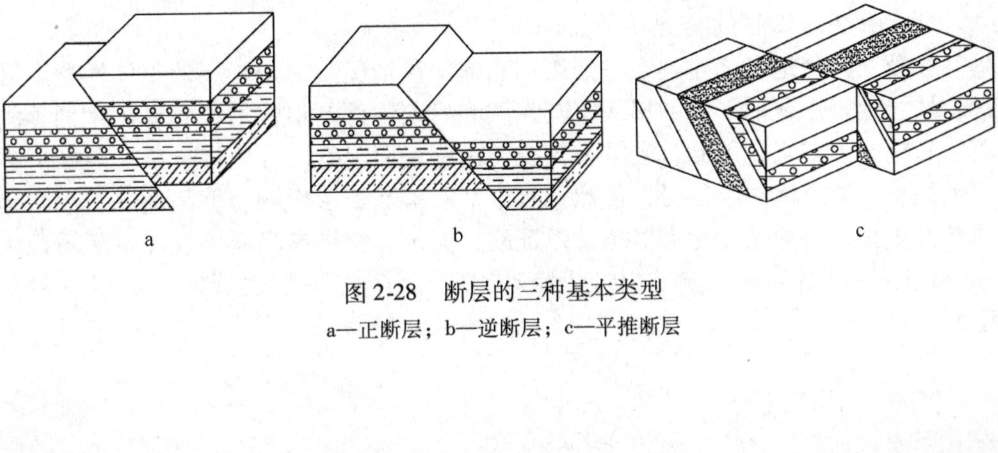

a　　b　　c

图 2-28 断层的三种基本类型

a—正断层；b—逆断层；c—平推断层

断层一般是由于岩体受到水平方向强烈挤压力作用，使上盘沿断面向上错动而成。

（3）平推断层：由于岩体受水平扭应力作用，使两盘沿断层面发生相对水平位移的断层。平推断层的倾角很大，断层面近于直立。

C 断层的野外识别

在许多情况下，断层的存在对工程建设是不利的。为了采取措施，防止其对工程建设产生不良影响，首先必须识别断层的存在。

当岩层发生断裂并形成断层后，不仅会改变原有地层的分布规律，还常在断层面及其相关部分形成各种伴生构造，并形成与断层构造有关的地貌现象。在野外可以根据这些标志来识别断层。

（1）地貌特征。当断层（张性断裂或压性断裂）的断距较大时，上升盘的前缘可能形成陡峭的断层崖，如经剥蚀，则会形成断层三角面地形；断层破碎带岩体破碎，易于侵蚀下切，可能形成沟谷或峡谷地形。此外，如山脊错断、错开，河谷方向发生突然转折等，很可能都是断裂错动在地貌上的反映。在这些地方应特别注意观察，分析有无断层存在。

（2）地层特征。如岩层发生重复或缺失，岩脉被错断或者岩层沿走向突然发生中断，与不同性质的岩层突然接触等地层方面的特征，则进一步说明断层存在的可能性很大。

（3）断层伴生构造现象。断层的伴生构造是断层在发生、发展过程中遗留下来的形迹。常见的有岩层牵引弯曲、断层角砾、断层泥和断层擦痕等。

岩层的牵引弯曲，是岩层因断层两盘发生相对错动，因受牵引而形成的弯曲，多形成于页岩、片岩等柔性岩层和薄层岩层中。当断层发生相对位移时，其两侧岩石因受强烈的挤压力，有时沿断层而被研磨成细泥，称为断层泥；如被研碎成角砾，则称为断层角砾。断层角砾一般是胶结的，其成分与断层两盘的岩性基本一致。断层两盘相互错动时，因强烈摩擦而在断层面上产生的一条条彼此平行密集的擦痕，称为断层擦痕。顺擦痕方向抚摸，感到光滑的方向即为对盘错动的方向。

D 断层的工程地质评价

在断层发育地带修建隧道，是最不利的一种情况。由于岩层的整体性遭到破坏，加之地表水或地下水的侵入，其强度和稳定性都是很差的，容易产生洞顶坍落，影响施工安全。因此，当隧道轴线与断层走向平行时，应尽量避免与断层破碎带接触。隧道横穿断层时，虽然只有个别段落受断层影响，但因地质及水文地质条件不良，必须预先考虑措施，保证施工安全。特别是当断层破碎带规模很大或穿越断层破碎带时，施工十分困难，在确定隧道平面位置时，要尽量设法避开。

2.3 地形地貌

地壳表面各种不同成因、不同类型、不同规模的起伏形态称为地形地貌。地形地貌条件是对隧道工程建设活动影响最大的条件之一，因为地形地貌条件对一切工程建设和工程布置都有决定性影响。同时，一定地貌的形成常是相应的新构造运动的反映，并且常对隧道地址区内自然地质作用（如岩土体的侵蚀与堆积）及地下水的活动有控制作用。

在隧道地质地质调查时要对隧道地址区内的地形地貌进行描述，从而根据地貌的形态特征，推断其形成原因和条件，进而评价其工程地质条件。

2.3.1 地形地貌的形成和发展

2.3.1.1 地形地貌的形成和发展动力

地壳表面的各种地貌都在不断地形成和发展变化。地形地貌形成和发展变化的动力，是内、外力地质作用。内力地质作用形成了地壳表面的基本起伏，对地形地貌的形成和发展起决定性作用。首先，地壳的构造运动不仅使地壳岩层因受到强烈的挤压、拉伸或扭动而形成一系列褶皱带带和断裂带，而且还在地壳表面造成大规模的隆起区和沉降区。隆起区将形成大陆、高原、山岭；沉降区则形成海洋、平原、盆地。其次，地下岩浆的喷发活动对地貌的形成和发展也有一定的影响，裂隙喷发可形成火山堆和熔岩盖等堆积物，后者的覆盖面积可达数百平方千米至数十万平方千米，厚度可达数百至数千米。

不仅如此，内力地质作用还对外力地质作用的条件、方式及过程产生深刻的影响，例如，地壳上升、侵蚀、剥蚀、搬运等作用增强，堆积作用就变弱。地壳下降，则情况相反。

外力地质作用对由内力地质作用所形成的基本地貌形态，不断进行雕塑、加工，起着改造作用，其总趋势是削高补低，力图把地表夷平，即把由内力地质作用所造成的隆起部分进行剥蚀破坏，同时把破坏了的碎屑物质搬运堆积到由内力地质作用所造成的低地和海洋中去。如同内力地质作用会引起外力地质作用的加剧一样，在外力地质作用把地表夷平的过程中，也会改变地壳已有的平衡，从而又为内力地质作用产生新的地面起伏提供新的条件。

综上所述，地形地貌的形成和发展是内、外力地质作用共同的结果。现在看到的各种地貌形态，就是地壳在内、外力地质作用下发展到现阶段的形态表现。

2.3.1.2 地形地貌形成和发展的影响因素

地貌的形成和发展受地质构造、岩性、气候条件等因素的影响。外力作用改造地表形态的能力，常常是与地质构造和岩石性质相联系的。地质构造对地貌形成的影响，明显地见于山区及剥蚀地区，例如，各种构造破碎带常是外力作用表现最强烈的地方，而单斜山也多是岩层产状在地貌上的反映。岩性不同，其抵抗风化和剥蚀的能力也就不同，从而形成不同的地貌；影响岩石抵抗风化和剥蚀能力的主要因素，是由岩石成分、结构和构造等所决定的岩石的坚硬程度。气候条件对地貌形成和发展的影响也是显著的，如高寒的气候地带常形成冰川地貌、干旱地带则形成风沙地貌等。

2.3.2 地形地貌分类

从工程地质角度研究地形地貌，首先要阐明研究区的宏观地貌类型及所属地貌单元或建筑场地所处的地貌部位，然后再给出与工程有关的具体地貌及地形特征和相应的要素数据。

2.3.2.1 宏观地貌类型

宏观地貌可分为山地、平原两大基本类型。具体划分见表2-1。

表 2-1 宏观地貌形态分类表

形态类别		绝对高度/m	相对高度/m
山地	高山	>3500	>1000
	中山	3500 ~ 1000	1000 ~ 500
	低山	1000 ~ 500	500 ~ 200
	丘陵	<500	<200
平原	高原	>600	>200
	高平原	>200	
	低平原	0 ~ 200	
	洼地	<0	

2.3.2.2 具体地貌类型

A 坡地地貌

坡地上的风化岩块或土体在重力或流水作用下发生崩塌、滑动或蠕动形成的地貌称为坡地地貌。

坡地形状是各式各样的，有直线坡、凸形坡、凹形坡和各种形状组成的复式斜坡。它们的形成发展和岩性、构造运动以及自然地理等因素有关。内力作用形成的坡地有构造运动形成的断层坡、地震震动形成的裂隙坡和火山活动在地表堆积的斜坡等，外力作用形成的坡地有坡积裙（在坡面流水作用下，被带到坡地平缓处堆积下来的沉积物围绕坡地形成形似衣裙的地形）等。

B 河流地貌

由河流作用形成的地貌，统称为河流地貌。

河流作用塑造的地貌极其多样，主要分为谷底和谷坡两部分。河谷中游谷底较宽，谷底水流所占据的中间位置是河床，两边为河漫滩。河流在下游山口处搬运堆积而成的扇形体为冲积扇。在构造沉降区由河流带来大量冲积物堆积而成的平原为冲积平原。在河口区河流搬运的泥沙堆积成一个平面形态尖顶向陆的三角形为三角洲。河流下切侵蚀，原先的河谷底部（河漫滩或河床）超出一般洪水位以上，呈阶梯状分布在河谷谷坡上，这种地形称为河流阶地。

C 岩溶地貌

地下水或者地表水对可溶性岩石（一般为石灰岩）的破坏和改造作用而形成的地貌现象称为岩溶地貌。

在岩溶作用下，地表形成了各种不同的岩溶形态。溶沟和石芽是石灰岩表面的溶蚀地貌。地表水流沿着石灰岩坡面流动，溶蚀和侵蚀出许多凹槽，称为溶沟。溶沟之间的突出部分，称为石芽。落水洞是岩溶区地表水从谷地流向地下河或地下溶洞的通道，它是垂直方向流水对裂隙不断进行溶蚀并伴随塌陷面成。漏斗是岩溶化地面上的一种口大底小的圆形洼地，平面轮廓为圆形或椭圆形，直径数十米，深几米至数十米。漏斗下部常有管道通往地下，地表水沿此管道下流，如果通道被黏土或碎石堵塞则可积水成池。溶蚀洼地是由四周为低山丘陵和峰林所包围的封闭洼地。它的形状和溶蚀漏斗相似，但规模比溶蚀漏斗大得多。溶蚀洼地的底较平坦，常发育落水洞和漏斗，还有一些小溪。岩溶盆地（谷地）是指岩溶地区的一些宽广平坦的盆地或谷地。岩溶盆地（谷地）的宽度自数百米至数千米，长度可达几十千米。盆地的边坡陡峭，底部平坦，常覆盖着溶蚀残留的黄棕色黏土或红色黏土，有些地方还有河流冲积物。峰丛和峰林是石灰岩溶蚀而成的山峰及其间的低地集合体。山峰的表面发育石芽和溶沟，山峰之间洼地或平原有落水洞或溶洞。

D 褶曲构造地貌

褶曲形成地形高低，其拱起和凹陷称为原生褶曲构造地貌；褶曲岩层受外力剥蚀后，还露出各种与地质构造有一定联系的地形，称为次生褶曲构造地貌。这些统称褶曲构造地貌。

在水平挤压力的作用下，地表褶曲隆起形成构造山地地貌。构造山地地貌常延伸数千千米，山体的走向与作用力方向垂直。在挤压力作用下，地表凹陷或沿逆断层陷落形成的盆地，称为挤压构造盆地地貌。

褶曲构造受外力作用在张节理较发育的背斜轴部侵蚀发育成谷地，即背斜成谷地貌。受外力作用将堆积物搬运在向斜轴部形成山地，即向斜成山地貌。背斜构造或向斜构造经长期侵蚀作用形成一坡短而陡，一坡长而缓的地貌称为单面山地貌。

E　断层构造地貌

断层直接形成的地貌和间接形成的地貌，统称断层构造地貌。

断层活动使断层两侧块体的应力状态发生变化，产生挤压，形成隆起高地地貌为断块山地地貌；产生拉升，形成断陷洼地地貌，则为断陷盆地地貌。断层活动形成的陡崖称为断层崖。断层崖的高度取决于断层的规模，最高的可达几百米，低的只有数米甚至不到1m。断层崖受到横穿其河流的侵蚀，完整的断崖被分割出许多三角形的断层崖，这样的地貌称为断层三角面。沿断裂破碎带发育的河谷称为断裂谷。断裂谷的两岸一般为一岸高而陡，一岸低而缓，地层也不连续。

F　人类活动形成的地貌

人类活动形成的地貌包括人类活动直接形成的地貌和人类活动影响地表过程而间接形成的地貌。

人类活动直接形成的地貌包括耕种形成的田地，建造形成的道路等。人类间接活动形成的地貌包括地基塌陷、边坡失稳和采掘而造成的假喀斯特等。

3 岩体结构对岩体稳定性的影响及控制

所谓岩体是指在一定工程范围内，由包含软弱结构面的各类岩石所组成的具有不连续性、非均质性和各向异性的地质体。

岩体由各种各样的岩石组成，并在其形成过程中经受了构造运动、风化作用和卸荷作用等各种内外力地质作用的破坏和改造。因此，岩体经常被各种结构面（如层面、节理、断层、片理等）所切割，使岩体成为一种多裂隙的不连续介质。岩体的多裂隙性特点决定了岩体与岩石的工程地质性质有明显不同。两者最根本的区别就是岩体中的岩石被各种结构面所切割，这些结构面的强度与岩石相比要低得多，并且破坏了岩体的连续性和完整性。岩体的工程性质首先取决于这些结构面的性质，其次才是组成岩体的岩石性质。此外，自然界中，大多数岩石的强度都是很高的，对于一般工程结构物的要求来说，是能够满足的，而岩体的强度，特别是沿软弱结构面方向的强度却往往很低，不能满足结构物的要求。因此，从工程实践的客观需要来看，研究岩体的结构比研究岩石更为重要。

3.1 岩体结构

岩体结构包括结构面和结构体两个要素。结构面是指存在于岩体中的各种不同成因、不同特征的地质界面，如断层、节理、层理、软弱夹层及不整合面等。结构体是指岩体被结构面切割后形成的岩石块体。结构面和结构体的排列与组合特征便形成了岩体结构。

3.1.1 岩体的结构面

岩体结构面对工程岩体的完整性、渗透性、物理力学性质及应力传递等都有显著的影响，是造成岩体非均质、非连续和各向异性的本质原因之一。因此，全面深入细致地研究岩体的结构面对整体把握工程地质状况和从事超前地质预报有相当的必要性。

3.1.1.1 岩体结构面的类型

不同成因的结构面，具有不同的工程地质特性。按成因可把结构面分为原生结构面、构造结构面和次生结构面三类。结构面的类型及其地质特征见表 3-1。

表 3-1 岩体结构面的类型及其地质特征

成因类型		地质类型	主要地质特征			工程地质评价
			产状	分布	性质	
原生结构面	沉积结构面	(1) 层理、层面； (2) 软弱夹层； (3) 沉积间断面； (4) 不整合面	一般与岩层产状一致，为层间结构面	海相岩层中此类结构面分布稳定，陆相岩层中呈交错状，易尖灭	层面、软弱夹层等结构面较为平整；不整合面及沉积间断面多由碎屑泥质物构成，且不平整	国内外较大坝基滑动及滑坡很多是有此类结构面造成的
	岩浆结构面	(1) 侵入体与围岩接触面； (2) 岩浆岩墙接触面； (3) 原生冷凝节理	岩脉受构造结构面控制，而原生节理受岩体结构面控制	接触面延伸较远，比较稳定，而原生节理往往短小密集	与围岩接触面可具有熔合及破碎两种不同的特征，原生节理一般为张裂面，较粗糙不平	一般不造成大规模的岩体破坏，但有时与构造断裂配合，也可以造成岩体的滑移
	变质结构面	(1) 片理； (2) 片岩软弱夹层； (3) 片麻理； (4) 板理及千枚理	产状与岩层或构造方向一致	片理短小，分布极密，片岩软弱夹层延展较远，具有固定层次	结构面光滑平直，片理在岩层深部往往闭合成隐蔽结构面，片岩软弱夹层具有片状矿物，呈鳞片状	在变质较浅的沉积岩，如千枚岩等，路堑边坡常见塌方。片岩夹层有时对工程及地下硐室的稳定也有影响
构造结构面		(1) 节理(X 形节理、张节理)； (2) 断层(正断层、逆断层)； (3) 层间错动； (4) 羽状裂隙、劈理	产状与构造线成一定关系，层间错动与岩层一致	张性断裂较短小；剪切断裂延展较远；压性断裂规模巨大，但有时为横断层切割成不连续状	张性断裂不平整，常具次生填充，呈锯齿状；剪切断裂较平直具羽状裂隙；压性断裂具多种构造面，呈带状分布，往往含断层泥	对岩体稳定性影响较大，在上述许多岩体破坏过程中，大都有构造结构面的配合作用。此外常造成边坡及地下工程的塌方、冒顶等
次生结构面		(1) 卸荷裂隙； (2) 分化裂隙； (3) 分化夹层； (4) 泥化夹层； (5) 次生夹泥层	受地形及原始结构面和临空结构面控制	分布上往往呈不连续状，透镜状，延展性差，且主要在地表风化带内发育	一般为泥质物填充，水理性质差	在天然斜坡及人工边坡上造成危害，有时对坝基、坝肩及浅埋隧道等工程也有影响，但一般在施工中予以清基处理

注：据张威恭，1979。

3.1.1.2 岩体结构面的特征

结构面的特征包括结构面的规模、形态、延展性、密集程度、张开度和充填胶结特征等，它们对结构面的物理力学性质有很大的影响。

A 结构面的规模

实践证明，结构面对岩体力学性质及岩体稳定的影响程度，首先取决于结构面的延展性及其规模。中国科学院地质研究所将结构面的规模分为五级（表3-2）。

表 3-2 结构面的规模分级表

结构面的规模	特征
Ⅰ级	区域性的断裂破碎带，延展数十千米以上，破碎带的宽度从数米至数十米
Ⅱ级	延展性较强，贯穿整个工程地区或在一定工程范围内切断整个岩体的结构面，其长度从数百米至数千米不等，宽度从一至数米不等，主要包括断层、层间错动带、软弱夹层、沉积间断面及大型接触破碎带等
Ⅲ级	走向和倾向方向延展有限，一般在数十米至数百米范围内的小断层、大型节理、风化夹层和卸荷裂隙等
Ⅳ级	延展性差，一般在数米至数十米范围内的节理、片理等
Ⅴ级	延展性极差的一些微小裂隙

（1）Ⅰ级结构面。Ⅰ级结构面为区域性的断裂破碎带，延展数十千米以上，破碎带的宽度从数米至数十米。它直接关系到工程所在区域的稳定性，一般在规划选点时应尽量避开。

（2）Ⅱ级结构面。二级结构面一般指延展性较强，贯穿整个工程地区或在一定工程范围内切断整个岩体的结构面，其长度从数百米至数千米不等，宽由一至数米，主要包括断层、层间错动带、软弱夹层、沉积间断面及大型接触破碎带等。它们的分布和组合控制山体及工程岩体的破坏方式及滑动边界。

（3）Ⅲ级结构面。三级结构面包括在走向和倾向方向延展有限，一般在数十米至数百米范围内的小断层、大型节理、风化夹层和卸荷裂隙等。这些结构面控制着岩体的破坏和滑移机理，常常是工程岩体稳定的控制性因素。

（4）Ⅳ级结构面。四级结构面延展性差，一般在数米至数十米范围内的节理、片理等，它们仅在小范围内将岩体切割成块状。这些结构面的不同组合，可以将岩体切割成各种形状和大小的结构体，它是岩体结构研究的重点问题之一。

（5）Ⅴ级结构面。五级结构面是延展性极差的一些微小裂隙，它主要影响岩块的力学性质。

B 结构面的形态

结构面的平整、光滑和粗糙程度对结构面的抗剪性能影响很大。自然界中结构面的几何形状非常复杂，大体上可分为平直的、波状起伏的、锯齿状的和不规则的四类（表3-3）。

表3-3 结构面的形态

结构面的形态	描 述
平直的	结构面平整，呈直线，如大多数层面、片理和剪切破裂面
波状起伏的	结构面呈波浪状，如具有波痕的层面、轻度挠曲的片理、呈舒缓波状的压性及压扭性结构面
锯齿状的	结构面呈锯齿状，如多数张性和扭张性结构面
不规则的	结构面曲折不平，如沉积间断面、交错层理以及沿原有裂隙发育的次生结构面

结构面的形态对结构面抗剪强度有很大的影响。一般平直光滑的结构面抗剪强度较低，粗糙起伏的结构面则有较高的抗剪强度。

C 结构面的延展性

结构面的延展性也称连续性，有些结构面延展性较强，在一定工程范围内切割整个岩体，对稳定性影响较大，但也有一些结构面比较短小或不连续，岩体强度一部分仍为岩石（岩块）强度所控制，稳定性较好。因此，在研究结构面时，应注意调查研究其延展长度及规模。结构面的延展性分级见表3-4。

表3-4 结构面延展性分级

结构面延展性	迹长/m	结构面延展性	迹长/m
很低	<1	高	10~20
低	1~3	很高	>20
中等	3~10		

D 结构面的密集程度

结构面的密集程度反映了岩体的完整性，它决定岩体变形和破坏的力学机制。有时在岩体中，虽然结构面的规模和延展长度均较小，但却平行密集，或互相交织切割，使岩体稳定性大为降低，且不易处理。试验表明，岩体内结构面越密集，岩体变形越大，强度越低，渗透性越高。通常用结构面间距来表示结构面的密集程度，结构面间距分级见表3-5。

表3-5 结构面间距分级

间距级别	间距/mm	间距级别	间距/mm
极密集	<20	宽	600~2000
很 密	20~60	很 宽	2000~6000
密 集	60~200	极 宽	>6000
中 等	200~600		

E 结构面的张开度和充填情况

结构面的张开度是指结构面的两壁离开的垂直距离。结构面张开度分级见表3-6。

表 3-6 结构面张开度分级

张开程度	结构面张开度/mm	备注
很紧密	<0.1	闭合结构面
紧密	0.1~0.25	
部分张开	0.25~0.5	
张开	0.5~2.5	裂开结构面
中等宽	2.5~10	
宽	>10	
很宽	10~100	张开结构面
极宽	100~1000	
似洞穴	>1000	

闭合的结构面的力学性质取决于结构面两壁的岩石性质和结构面的粗糙程度。微张的结构面，因其两壁岩石之间常常多处保持点接触，抗剪强度比张开的结构面大。张开的和宽张的结构面，抗剪强度则主要取决于充填物的成分和厚度：一般充填物为黏土时，强度要比充填物为砂质时的更低；充填物为砂质，强度又比充填物为砾质更低。

3.1.2 岩体的结构体

岩体中被结构面切割而产生的单个岩石块体称为结构体。受结构面组数、密度、产状、长度等影响，结构体可以形成各种形状。常见的有块状、柱状、板状、锥状、楔形体、菱面体等。结构体形状、大小、产状和所处位置不同，其工程稳定性大不一样：当结构体形状、大小相同，但产状不同，在同一工程位置时，其稳定性不同；当结构体形状、大小、产状都相同，在不同工程位置时，其稳定性也不相同。

3.1.3 岩体结构的类型及特征

岩体结构是由结构面的发育程度和组合关系，或结构体的规模及排列形式决定的。岩体结构类型的划分反映出岩体的不连续性和不均一性特征。中国科学院地质研究所根据多年的工程实践，从岩体结构的角度提出了岩体结构分类，岩体结构分为块状结构、镶嵌结构、碎裂结构、层状结构、层状碎裂结构以及松散结构等（表3-7）。我国建造地下隧道和硐室的围岩分类都是以此岩体结构为基础的。

表3-7 岩体结构的类型及特征

岩体结构类型	岩体地质类型	主要结构形式	结构面发育情况	工程地质评价
块状结构	厚层沉积岩 火成侵入岩 火山岩变质岩	块状 柱状	节理为主	岩体在整体上强度较高，变形特征接近于均质弹性各向同性体，作为坝基及地下工程硐体具有良好的工程地质条件，但要注意不利于岩体稳定的平缓节理
镶嵌结构	火成侵入岩 非沉积变质岩	菱形 锥形	节理比较发育，有小断层错动带	岩体在整体上强度仍高，但不连续性较为显著，在坝基经局部处理后仍为良好地基，在边坡过陡时易以崩塌形式出现，不易构成大滑坡体；在地下工程中，若跨度不大，塌方事故很少
碎裂结构	构造破坏 强烈岩体	碎块状	节理、断层、断层破碎带及交叉劈理发育	岩体完整性差，强度受断层及软弱结构面控制，并易受地下水影响。在坝基要求对规模较大断层进行处理，一般可灌浆固结；在边坡有时出现较大塌方；在地下坑道中易产生塌方、冒顶，要求紧跟支护
层状结构	薄层沉积岩 沉积变质岩	板状 楔形	层理、片理、节理比较发育	岩体呈层状，作为坝基、坝肩、边坡及地下硐体的岩体时其稳定与岩层产状关系密切，一般陡立的较为稳定，而平缓的较差，倾向不同时也有很大差异，要结合工程具体考虑
层状碎裂结构	较强烈褶皱及破碎的层状岩体	碎块状 楔形	层理、片理、节理、断层层间错动而发育	岩体完整性较差，整体强度较低，软弱结构面发育，易受地下水影响。稳定性很差，不宜选作坝基、坝肩；边坡设计角较低，在地下工程施工中常遇塌方；作为永久性工程要求加厚衬砌
松散结构	断层破碎带 风化破碎带	鳞片状 碎屑状 颗粒状	断层破碎带、风化带及次生结构面	岩体强度遭到极大破坏，接近松散介质，稳定性最差，在坝基及人工边坡上要清基处理，在地下工程进出口处也应进行适当处理

3.2 岩体结构控制论

大量实践与试验研究表明，岩体的应力传播、变形破坏以及岩体力学介质属性均受控于岩体结构。岩体结构对工程岩体的控制作用主要表现在三方面，即岩体的变形、破坏特征及工程岩体的稳定性以及岩体的应力传播特征。

具有一定结构的岩体，往往具有与之相对应的力学属性。发育于岩体中的结构面，是抵抗外力的薄弱环节。软弱结构面是岩体变形破坏的重要控制因素或边界；硬性结构面是划分岩体结构、鉴别岩体力学介质类型的重要依据。

3.2.1 岩体变形机制

岩体变形与连续介质变形明显不同，它由结构体变形与结构面变形两部分构成，并且结构面变形起到控制作用。因此，岩体的变形主要决定于结构面发育状况，它不仅控制岩体变形量的大小，而且控制岩体变形性质及变形过程。块状结构岩体变形主要沿贯通性结构面滑移形成；碎裂状结构岩体变形则由Ⅲ、Ⅳ级结构面滑移及部分岩块变形构成；只有完整岩体的变形才受控于组成岩体的岩石变形特征，岩体具体变形机制见表3-8。

表3-8 岩体变形机制

岩体结构		整体结构	碎裂结构	块状结构
变形成分	主要的	岩块压缩变形	结构面滑移变形	结构体滑移及压缩变形
	次要的	微结构面错动	结构体及结构面压缩及结构体性状改变	结构面压缩及形状改变
侧胀系数		小于0.5	常大于0.5	极微小
变形系数		结构体压缩及形状改变	压 密	沿结构面滑移
控制岩体变形的主要因素		岩石特征及Ⅴ级结构面	开裂的不连续的Ⅲ、Ⅳ级结构面	贯通的Ⅰ、Ⅱ级结构面，主要为软弱结构面

3.2.2 岩体的破坏机制

岩体的破坏机制也受控于岩体结构。结构控制的主要方面有：岩体破坏难易程度、岩体破坏的规模、岩体破坏的过程及岩体破坏的主要方式等。岩体破坏的力学过程是岩体破坏机制。岩体具体破坏机制类型见表3-9。

表3-9 岩体破坏机制

完整结构岩体	块状结构岩体	碎裂结构岩体	散体结构岩体
（1）张破裂； （2）剪破坏； （3）流动变形	结构体沿结构面滑动	（1）结构体张破裂； （2）结构体剪破裂； （3）滑动结构体流动变形； （4）结构体沿结构面滑动； （5）结构体转动； （6）结构体组合体倾倒； （7）结构体组合体溃屈	（1）剪破坏； （2）流动变形

块状结构岩体主要为结构体沿结构面滑动破坏。而碎裂结构岩体破坏机制较为复杂，当它赋存于高地应力环境时，则呈现为连续介质；如赋存于低地应力环境时，则属于碎裂介质，其破坏机制中，张、剪、滑、转、倾倒、弯曲、溃屈等

机制均可见。而在工程岩体破坏中，常是几种破坏机制联合出现。

3.2.3 岩体结构对岩体稳定性的控制作用

岩体结构对岩石工程稳定性的控制作用也十分显著。整体状结构的岩体，坚硬完整，受力后强度起控制作用，一般呈稳定状态，对于深埋或高应力区的地下开挖可能出现岩爆。块状结构岩体较为完整坚硬，结构面抗剪强度高，在一般工程条件下亦稳定。但应注意Ⅱ、Ⅲ级结构面与临空面共同组合，可能造成块体失稳，此时软弱面的抗剪强度起控制作用。层状结构岩体的变形为层岩组合和结构面力学特性所决定，尤其是层面和软弱夹层。在一般工程条件下较稳定。由于层间结合力差，软弱岩层或夹层多而使岩体的整体强度低，易产生塑性变形、弯折破坏，顺层滑动由软弱面特性所决定。碎裂状结构岩体有一定强度，不易剪坏，但不抗拉，在风化和振动条件下易于松动，一旦岩体失稳，往往呈连锁反应。这类岩体的变形方式视所处的工程部位而异，但其中骨架岩层对岩体稳定有利。散体状结构岩体强度低，易于变形破坏，时间效应显著，在工程载荷作用下表现极不稳定。

分析岩体结构对岩体稳定性的控制作用，应注意如下几方面：

（1）在工程地质模型基础上，经初步岩体结构分析，对岩体稳定性可做出宏观与定性的判断。

（2）依据岩体结构，尤其是结构面（特别是控制性结构面与软弱结构面）与工程岩体的依存关系，可准确确定岩体稳定性的边界条件。

（3）结构面的组合关系，尤其是在软弱结构面共同作用下，控制着岩体变形破坏方式与失稳机制。

（4）岩体结构同样控制工程岩体的环境因素。环境因素主要包括地应力与地下水。就地应力而言，虽主要受区域地质构造背景的控制，但就具体工程而言，地应力的作用方式与强度仍受到岩体结构的制约。

3.3 影响岩体稳定性的岩体结构要素

3.3.1 节理发育程度

节理的发育程度反映了岩体的完整程度。在岩体中，节理发育程度高会使岩体稳定性大大降低，且不易处理。

节理发育程度与地质构造影响程度相关，划分为节理不发育、较发育、发育、很发育四个级别（表3-10、表3-11）。

表3-10 岩体节理发育程度划分表Ⅰ

节理间距 d/mm	$d>400$	$200<d\leqslant 400$	$20<d\leqslant 200$	$d\leqslant 20$
节理发育程度	不发育	较发育	发 育	极发育

表 3-11　岩体节理发育程度划分表 Ⅱ

等　级	基　本　特　征
节理不发育	节理（裂隙）1~2 组，规则，为原生型或构造型，多数间距在 1m 以上，多为密闭，岩体被切割成巨块状
节理较发育	节理（裂隙）2~3 组，呈 X 形，较规则，以构造型为主，多数间距大于 0.4m，多为密闭，部分微张，少有充填物，岩体被切割呈大块状
节理发育	节理（裂隙）3 组以上，不规则，呈 X 形或米字形，为构造型或风化型，多数间距小于 0.4m，大部分微张，部分张开，部分为黏性土充填，岩体被切割呈块（石）碎（石）状
节理很发育	节理（裂隙）3 组以上，杂乱，为风化型和构造型，多数间距小于 0.2m，微张或张开，部分为黏性土填充，岩体被切割呈碎石状

3.3.2　岩体的完整程度

节理裂隙是岩体十分重要的特性，节理裂隙越发育，岩体的完整程度就越差，岩石的强度和稳定性就越差。根据结构面发育程度将岩体的完整程度划分为完整、较完整、较破碎、破碎、极破碎五级（表 3-12、表 3-13）。

表 3-12　岩体完整程度划分表 I

名称	结构面发育程度		主要结构面结合程度	主要结构面类型	相应结构类型
	组数	平均间距/m			
完整	1~2	>1.0	好或一般	节理、裂隙、层面	整体状或巨厚层状结构
较完整	1~2	>1.0	差	节理、裂隙、层面	块状或厚层状结构
	2~3	1.0~0.4	好或一般		块状结构
较破碎	2~3	1.0~0.4	差	节理、裂隙、层面、小断层	裂隙块状或中厚层状结构
	>3	0.4~0.2	好		镶嵌破碎结构
			一般		中、薄层状结构
破碎	>3	4~0.2	差	各种类型结构面	裂隙块状结构
		<0.2	一般或差		碎裂状结构
极破碎	无序		很差		散体状结构

表 3-13　岩体完整程度划分表 Ⅱ

完整程度	结构面特征	结构类型	岩体完整系数
完整	结构面 1~2 组，以构造型节理或层面为主，密闭型	巨块状整体结构	>0.75

续表 3-13

完整程度	结构面特征	结构类型	岩体完整系数
较完整	结构面 2 ~3 组，以构造型节理、层面为主，裂隙多呈密闭型，部分为微张型，少有充填物	大块状结构	0.55 ~0.75
较破碎	结构面大于 3 组，多以风化裂隙为主，在断层附近受构造作用影响较大，裂隙以微张型和张开型为主，多有充填物	层状结构、块石碎石状结构	0.35 ~0.55
破 碎	结构面一般为 3 组，以节理及风化裂隙为主，在断层附近受构造影响大，裂隙宽度以张开型为主，多有充填物	碎石角砾状结构	0.15 ~0.35
极破碎	结构面杂乱无序，在断层附近受构造作用影响大，宽张裂隙全为泥质或泥夹岩屑充填，充填物厚度大	散体状结构	≤0.15

3.3.3 软弱夹层

所谓软弱夹层是指在坚硬岩层中夹有力学强度低、泥质或炭质含量高、遇水易软化、延伸较长和具有一定厚度的特殊的岩体软弱结构面。它与周围岩体相比，具有显著低的强度和显著高的压缩性，或具有一些特有的软弱特性。它是岩体中最薄弱的部位，常成为隧道工程中的隐患，应予以特别注意。

从成因上，软弱夹层可划分为原生的、构造的和次生的软弱夹层。原生软弱夹层是与周围岩体同期形成，但强度软弱。构造软弱夹层主要是沿原有的软弱面或软弱夹层经构造错动而形成，也有的是沿断裂面错动或多次错动而成，如断裂破碎带。次生软弱夹层是沿薄层状岩石、岩体间接触面或原有软弱面由次生作用（主要是风化作用和地下水作用）参与形成的。

3.3.4 结构面结合程度与结构面组合形式

结构面结合程度与结构面组合形式是岩体稳定性的决定性控制因素。因为岩体是由结构面和结构体组成的，所以岩体的稳定性自然取决于结构面和结构体的力学特征。结构面往往是软弱面，其力学强度远低于结构体的力学强度。所以，岩体的稳定性主要取决于结构面的形态、密集程度、规模、延展性、结合程度和结构面组合形式等。

前面已对岩体结构面的形态、密集程度、规模和延展性等已做了详细介绍，岩体结构面的结合程度和岩体结构面的组合形式见表 3-14、表 3-15。岩体结构面组合形式示意图如图 3-1 ~图 3-9 所示。

表 3-14　结构面结合程度划分表 I

结合程度	好	一般	差	很差
结构面特征	张开度小于 1mm 无充填物；张开度 1 ~ 3mm，为硅质或铁质胶结；张开度大于 3mm，结构面粗糙，为硅质胶结	张开度 1 ~ 3mm，为钙质或泥质胶结；张开度大于 3mm，结构面粗糙，为铁质或钙质胶结	张开度 1 ~ 3mm，结构面平直，为泥质或泥质、钙质胶结；张开度大于 3mm，多为泥质或岩屑充填	泥质充填或泥夹岩屑充填，充填物厚度大于起伏差

表 3-15　结构面组合类型分类表 II

<table>
<tr><th colspan="2">结构面组合类型</th><th>应力场与结构面成因分布关系及
结构面组合特征</th><th>对围岩稳定性的影响</th></tr>
<tr><td rowspan="5">节理</td><td>“X”形</td><td>主应力两侧斜交的“共扼”剪切应力造成的两组交叉节理，为“X”形，节理间距与应力强弱有关，甚至形成两组交叉的密集节理带</td><td>“X”形不利结构面组合，围岩稳定性较差</td></tr>
<tr><td>“大”字形</td><td>三组主要结构面成：水平、左倾、右倾组合，其形成时间可有先有后，一般是水平早，被另两组切错</td><td>“大”字形不利结构面组合，围岩稳定性差</td></tr>
<tr><td>“十”字形</td><td>一组结构面（多为薄至中厚层状的地层层面）呈近水平状产出，另一组结构面则呈近直立状产出的密集节理</td><td>当水平结构体越薄、坚硬程度越软，直立结构面走向与隧道轴向越趋于一致时构成的“十”字形结构面组合越不利，围岩的稳定性极差</td></tr>
<tr><td>“人”字形</td><td>两组主要结构面成：左倾、右倾组合，其形成时间是右倾组早，左倾组切断右倾组</td><td>“人”字形不利结构面组合，围岩稳定性较差</td></tr>
<tr><td>“入”字形</td><td>两组主要结构面成：左倾、右倾组合，其形成时间是左倾组早，右倾组切断左倾组</td><td>“入”字形不利结构面组合，围岩稳定性较差</td></tr>
<tr><td rowspan="2">褶皱</td><td>背斜核部</td><td rowspan="2">褶皱轴面垂直主应力分布：若掌子面是一个完整的背斜核部，则左侧地层左倾，右侧地层右倾；若掌子面是一个完整的向斜核部，则左侧地层右倾，右侧地层左倾。核部岩体受挤压最强，一系列断裂、节理则在褶皱转折部呈放射状向外展布，并与地层层理结构面构成两套“X”形结构面组合</td><td rowspan="2">褶皱轴部岩体均遭强烈挤压，岩体破碎；地层、断层、节理等结构面结合程度差 ~ 很差；左、右翼分别形成“X”形不利结构面组合，围岩稳定性差 ~ 很差</td></tr>
<tr><td>向斜核部</td></tr>
<tr><td rowspan="3">断层</td><td>压性断裂</td><td>破碎带垂直主应力分布，岩体呈挤压带状特征明显，往往出现构造透镜体，通过这些构造透镜体的排列组合关系，可进一步分析应力场及其断层两盘的相对运动方向</td><td>岩体呈碎石状压碎结构 ~ 角砾碎石状松散结构，结构面结合程度差，岩体很破碎，围岩稳定性差 ~ 很差</td></tr>
<tr><td>张性断裂</td><td>破碎带平行主应力分布，破碎带中岩块、角砾呈角砾碎石状松散结构特征明显，破碎带边界不规整，节理发育且杂乱无序</td><td>岩体呈角砾碎石状松散结构，结构面结合程度很差，岩体很破碎，围岩稳定性很差</td></tr>
<tr><td>扭性断裂</td><td>破碎带斜交主应力分布，常出现水平或斜向擦痕，破碎带边界光滑</td><td>岩体呈碎石状压碎结，结构面结合程度差，岩体破碎，围岩稳定性很差</td></tr>
</table>

图3-1 “X”形节理

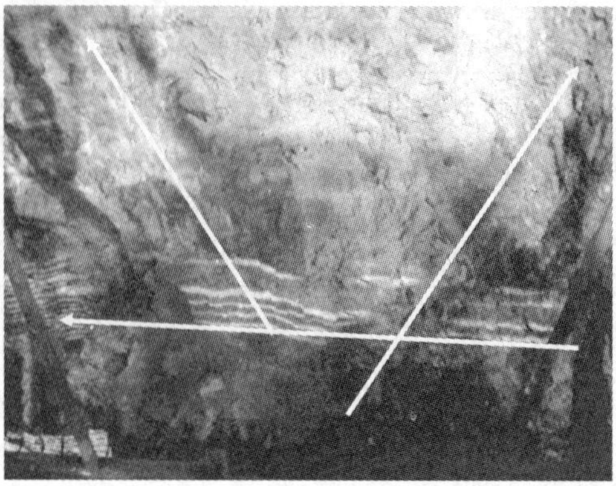

图3-2 “大”字形节理

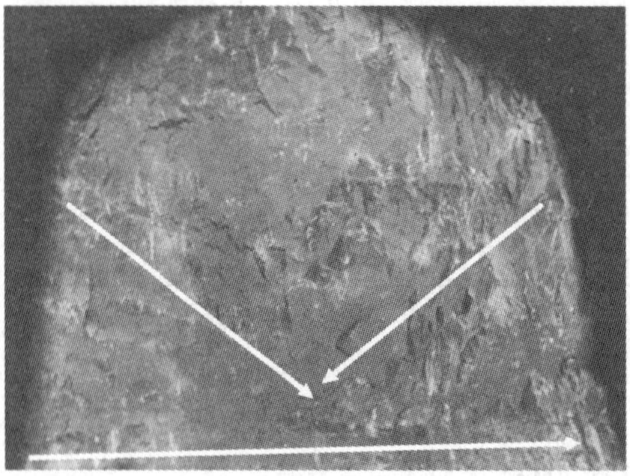

图3-3 倒“大”字形节理

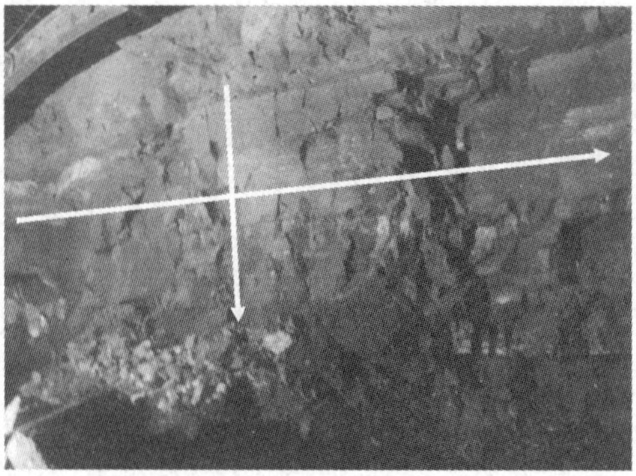

图3-4 “十”字形节理

图3-5 “人”字形节理

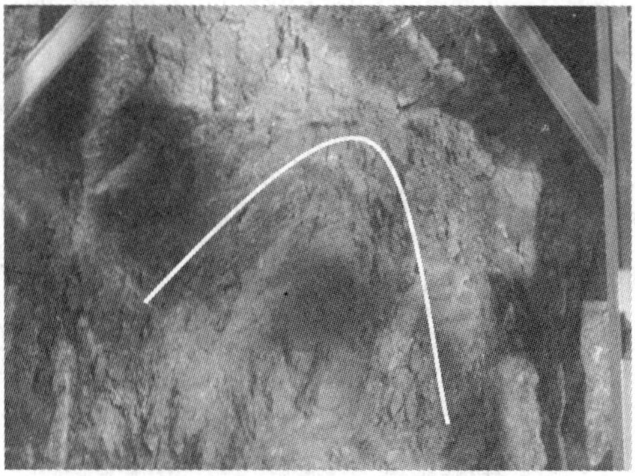

图3-6 背斜核部

图 3-7　向斜核部

图 3-8　压性断裂

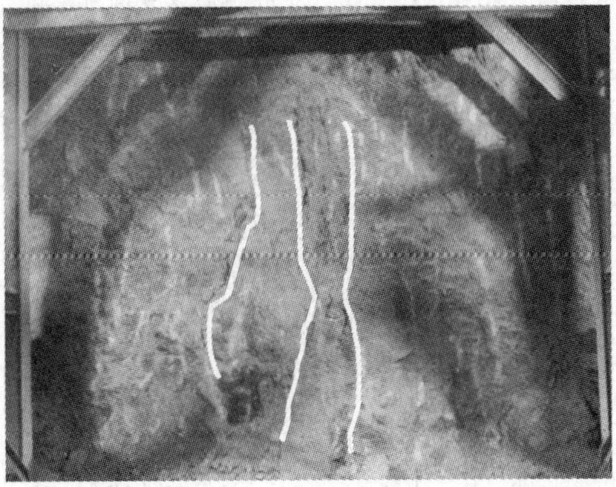

图 3-9　张性断裂

3.4　隧道围岩级别的判定

围岩级别的判定是隧道超前地质预报最核心的问题，也是项目建设指挥部、审计、设计院、监理、施工等部门共同关心的问题。表 3-16 是根据《公路工程地质勘查规范》、《铁路工程地质勘查规范》和《公路隧道设计规范》等隧道围岩分级相关规定拟编的综合性表，可以作为超前地质预报人员对前方一定距离范围内的工程地质情况观察、描述和对围岩分级的标准。

表 3-16　公路、铁路隧道围岩分级综合

围岩级别	围岩主要工程地质条件		围岩开挖后的稳定状态（跨度 5m 时）	铁路：围岩弹性纵波速度 v_P/km·s^{-1}	公路：围岩质量指标 BQ
	工程地质特征	结构特征和完整状态			
I	硬质岩石（饱和抗压极限强度 R_b >60MPa）：受地质构造影响轻微，节理不发育，无软弱结构面或软弱夹层；层状岩层为巨厚层或厚层，层间结合良好，岩体完整。 泊松比 μ =0.10 ~0.15	呈巨块状整体结构，岩体完整	围岩稳定，无坍塌，可能产生岩爆	>4.5	>550

续表 3-16

围岩级别	围岩主要工程地质条件		围岩开挖后的稳定状态（跨度 5m 时）	铁路：围岩弹性纵波速度 v_P/km·s^{-1}	公路：围岩质量指标 BQ
	工程地质特征	结构特征和完整状态			
Ⅱ	硬质岩石（R_b>30MPa）：受地质构造影响轻微，节理较发育，有少量软弱结构面或软弱夹层和贯通微张节理，但其产状和组合关系不至产生滑动；层状岩层为中层或厚层，层间结合一般，很少有分离现象，或为硬质岩石偶夹软质岩石。 μ=0.12～0.20	呈大块状砌体结构，岩体较完整	暴露时间长，可能会出现局部小坍塌；侧壁稳定，层间结合差的平缓岩层，顶板易塌落	3.5～4.5	550～451
	软质岩石（R_b≈30MPa）：受地质构造影响轻微，节理不发育；层状岩层为厚层，层间结合良好	呈巨块状整体结构，岩体完整			
Ⅲ	硬质岩石（R_b>30MPa）：受地质构造影响严重，节理发育，有层状软弱结构面或软弱夹层，但其产状及组合关系尚不至产生滑动；层状岩层为薄层或中层，层间结合差，多有分离现象，或为硬、软质岩石互层。 μ=0.15～0.30	呈块石或碎石状镶嵌结构，岩体较破碎	拱部无支护时可产生小坍塌，侧壁基本稳定，爆破震动过大易坍塌	2.5～4.0	450～351
	软质岩石（R_b=5～30MPa）：受地质构造影响严重，节理较发育；层状岩层为薄层、中层或厚层，层间结合一般	呈大块状砌体结构，岩体较完整			
Ⅳ	硬质岩石（R_b>30MPa）：受地质构造影响严重，节理很发育，层状软弱结构面或软弱夹层已破坏。 μ=0.15～0.30	呈碎石状压碎结构，岩体较破碎～破碎	拱部无支护时可产生较大坍塌，侧壁有时失去稳定	1.5～3.0	350～251
	软质岩石（R_b=5～30MPa）：受地质构造影响严重，节理发育	块石或碎石状镶嵌结构，岩体较完整～完整			
	土：(1) 略具压密或成岩作用的黏性土； (2) 一般为钙质、铁质胶结的碎石土、卵石土、粗角砾土粗圆砾土和大块土； (3) 黄土	(1)呈大块状压密结构； (2)(3)呈巨块状整体结构	拱部无支护时可产生较大坍塌，侧壁有时失去稳定	1.5～3.0	350～251

续表 3-16

围岩级别	围岩主要工程地质条件		围岩开挖后的稳定状态（跨度 5m 时）	铁路：围岩弹性纵波速度 v_P/km·s^{-1}	公路：围岩质量指标 BQ
	工程地质特征	结构特征和完整状态			
Ⅴ	软岩或极软岩（R_b < 5MPa）：石质围岩位于挤压强烈的断裂带内，裂隙杂乱，岩体较破碎至极破碎，呈石夹土或土夹石状。μ = 0.3 ~ 0.45	呈角砾碎石状松散结构，岩体破碎	经常小坍塌，浅埋时易出现地表下沉或坍至地表	1.0 ~ 2.0	≤250
	土：一般为半干硬～硬塑的黏性土及稍湿至潮湿的卵石土、角砾土及黄土	非黏性土呈松散结构，黏性土及黄土呈松软结构			
Ⅵ	石质围岩位于挤压强烈的断裂带内，呈碎石、角砾、粉末、泥土状的断层带松软体。μ = 0.35 ~ 0.50	黏土呈易蠕动的松软结构；砂性土呈潮湿松散结构	黏性土极易坍塌变形，有水时土砂常与水一齐涌出；浅埋时易坍塌至地表	<1.0（饱和状态的土 <1.5）	
	软质岩石（R_b = 5 ~ 30MPa）：受地质构造影响严重，节理较发育；层状岩层为薄层、中层或厚层，层间结合一般				

围岩级别的判定是个结论性的问题，结论的正确与否首先得看依据来源的客观、真实、全面与充足。按相关规程、规范进行的物理探测资料加上如前述的影响围岩稳定性方面的地质资料，根据围岩主要工程地质条件和围岩开挖后的状态等特征才能准确的判定围岩级别。

4 影响隧道稳定性的常见不良地质

不良地质就是指由各种地质作用和人类活动而造成的工程地质条件不良现象的总称。隧道施工的不良地质主要包括岩爆、断层、岩溶、涌水、塌方和偏压等。从以往的工程事故可以看出，不良地质是隧道施工过程中出现地质灾害的主要原因之一。只有加强对不良地质体的预测，防患于未然，才能有效减少工程事故的发生。

4.1 岩爆

4.1.1 岩爆的定义与特征

岩爆是地下工程在开挖过程中，脆性岩体在高应力的条件下，由于施工爆破扰动原岩，使其内部存储的弹性应变能急剧释放出来，造成开挖空间周围部分岩石产生爆裂松脱、剥落、弹射甚至抛掷的一种动态力学现象。

岩爆发生时的主要特征包括：

（1）围岩多为坚硬、脆性岩体，岩爆岩体的单轴抗压强度大于50MPa。岩爆时，岩块迅速从开挖的坑壁飞出，一般呈中间厚边缘薄的不规则形状，块度大小多呈几厘米长宽的薄片，个别甚至达几十厘米长宽，严重时甚至可以瞬间把整个掌子面压坏。

（2）岩爆的发生与否和地下工程埋藏的深度没有必然的关系，一般多发生在700～800m，但埋深在100m左右的也有发生的实例，如秦岭隧道埋深77m时就有两次岩爆发生。

（3）岩爆主要发生在Ⅱ、Ⅲ级围岩，它既不发生非常完整的岩体，也不发生在裂隙较发育的Ⅳ、Ⅴ级围岩；发生岩爆段的岩体比较干燥，有地下水或者断裂部位一般不会发生岩爆。

（4）岩爆发生与否与施工方法有一定的关系，在同等的地质条件下，采用掘进机施工比采用矿山法施工发生的少。在开挖掘进过程中，岩爆活动较为频繁的区域是掌子面3倍洞径范围内，且多发生在断面周边不圆顺处及壁面凹凸不平处等应力易集中的部位。距掌子面3倍洞径之外的区域，岩爆则逐渐减少。

4.1.2 岩爆的影响因素

有关岩爆的研究工作已历经两个半世纪之久。虽然经过几代学者的努力，岩爆的研究有了一定的发展，但由于岩爆的发生和发展过程是一个极难用数学手段模拟的动力过程，再加上岩体本身的复杂性，所以人们对岩爆的研究仍然处于探索阶段。因为岩爆的发生对隧道稳定性影响是灾难性的，所以下面只介绍岩爆的影响因素。

（1）岩性对岩爆影响。从国内外曾经发生过岩爆的工程来看，岩爆多发生在坚硬、脆性的岩体中。质地坚硬的岩体弹性模量高，能够聚集很大的弹性变形能，一旦遭到开挖扰动，弹性变形能就会突然释放，形成岩爆。

（2）地应力对岩爆的影响。岩爆的发生与地应力集聚特征有着密切的关系。一般具有较高的地应力的岩石，其弹性模量也较高，弹性应变能较大，最容易发生岩爆，形成岩石破碎区。通常具有较高的地应力的岩石，在高地应力区隧道等地下工程开挖后，其周边的二次应力场中产生切向应力和径向应力的分导作用是导致岩爆发生的重要原因。

（3）岩体结构对岩爆的影响。岩体完整程度是决定岩爆发生的一个重要条件。完整岩体是指裂隙间距相对较大、宏观上没有贯穿的岩体，岩块的破裂不是沿着裂隙发生，而是岩石内部裂纹的扩展造成的。但一些裂隙发育的岩体也可能发生较大规模的岩爆，岩体结构是否有利于能量的储存和释放是在结构岩体中发生岩爆的必要条件。能量释放越彻底，岩爆越强烈。

（4）埋深与地形对岩爆的影响。地应力与埋深有密切的关系，埋深越大，地应力越大。而且地应力的方向也是随深度而改变的。根据相关工程地应力的实测数据，水平主应力与垂直主应力于深度的变化关系为：深度在1000m以上，水平主应力大于垂直主应力；深度在1000m以下，水平主应力往往要小于垂直主应力，垂直主应力成为最大主应力。

（5）地下水对岩爆的影响。通常情况下，岩爆大都发生在干燥的岩体中，而比较湿润的岩体较难发生岩爆，这就是地下水的渗流对岩石作用造成的。地下水对岩石的影响主要有以下两个方面：一是软化岩石，降低了岩体强度和贮存弹性变形能的能力；二是水的浸入可耗散岩体内存储的弹性变形能以及降低节理裂隙的抗剪强度，因而可以降低岩体破坏的猛烈程度。

（6）开挖施工对岩爆的影响。围岩的局部应力集中是发生岩爆的一个重要条件，应力集中不仅与初始应力有关，而且还与隧道的形状及施工方法等因素有关。在高地应力区进行隧道等地下工程的施工，由于开挖爆破方法不当，造成隧道开挖断面不规则，超欠挖严重，这样就加剧围岩局部应力集中的程度，易导致岩爆的产生。另外，爆破也是岩爆发生的一个诱因。采用相同的爆破方式，工程岩体的外载荷在爆破的瞬间差异很大，以弹性波在岩体内传播，既导致了围岩的损伤演化结果有明显区别，又成为邻近工程岩体发生岩爆的诱因。

4.2 断层

4.2.1 断层的定义与特征

地壳岩层因受力达到一定强度而发生破裂，并沿破裂面有明显相对移动的构造称为断层。断层长度变化很大，从几厘米至几百千米不等，两盘之间的位移量也可有这样大的变化。断层是构造运动中广泛发育的构造形态，它大小不一、规模不等，小的不足1m，大到数百、数千千米，但都破坏了岩层的连续性和完整性。在断层带上往往岩石破碎，易被风化侵蚀。沿断层线常常发育为沟谷，有时会出现泉或湖泊。

4.2.2 断层对隧道施工的影响

断层是隧道施工中最常见的不良地质现象，断层破碎带分布区是隧道围岩最不稳定的区域之一。断层也是岩溶发育地区溶洞水、地下暗河和岩溶淤泥带等岩溶水的最主要发育场所。所以断层是造成隧道塌方、涌水突泥、大变形等隧道施工地质灾害的主要原因之一。断层对隧道施工影响表现在：

（1）断层降低围岩整体强度。断层的存在使隧道围岩体的宏观强度显著降低，在有断层存在的条件下，隧道围岩的破坏失稳主要受由断层破碎带形成的软弱结构面的剪切强度所控制。从工程实践中认识到，具有软弱结构面的岩体强度不均匀，在荷载作用下，应力重分布过程中，变形、破坏通常发生在岩体中强度最薄弱的部位。但这个部位并不一定是荷载最大的地方，而是软弱结构面，特别是泥化后的结构面的强度低而优先变形破坏。

（2）断层改变岩体的物理力学性质。地下工程围岩的断层分布特征和岩体介质中的构造形迹，将影响岩体的物理力学行为，这些不连续面的强度一般很低，变形阻力和变形模量也比岩石材料低几个数量级。因此，这样的岩体将会表现出强烈的非均质性、各向异性和非连续性，岩体中结构面的分布状况以及结构面的力学行为是工程岩体稳定与否的决定性因素。但裂隙化岩体因其空间发育的方向不同、长短不均、张开度各异，构成复杂的裂隙网络而使其力学行为十分复杂。

4.3 岩溶

4.3.1 岩溶的定义与特征

岩溶又称为喀斯特，是指可溶性岩层（主要是碳酸盐岩类，部分有硫酸盐岩、卤盐岩等）受地表水和地下水的化学侵蚀、崩解作用和机械破坏、搬运、沉积作用所产生的各种地表和地下溶蚀现象的统称。溶洞是石灰岩地区地下水长期溶蚀的结果，石灰岩里不溶性的碳酸钙受水和二氧化碳的作用能转化为微溶性的碳酸氢钙。在隧道施工中，溶洞是最常见的岩溶现象之一。

隧道通过岩溶地区，当发现地表有以下情况时，可初步判断其岩层中存在溶洞、暗河：

（1）四周汇水的洼地内，发现有落水洞、漏斗或天然竖井存在。

（2）落水洞、漏斗呈带状分布地段。

（3）地面塌陷和草木丛生以及冬季冒气等地段。

（4）地表水消失或附近有出水点（泉眼）的地段。

4.3.2 岩溶对隧道施工的影响

岩溶对隧道工程的影响，主要是岩溶水、岩溶洞穴及其填充物等的危害。

（1）隧道围岩范围内岩溶水的存在，改变了隧道围岩的工程地质条件和水文地质条件，致使围岩强度降低，渗透水压力增加。岩溶水的存在最直接的影响就是诱引突发性涌水、突泥等事故，严重影响隧道工程的施工安全和施工进度，腐蚀性的岩溶水腐蚀隧道结构。

（2）溶洞的存在使隧道围岩的物理、力学性质发生了变化，进而引起隧道地层刚度和应力场的变化。在隧道施工过程中，溶洞容易造成围岩中应力集中，隧道周边变形量增大，进而可能引起隧道施工中局部围岩的掉块和塌落，影响施工，造成一定的经济损失。

（3）地下洞体的存在使隧道部分悬空，隧道底部的溶洞充填物厚度大且松软或暗河水流给隧道基底处理造成一定的困难。隧道顶部溶隙与地面漏斗、落水洞相连通，贯通坍塌甚至可上延至地面。

4.4 涌水

4.4.1 涌水的定义与特征

隧道涌水是指由于隧道的掘进破坏了含水层结构，使水动力条件和围岩力学平衡状态发生急剧改变，以致地下水体所储存的能量以流体（有时有固体物质伴随）高速运移形式瞬间释放而产生的一种动力破坏现象。当涌水中伴有大量的固体物质（尤其是泥质物质）时，称为隧道突泥。涌水是突泥的关键，没有地下水作为动力和载体，突泥是不可能发生的。

隧道涌水一般具有以下几个特征：

（1）浅埋段涌水量比深埋段大。

（2）裂隙涌水为基岩裂隙水与构造裂隙水。

（3）裂隙水主要从平行、斜交隧轴、平行岩层层面等几组节理中或相交点涌出。

4.4.2　隧道涌水的主要来源

涌水是隧道施工中仅次于塌方的地质灾害之一，其中尤以突水和携带大量碎屑物质的涌水危害性最大。隧道涌水的主要来源有以下几个方面：

（1）地表水体。地表水体主要包括小溪、河流、湖泊、池沼等，除小溪外，它们对于大多数山岭隧道水来说，不能称之为水的经常来源，只是对那些穿江、过河的隧道才能构成其水源。

（2）溶洞及暗河水。在岩溶地区修建隧道，经常会遇到溶洞水，有时还可以遇到暗河水。溶洞水特别是暗河水，水量常常很大，暗河水常有源源不断的补给。一旦隧道或隧洞开挖爆破揭露这些水源体，或者开挖面距离这些水源体太近，静水压力超过岩体的强度时，地下水将直涌或突破岩体涌入隧道或隧洞，形成强涌水。

（3）老窖积水或古矿洞积水。山岭隧道在通过煤系地层或者是金属、非金属矿山时，有时会遇到煤矿采空区、废弃的巷道或古矿洞，这些废弃的地下洞穴常常积累大量的地表水，形成老窖积水或古矿洞积水。

（4）含水层及断层水。含水层中的水即基岩裂隙水和孔隙水，是隧道施工中最常见的地下水来源。大气降水通过渗入透水岩层或岩石，再经过被揭露的含水层流入隧道。断层水即断层裂隙水，也是隧道施工中常见的地下水的来源，断层破碎带通常成为地下水的良好通道和储存场所。

4.4.3　涌水对隧道施工的影响

隧道施工时发生的涌水不仅破坏围岩稳定性，影响锚喷混凝土的施工质量，而且还会给施工带来许多不良影响，特别是在有大量高压涌水的情况下，常常酿成重大事故。隧道涌水对施工的不良影响详见表4-1。

表4-1　隧道涌水对施工的不良影响

对施工的影响	产生原因及条件
工作面岩体崩塌，埋没隧道，作业危险	接近涌水带胶结差的砂岩、泥岩等稳定性差的软弱围岩，一遇涌水就容易崩溃
隧道积水，设备被淹没	隧道开挖揭开含水层或含水层的破碎带或断层、大溶洞，发生较大的集中涌水，水量大、流速大，隧道积水显著增多
隧道被泥沙淤泥或泥石流淹没	地下水通过流沙层或胶结差的长石砂岩或断层破碎带、充填泥化黏土的大溶洞等时携带大量泥沙向隧道宣泄，造成淤积
隧道环境恶化，支撑基础减弱	涌水量大，且排水设备不足，隧道长期积水，加之围岩稳定性较差而造成

续表 4-1

对施工的影响	产生原因及条件
地表水干涸，严重影响水库发电、农田灌溉和人民生活	隧道开挖揭穿了与地表溶洞相通的隐伏溶洞或地表水和地下水相连的断层，使地表水下渗涌入隧道，从而切断了各种用水水源，降低了利用水的水位
地面塌陷或产生地面陷穴、地面裂缝	大量携带泥沙的地表水、地下水向隧道宣泄而下，使地表水位迅速下降，在自重应力和冲蚀作用下，造成地表塌陷、地面裂缝等现象

4.4.4 隧道涌水的影响因素

隧道建设过程中往往会遇到涌水的情况，给施工带来困难和不安全因素。影响隧道涌水的因素一般有以下几个方面：

（1）施工的影响。在隧道施工过程中，常常会引起隧道围岩应力的松弛或集中，使围岩发生破坏，也会使隔水层的有效保护厚度相应减小，导致围岩稳定性降低，从而增加了隧道涌水的风险。

（2）地形地貌条件。隧道的涌水量随地形地貌条件及隧道位置的变化而变化。根据现有的统计资料可以看出，隧道涌水与隧道穿过区的地形地貌条件密切相关。

（3）地层岩性。隧道涌水量与地层岩性也有较密切的关系。灰岩、白云岩等可溶岩类围岩，隧道涌水量大，平均涌水量一般为 0.35～3.47$m^3/(min \cdot km)$。国内外大于 10000m^3/d 的隧道涌水，几乎均发生在这些围岩中。泥质岩及砂岩类围岩，隧道涌水量相对较小，但当其受断裂带的影响时，也往往会发生较大的涌水量。

（4）地质构造。从隧道围岩的结构特征来看，无论什么围岩，当其各种破碎带比较发育时，隧道施工时常会发生大规模、高水压的涌水，并且往往伴有突泥灾害。破碎带可以是断层破碎带和节理密集带，也可以是各种岩性接触带。其中，在大断裂带和区域性断层（尤其是张性断层）附近，隧道涌水量更为严重。这种涌水与普通的涌水相比，其涌水量更大、水压高、突发性强，常伴随突泥，灾害性更为严重。

（5）隧道的长度与埋深。隧道越长，经过的水文地质单元就越多，汇水面积及补给范围越大，其单位涌水量就越大。但不同的隧道，经过的地质单元及水文地质单元有较大的不同，所以隧道比涌水量与隧道长度没有明显的关系，隧道的比涌水量主要受控于地形地貌、地层岩性和地质构造特征。当长大隧道埋藏较深时，地下水补给较为充足，隧道总涌水量和比涌水量均有随着上覆岩体厚度增加而增大的特征。

4.5　塌方

4.5.1　塌方的定义与特征

塌方是指在地质不良区段修筑隧道时，经常会遇到洞顶围岩塌陷、侧壁滑动等现象，甚至会发生冒顶等严重情况，这些现象在施工中称为塌方。

隧道塌方一般都伴随有地下水参与和岩体破碎等特征。

4.5.2　塌方的类型

隧道在施工中塌方的表现形式是丰富多样的，如溶洞塌方、煤矿采空区或老窖塌方、危岩体垮落、断层破碎带塌落等。由于对隧道塌方分类的标准不同，所以产生不同的塌方类型。目前，根据塌方发生的位置将塌方分为以下几种：

（1）拱顶塌方。拱顶塌方就是发生在隧道拱部的塌方，一般发生在隧道刚开挖，还未来得及做初衬或者刚做好初衬，由于上部围岩比较松散，开挖后因临空面的出现，初衬的承载力还比较小，上部松散岩体失去支撑，从而发生大范围的突然垮塌。

（2）侧壁塌方。侧壁塌方一般发生于隧道的拱腰处。侧壁塌方的发生有两种情况：一种情况是围岩相对完整，但是垂直节理发育。此时，隧道围岩在各种因素的共同作用下，出现了塑性区，围岩压力增大，围岩内部进行剧烈的应力重分布，促使围岩内节理裂隙的发展，垂直节理最终竖向贯通形成塌方柱体或形成塌方楔形体。另一种情况是隧道围岩极其破碎，呈碎石块体，开挖后如果未能及时支护，往往会发生大范围岩石破碎体向硐室内坍塌。

（3）掌子面塌方。掌子面塌方是由于隧道前方岩体较差，掌子面失稳引起的。一般情况下应采用预留核心土的施工方法来预防这类塌方事故。

4.5.3　隧道塌方的原因

造成塌方的原因是多种多样的，有的是地质上的突发因素，有的是人为因素，有的是经验不足。主要原因如下：

（1）地质因素。虽然造成的塌方的原因很多，但归根结底，地质因素是决定性的，因此，加强施工地质工作是避免和防止塌方事故的根本手段。

（2）设计因素。洞口的位置选择不恰当，如位于较大的滑动体或断层之中，从而引发洞口塌方；设计的支护参数偏小，无法保证围岩从开挖后到二次衬砌施作这段时间内的稳定；针对特殊不良地质地段，设计上给出的处理措施不当。

（3）施工技术因素。施工方法不适应地质条件或地质条件的变化，而又未采用相应的措施，如隧道围岩分类，开挖后与设计不符的情况是常有的，应根据实际围岩变化而改变施工方法和支护参数；在软弱围岩的施工中，没有及时施作仰拱，未形成封闭的环状受力；隧道的爆破设计有问题，对围岩的扰动过大；用新奥法施工时，没有按时、按量的开展测量工作，或者是虽然开展了工作，但未及时进行信息反馈，从而造成决策失误。

（4）管理因素。在隧道的施工过程中，未能严格按照设计文件、施工组织设计、《公路隧道施工技术规范》等相关要求及规定进行施工，达不到“均衡生产、有序施工”的要求；由于不合理的工期、造价等宏观决策，引起施工过程中强行追求进度，造成支护强度达不到应有的要求，从而引其塌方。

4.6 偏压

4.6.1 偏压的定义与特征

由于各种原因使对称的隧道结构左右两侧因所受荷载不同而使结构左右受力不对称的现象称为偏压现象，出现偏压现象的隧道就称为偏压隧道。隧道偏压多发生于浅埋段和洞口段。

4.6.2 偏压隧道成因

造成隧道偏压的原因主要有三个：地形、地质和施工。

（1）地形原因。当隧道傍山，地面倾斜显著，侧压力较大，并且隧道埋深较浅时，就会形成偏压。地形偏压是地层在重力场作用下产生的偏压，隧道地形偏压一般包括稳定地形偏压（斜坡没有运动趋势或蠕变）和蠕变地形偏压两种。

（2）地质原因。因岩层产状倾斜、节理发育，其间又有软弱结构面或滑动面，自稳能力极差，施工中一旦受到扰动，岩体就会沿层理面出现滑动。地质原因造成的偏压主要有单斜构造偏压、褶皱构造偏压、断裂构造偏压、岩性不均偏压四种。

（3）施工原因。因施工方法不当引起开挖断面局部坍塌，从而改变了围岩压力的相对稳定性，造成应力集中或者是因为施工方没有对衬砌背后的空洞进行回填，围岩风化脱落对衬砌结构局部造成一定的冲击荷载，进而引起隧道偏压。如果处理得当，一般不会影响正常施工。

4.6.3 隧道偏压的影响因素

由于作用在隧道支护结构上的不对称荷载引起了隧道的偏压，因而影响隧道围岩压力的因素也是影响隧道偏压的因素。影响隧道偏压的因素分为内因和外因两大类，内因包括地形和地质，外因是指施工。内因无法改变，只能通过施工方法和辅助措施减弱其对隧道的偏压影响，外因在施工和设计时通过改变施工方案和设计方案可完全克服隧道偏压问题。

（1）地形因素。对于浅埋隧道，隧道结构承受的围岩压力为松动土压力。

山体横坡越大，软质岩、岩堆、构造线附近的变质岩类地段山体易出现滑坡或滑动趋势增大，当滑面在隧道断面内或隧道下方时，靠山侧隧道结构会受很大的弯剪应力，外侧拱腰及拱顶将承受很大的压应力。隧道有向外向上抬起趋势，甚至整体旋转而破坏。

（2）围岩结构的完整性。围岩结构的完整程度受围岩节理和裂隙发育程度来确定：节理裂隙越发育，受节理裂隙的切割分裂，围岩岩块越小，其摩擦角越小。而对于浅埋偏压隧道，围岩摩擦角越小，其竖向荷载受地面横坡影响越大，偏压程度越严重；另一方面，围岩结构的完整性差，围岩抗剪强度低，洞壁岩体不能承受由于隧道开挖而产生的较大的应力，松动圈较大，由于节理裂隙影响，松动圈不均匀性大，围岩对支护结构产生的偏压越大。

（3）岩石单体强度。当围岩完整性较好时，在相同地表横坡的情况下，围岩强度越高，隧道开挖后，围岩强度能承受洞壁因开挖产生的高应力，洞壁围岩发生弹性变形，围岩松动圈小，隧道结构受偏压影响就较小。当围岩强度较低时，隧道开挖后，由于岩体不能承受因开挖产生的高应力，洞壁围岩发生较大的塑性变形、松动甚至掉块坍塌，围岩强度越低，松动圈越大，受节理和裂隙的倾向、结构面组合影响，围岩对结构产生的压力不均匀，偏压现象就越严重。

（4）人为因素。隧道在设计和施工过程中，由于选用的施工方法、隧道设计断面形状、跨度等的不同，在相同的地质、地表横坡情况下，对隧道结构偏压的影响是大不相同。隧道在掘进开挖过程中出现局部掉块，因施工原因造成初期支护后形成空洞，致使围岩对支护产生的变形压力不均匀、不对称，进而产生偏压现象。

5 隧道超前地质预报的理论及常用方法

5.1 隧道超前地质预报的理论

5.1.1 隧道超前地质预报的定义

近年来，我国国民经济发展迅速，高速铁路、高速公路、城市轨道交通等工程大规模建设，长大隧道数量也越来越多，隧道施工进度经常成为控制整个工程进展的瓶颈。

隧道快速掘进的主要难题是了解掌子面前方的地质情况和岩石力学参数，其中隧道轴线的地质界面可能会在施工掘进中发生严重的问题，如塌方、突泥、突涌水等灾害，尤其是当这些灾害交叉发生时，问题会更加严重。隧道超前地质预报就是解决这个难题行之有效的方法。

隧道超前地质预报（geological prediction/prospecting）是通过物探、钻探或导坑，并配合地质测绘或地质调查等手段探获的资料，对整个隧道、隧道的某个段落、隧道的某个部位及其前方一定范围内的工程地质特征、结构特征和完整状态、围岩级别及隧道开挖后的稳定状态进行预测，并提出隧道前方的开挖和支护建议的报告。

5.1.2 隧道超前地质预报的主要内容

隧道掌子面前方可能存在影响施工人员安全、施工进度（工期）、工程结构稳定的不良地质体（带），采用各种隧道超前地质预报方法，对其位置、规模、性质及其成灾可能性进行科学预测，并提出确切可行的施工对策，以确保工程施工的安全。预测预报的主要内容：

（1）断层及其影响带和节理密集带的位置、规模和性质。

（2）软弱夹层（含煤层）的位置、规模及其性质。

（3）岩溶发育位置、规模及其性质。

（4）有害气体含量、成分及动态变化。

（5）膨胀岩的膨胀力、膨胀量及主要矿物成分。

（6）工程地质灾害可能发生的位置和规模。

（7）隧道围岩级别变化及其分界位置。

（8）不同风化程度的分界位置。

（9）不良地质体（带）的成灾可能性。

（10）隧道涌水位置、水压及水量。

5.1.3 隧道超前地质预报方法的分类

隧道超前地质预报方法分类有多种，如按预报方法手段、预报空间位置、预报距离等进行分类。

（1）按预报方法手段分类。按预报方法手段可分为地质分析预报法、地球物理探测法以及超前水平钻探法。其中，地质分析预报法包括地面地质调查、掌子面地质调查等；地球物理探测法包括高密度电法、TSP 地震反射波法、地质雷达法等；超前水平钻探法包括钻速测试法、超前导坑法以及水平钻机超前探测法。

（2）按预报空间位置分类。按预报空间位置可分为洞外与洞内预报。其中，洞外预报包括地面地质调查和高密度电法等；洞内预报包括掌子面地质调查、TSP 探测、地质雷达探测、超前水平钻探等。

（3）按预报距离分类。按预报距离可分为长距离预报、中距离预报与短距离预报。其中长距离预报包括地面地质调查、高密度电法等；中距离预报为 TSP 地震反射波法等；短距离预报包括掌子面地质调查、地质雷达法、红外探测法、超前钻探法等。

5.1.4 隧道超前地质预报

隧道超前地质预报包括隧道所在地区不良地质宏观超前预报、隧道洞体内不良地质体的超前预报、隧道洞体内超前钻探和临近警报四部分内容或四个步骤。

5.1.4.1 隧道所在地区不良地质宏观超前预报

隧道所在地区不良地质宏观超前预报是隧道施工地质灾害超前预报工作的前提和基础，这是隧道超前地质预报的第一步。通过对隧道及其所在区域地质分析与不良地质体分析，概略预报隧道不良地质如溶洞、暗河、岩溶淤泥带等的类型、走向、大约位置和可能发生的地质灾害以及对隧道施工的影响；进而沿隧道轴线的地表采用物探方法（高密度电法或 EH4 法）进行深部探测，对全隧道主要工程地质特征、结构特征和完整状态、地下水、围岩级别等进行预测预报。从而为后续的中期、短期仪器探测的布孔、布线提供地质资料；更为后续的中期、短期物探仪器探测成果的准确解译提供依据。只有在隧道地质宏观预报的原则指导下，才能更准确、更有效地进行隧洞体内不良地质体内的超前预报，前者是后者的工作基础。

隧道所在地区不良地质宏观超前预报的依据是隧道地质条件分析。隧道大多数不良地质体本身就是隧道所在地区地层、地质构造或岩溶地质体的一部分，如褶皱核部、断层破碎带、陡倾岩层和层间滑动断层是地质构造的一部分；溶洞、暗河、岩溶淤泥带是岩溶地质体的一部分；高压、高浓度瓦斯煤层和煤层采空区是煤系地质层的一部分。

隧道地质条件分析的基础是设计院提交的隧道设计说明书和设计图纸，但由于勘察和设计阶段的工程地质资料较为粗糙，这对于隧道不良地质分析和宏观超前预报所需要的地质资料来说，在深度上和精度上远远不够。因此，隧道超前预报技术人员还需对隧道所在地区的地层、地质构造、岩溶及水文等，再次进行深入、详细地地面地质复查或调查工作。

5.1.4.2 隧道洞体内不良地质体超前预报

隧道洞体内不良地质体超前预报，是隧道超前地质预报的第二步。按照预报距离的远近，可以把隧道洞体内不良超前预报划分为中距离超前地质预报和短距离超前地质预报。

隧道洞体内超前地质预报是在隧道所在地区不良地质分析和宏观预报的基础上进行的。它的主要任务是：（1）查明隧道掌子面前方100~150m隐伏的不良地质体的性质、种类、位置和规模；（2）半定量地确定掌子面前方的围岩工程地质条件（如不良地质体的围岩级别、富水性），以及对隧道施工的影响程度和有无发生施工地质灾害的可能。

采用不同的预报方法和技术手段，其预报的距离、精度和效果不相同。目前隧道洞体内中距离超前地质预报一般采用TSP法。

短距离超前地质预报是在中距离超前地质预报的基础上进一步开展的预报工作，短距离超前地质预报的任务是：（1）根据地质体走向、倾向、倾角等产状要素，定量预报掌子面已揭露的断层破碎带、特殊软岩（膨胀岩层）、煤层、富水砂岩等不良地质体向掌子面前方延展的情况、影响隧道的距离和尖灭点；（2）根据各类不良地质体的前兆，定性和半定量地确定掌子面前方较近距离（20~30m）内是否隐伏不良地质体；（3）定量探测掌子面前方近距离内上述隐伏的不良地质体较准确的位置和规模；（4）地下水体情况。

同样，采用不同的预报方法和技术手段，其预报的距离、精度和效果相同。目前洞体内短距离超前地质预报采用GPR法和红外探测法。

5.1.4.3 隧道洞体内超前钻探

根据宏观超前预报、长距离超前预报和短距离超前预报进行超前钻探，是隧道超前预报的第三步。通过超前钻探准确地判定不良地质体的性质、类型、位置、规模和级别。如塌方带的性质、类型、位置和宽度；突泥突水带的性质、类型、位置、规模和突泥突水的级别。

5.1.4.4 隧道洞体内地质灾害临近警报

隧道洞体内地质灾害临近警报是隧道超前预报的第四步。它是在长期、中期和短期超前地质预报或超前钻探的基础上进行地质灾害评估与临近警报，是隧道超前地质预报的核心任务，也是隧道施工地质工作的落脚点。所有的隧道地质工作，包括隧道不良地质宏观预报、长距离超前地质预报、围岩稳定性评价等工作，归根结底都是为这道工序服务的，它在隧道施工地质工作中占有突出重要的地位。

它能通过一定的监控测量技术和手段：对塌方、片帮、掉块、岩爆、突泥突水、瓦斯爆炸、煤与瓦斯突出等地质灾害进行评估并及时发出警报，这种评估和警报能为施工单位在通过对不良地质及时、有效地采取应急施工措施，防止发生施工地质灾害，特别是为防止重大施工地质灾害提供了前提保障。

5.1.5 隧道超前地质预报的特点

由于隧道施工期地质预报是在隧道施工阶段采用各种方法、手段对隧道施工掌子面前方业已存在的但未知的地质条件做出科学的正确判断。因此，隧道施工期地质预报具有较强的综合性、系统性、未知性、实用性（指导性）和客观性。

（1）综合性。各学科、专业的相互渗透、相互融合是现代科学发展的重要趋势。隧道地质预报也不例外，除了需要博采地质学专业之长，还要广泛吸取诸如数学、物理学、概率论、计算机科学等相关学科的理论，在预报实施中采用多种方法、手段，要熟练掌握各种地球物理探测方法的使用原理、适用条件，要对各种隧道地质灾害的预防、治理措施有较系统和深入的认识。

（2）系统性。隧道地质预报的对象地质体非常复杂，软夹层、断层及其破碎带、煤系地层、岩溶及其充填物、废弃矿巷及其充填物等，需要对其宏观分布、微观性质等进行全面系统的研究，以准确揭示其分布规律。

（3）未知性。隧道掌子面前方地质体的分布、性质，在施工开挖揭示前是未知的，施工开挖后的变化也是未知的，需要通过科学的预测法确定。

（4）实用性（指导性）。隧道地质预报直接为隧道施工服务，预报的准确与否直接关系到隧道施工的安全，严重的甚至关系到工程建设的成败。

（5）客观性。隧道地质预报采用的方法、依据的事实和做出的预报结论，应具有客观性、时效性。预报直接为施工服务，预报结果要及时反馈给施工单位、设计单位等及有关各方，以便做出应对对策和措施。

隧道超前地质预报的特点决定了要做好隧道超前地质预报，需要采用多学科的知识和各种各样的手段和方法，需要不同专业人员的配合。

5.2 隧道超前地质预报的常用方法

隧道超前地质预报的方法比较多，本章主要介绍当下隧道超前地质预报常用的三大类，一是地质分析预报法，二是地球物理勘探法，三是超前钻探法。

5.2.1 地质分析预报法

地质分析预报法是隧道超前地质预报采用的一种基本方法。在隧道施工阶段主要根据隧道施工期掌子面地质条件，如岩体结构面产状及其发育状况、岩体破碎程度、岩石的变质程度等的变化特征，结合地面地质调查结果，采用相关分析（包括结构面统计分析、构造相关分析等）进行超前预报。主要预报隧道掌子面前方存在的断层、不同岩类间的接触界面特别是岩浆岩与沉积岩间的接触界面、隧道前方围岩的稳定性及失稳破坏形式等。地质分析预报法是隧道施工期间隧道超前地质预报最早开展的，也是任何其他隧道施工期超前地质预报方法的基础。

5.2.1.1 资料的收集与研究

全面收集前人资料，包括：（1）隧道地址所在区域地质资料（1∶50000～1∶200000 区域地质图）；（2）与工程项目有关的专题资料：地形地质图、剖面图、文字说明和整个隧道轴线从进口至出口的逐桩坐标表等。

对收集到的资料进行宏观分析和综合研究，可以初步掌握隧道地址区及其邻近区域的工程地质条件和特点，粗略判定可能遇到的主要工程地质问题，并了解这些问题的研究现状和工程经验，这对于做好超前预报工作是必不可少的。资料收集齐全并进行宏观分析和判断，可减少外业工作的盲目性，不仅可事半功倍，更重要的是能确保预报成果的质量。

5.2.1.2 地面地质调查

地面地质调查就是预报小组对隧道范围内进行大规模详细的地质调查，是地质分析预报法最重要的一步，也是隧道超前地质预报的一项非常必要的工作。因为从地表能宏观地、更全面地了解与隧道工程地质条件相关的现象，如地形地貌、地表水、地层岩性、构造、植被、人类活动、地质灾害等。通过地面地质调查与分析，了解隧道所处地段的地质结构特征，结合掌子面地质调查来推断掌子面前方的地质情况，预测隧道掌子面前方的不良地质现象可能的类型、部位、规模，以便隧道施工中采取合理的工艺与措施，避免事故。

地面地质调查资料也是物理探测资料的解释的基础，掌握这些资料能够大大提高物探解释和预报工作的准确性。由于地面地质调查的范围大、路较长，为确保调查资料的完整，应设置地面地质调查的观察路线和观察点的布置原则。（1）地质观察路线的布置原则：超前地质预报工程属于“线状工程”，地质观察线的布置是采用 GPS 输入“逐桩坐标”导航，原则上应与“线状工程”的轴线总体一致，视其地层、岩性、构造的出露情况，可左右穿插呈 S 形，通过调查可绘制一幅带状地形地质图。（2）地质观察点的布置原则：为准确确定地质界限，对断层、具有特殊工程地质意义的岩层或标志层、水文、接触关系等主要露头点，应进行详细研究。观察点的密度，视不同填图比例尺大小和不同地质构造情况、不同地质地理条件的复杂程度而定，原则是以解决与预报有关的工程地质问题为准。图 5-1 所示为地面地质调查的观察点布置示意图。

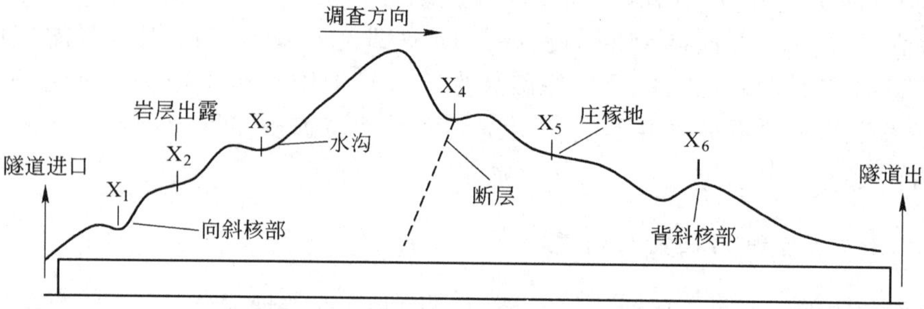

图 5-1　地面地质调查的观察点布置示意图

地质观察点的记录内容按地质情况的不同而有差异，为确保野外收集资料的完整性，编写野外地质调查表（表 5-1），在定点时，表 5-1 中的每个项目都需考虑，主要的详记、拍照，次要的简记，没有的不记。

表 5-1　野外地质调查表

地 质 点 号		位　置	
地形、地貌			
水　文			
地层、岩性			
地质构造（断层、节理）			
水文地质			
植被及人类活动			
特殊地质及不良地质现象			
其　他			

调查者：×××　　　　××××年××月××日

（1）地质点代号：对地质观察点进行命名，统一采用英文大写X，按其顺序编号为：X_1、X_2、X_3、…。

（2）位置：采用GPS测定，记录3个要素，即经度、纬度、高程。

（3）地形、地貌：主要描述的基本内容为地形地貌的类型、成因、特征与发展过程；地形地貌与岩性、构造等地质因素的关系，地形地貌与工程地质条件的关系等。调查地形地貌的目的：根据地貌的形态特征，可推断其形成原因和条件，进而评价其工程地质条件。

（4）水文：指的是地表水，即河水、江水、溪水、沟谷水、湖泊、水库、池塘、废旧坑、民用井和泉水等，应对其流量、流速、冲刷、淤积、洪水位与淹没情况调查记录。这些水体，可能成为硐室工程地下水的来源，是评价其工程地质条件的重要因素。

（5）地层、岩性：调查地层、岩性的基本内容是岩层的层位、层序、各层位的岩性及岩层组合、特殊岩层等；厚度、时代、成因及其分布情况；岩层的产状和接触关系；岩石风化破碎程度及风化层厚度；土石的类别、工程性质及对工程的影响；煤系地层及瓦斯地质方面——主要是煤系地层中的煤层、含水砂岩、特殊软岩等。

（6）地质构造：要求描述的基本内容是断层及其破碎带、背斜与向斜褶曲的位置、构造线走向、产状等形态特征和地质力学特征；围岩受地质构造影响程度、岩体节理发育程度、岩石坚硬程度、岩体完整程度；岩浆岩及其接触界面等；软岩结构面的发育情况及其与路线的关系、对隧道稳定性的影响等。

（7）水文地质：调查地下水的来源、埋藏条件、类型及其活动的规律性，以便采取相应措施，保证结构物的稳定和正常使用。

（8）植被及人类活动：调查植被及人类活动的目的是根据植物群落的种属、分布及其生态特征，可推断当地的气候、土质及水文地质条件，评价其工程地质条件；根据人类工程活动的历史、现状、规模，评价其工程地质条件。

（9）特殊地质及不良地质现象：对软土、黄土、膨胀土等特殊土及崩塌、滑坡、泥石流、岩溶、采空区等各种不良地质现象及特殊地质问题，要调查它们的分布范围、分布规律、形成条件、发育程度及其对工程的影响，评价其工程地质条件。

5.2.1.3 地面地质调查资料整理

将野外地质调查所有观察点的表格进行统一整理、总结得出隧道所处地段各点的大概地质结构特征。

5.2.1.4 掌子面地质调查

掌子面地质调查是对隧道中掌子面进行的地质调查工作，是观察记录围岩岩性、产状、节理裂隙和断层规模及产状，并表示在示意图上。它是地质分析预报法的必不可少的一个步骤，也是中、短期超前地质预报工作如 TSP、GPR 以及红外探测法的基础。

在现场按照隧道掌子面地质调查表（表 5-2）逐项作记录，可以缩短现场工作时间，不会遗漏该调查应收集的内容。

表 5-2 隧道掌子面地质调查表

<table>
<tr><td colspan="5">工程名称：</td><td colspan="3">施工单位：</td></tr>
<tr><td rowspan="4">隧道名称及部位</td><td colspan="4">名称：</td><td colspan="3" rowspan="7">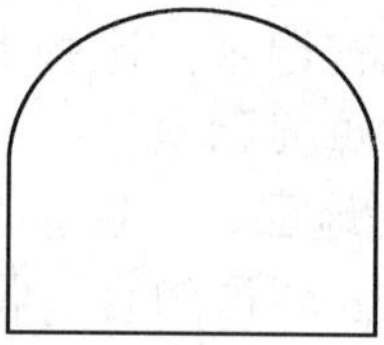
掌子面素描图</td></tr>
<tr><td>左幅</td><td>进口端□</td><td colspan="2">出口端□</td></tr>
<tr><td>中导</td><td>进口端□</td><td colspan="2">出口端□</td></tr>
<tr><td>右幅</td><td>进口端□</td><td colspan="2">出口端□</td></tr>
<tr><td>掘进方向</td><td colspan="4"></td></tr>
<tr><td>掌子面里程</td><td colspan="4"></td></tr>
<tr><td>围岩名称</td><td colspan="4"></td></tr>
<tr><td>风化程度</td><td>未风化□</td><td>微风化□</td><td>中风化□</td><td colspan="2">强风化□</td><td>全风化□</td><td>残积土□</td></tr>
<tr><td rowspan="2">岩石坚硬程度等级</td><td colspan="2">坚硬岩 □</td><td colspan="3">较坚硬岩 □</td><td colspan="2"></td></tr>
<tr><td colspan="2">较软岩 □</td><td colspan="3">软岩 □</td><td colspan="2">极软岩 □</td></tr>
<tr><td>围岩产状</td><td colspan="2">层理产状 st □</td><td colspan="3">片麻理产状 pt □</td><td colspan="2">侵入岩产状 mt □</td></tr>
<tr><td>层间结合力</td><td colspan="2">良好□ 一般□ 差□</td><td colspan="3">良好□ 一般□ 差□</td><td colspan="2">良好□ 一般□ 差□</td></tr>
<tr><td rowspan="5">主要节理产状、规模、力学性质</td><td>J_1</td><td>条/m</td><td>延长 m</td><td>延深 m</td><td>压性□</td><td>张性□</td><td>扭性□</td></tr>
<tr><td>J_2</td><td>条/m</td><td>延长 m</td><td>延深 m</td><td>压性□</td><td>张性□</td><td>扭性□</td></tr>
<tr><td>J_3</td><td>条/m</td><td>延长 m</td><td>延深 m</td><td>压性□</td><td>张性□</td><td>扭性□</td></tr>
<tr><td>J_4</td><td>条/m</td><td>延长 m</td><td>延深 m</td><td>压性□</td><td>张性□</td><td>扭性□</td></tr>
<tr><td>J_5</td><td>条/m</td><td>延长 m</td><td>延深 m</td><td>压性□</td><td>张性□</td><td>扭性□</td></tr>
<tr><td rowspan="2">软弱层（或夹层）</td><td colspan="2">Rt_1</td><td colspan="3">可见长度 m</td><td colspan="2">厚度 m</td></tr>
<tr><td colspan="2">Rt_2</td><td colspan="3">可见长度 m</td><td colspan="2">厚度 m</td></tr>
<tr><td rowspan="4">地下水</td><td>无 水 □</td><td colspan="2">干燥 □</td><td colspan="2">稍湿 □</td><td colspan="2">潮湿 □</td></tr>
<tr><td>不丰富 □</td><td colspan="2">渗水 □</td><td colspan="2">滴水 □</td><td colspan="2"></td></tr>
<tr><td>较丰富 □</td><td colspan="2">雨淋状 □</td><td colspan="2">小股状涌水 □</td><td colspan="2"></td></tr>
<tr><td>丰 富 □</td><td colspan="2">大股状涌水 □</td><td colspan="2">突水 □</td><td colspan="2">突水突泥 □</td></tr>
<tr><td>围岩结构状态和完整性</td><td colspan="7"></td></tr>
<tr><td>围岩稳定状态</td><td colspan="7"></td></tr>
<tr><td colspan="4">调查者：×××</td><td colspan="4">××××年××月××日</td></tr>
</table>

按照隧道掌子面地质调查表收集的掌子面地质资料，配合地面地质调查资料，了解隧道所处地段的地质结构特征，推断前方的地质情况，预测隧道掌子面前方的不良地质现象可能的类型、部位、规模，以便隧道施工中采取合理的工艺与措施，避免事故。如断层及微构造在掌子面出现，实测产状后分析断层微构造的产出规律，据其在掌子面的部位、构造走向与隧道轴向的关系做出地质预报。

在隧道埋深较浅、构造不太复杂的情况下，这种预报方法有很高的准确性，目前仍在使用。这种方法与其他物探方法相结合，可以取得更好的效果。但是在构造比较复杂地区和深埋隧道的情况下，该方法工作难度较大，准确性难以保证。

5.2.2 地球物理探测法

地球物理勘探，简称物探，是以地下岩体的物理性质的差异为基础，通过探测地表或地下地球物理场，分析其变化规律，来确定被探测地质体在地下赋存的空间范围（大小、埋深、形状等）和物理性质，达到解决水文、工程、环境问题为目的的一类探测方法。

地球物理探测法就是在隧道内采用地球物理勘探方法对隧道施工掌子面及周围临近区域进行探测，根据围岩与不良地质体的物理特性差异查明不良地质体的性质、位置及规模。目前，隧道超前地质预报的地球物理探测法主要有高密度电法、探地雷达法、隧道地震预报法、红外探测法和 BEAM（bore—tunneling electrical ahead monitoring）法等。

5.2.2.1 高密度电法（长距离预报）

电法勘探是根据各类岩石或地质体的电磁学性质（如导电性、导磁性、介电性）和电化学特性的差异，通过对人工或天然电场、地磁场或化学场的空间分布规律和时间特性的观测和研究，查明地质构造、解决工程地质问题的地球物理勘探方法。

电法勘探的方法有很多，目前我国常用的电法勘探方法有电阻率法、充电法、激发极化法、自然电场法、大地电磁测深法和电磁感应法等。下面主要介绍隧道超前地质预报常用的直流电阻率法中的高密度电法。

高密度电阻率法是 20 世纪 80 年代由日本开发并发展起来的一种电阻率方法。它集电剖面和电测深于一体，采用高密度布点，进行二维地电断面测量，提供的数据量大、信息多、观测精度高、速度快以及探测的深度也很灵活，因此在隧道超前地质预报中有着广阔的应用前景，越来越引起国内工程界的重视。

A 高密度电法的基本原理

不同岩层或同一岩层由于成分和结构等因素的不同，而具有不同的电阻率。

通过接地电极将直流电供入地下，建立稳定的人工电场，在地表观测某点垂直方向或某剖面的水平的电阻率变化，从而了解岩层分布或地质构造的特点。

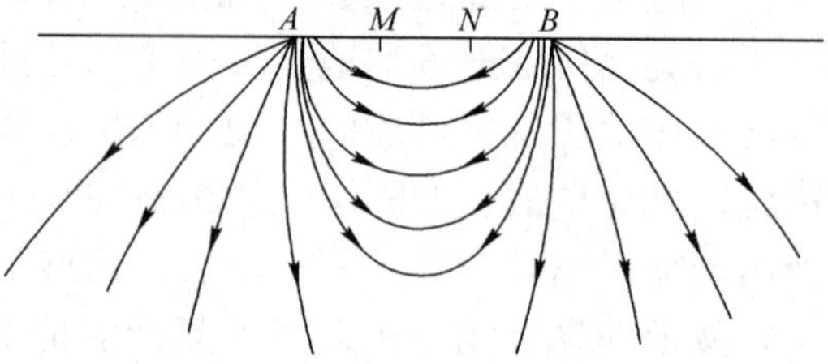

图 5-2　均匀介质中电流线分布

均质各向同性岩层中电流线的分布如图 5-2 所示。AB 为供电电极，MN 为测量电极，当 AB 供电时用仪器测出供电电流 I 和 MN 处的电位差 ΔV，则岩层的电阻率为：

$$\rho = K\frac{\Delta V}{I} \tag{5-1}$$

式中　ρ——岩层的电阻率，Ω · m；

ΔV——测量电极间的电位差，mV；

I——供电回路的电流强度，mA；

K——装置系数。

K 与供电和测量电极间距有关，其计算公式为：

$$K = \frac{2\pi}{\frac{1}{AM} - \frac{1}{AN} - \frac{1}{BM} + \frac{1}{BN}} \tag{5-2}$$

从理论上讲，在各向同性的均质岩层中测量时，无论电极装置如何，所得的电阻率应相等，即岩层的真电阻率。但实际工作中所遇到的地层既不同性又不均质或地表起伏不平，若按式（5-2）进行计算，所得电阻率则称为视电阻率，是不均质体的综合反映。

对于某一个确定的不均匀地电断面，若按一定规律不断改变装置大小或装置相对于电性不均匀体的位置，测量和计算视电阻率值，则所测得的视电阻率值将按照一定规律变化，探查和发现地下导电性不均匀体的分布，从而达到预报前方地质灾害的目的。

B　不同装置形式的采集方式及其特点

根据供电电极和测量电极的空间位置关系，归纳出几种装置形式：二极装置、单边三极装置、温纳装置、偶极装置和斯龙贝格装置等。这些方法具有各自的优缺点以及相应的限制条件，因此在实际工作应该根据具体解决实际问题情况、测试场地的地电条件和地形条件，选择比较合理的装置形式进行。

a　二极装置

高密度电阻率法二极装置电极排列的采集原则是将一个供电电极 B 极和测量电极 N 极置于“无穷远”，然后 A 电极供电，M 电极依次进行电位测量。二极装置工作如图 5-3 所示。

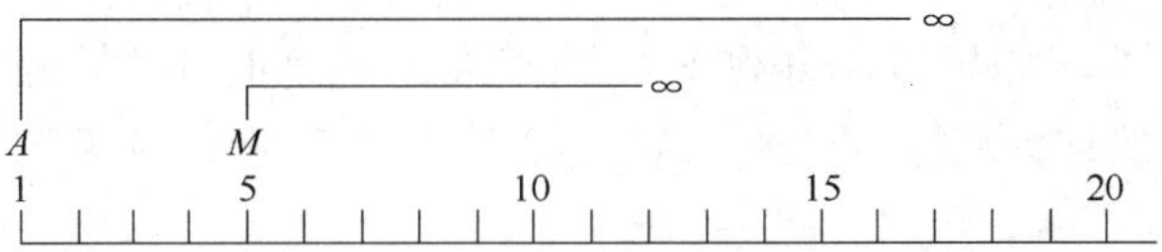

图 5-3 二极装置工作

装置系数 $K=2\pi na$，其中，n 为隔离系数，a 为电极间距，$AM=na$。每次测量的数据点放在供电电极 A 和测量电极 M 的正中间。

在实践中，理想的二极装置中的无穷远是不存在的。为了近似做到二极装置，供电电极 B 和测量电极 N 必须放置到大于 20 倍的 AM 最大距离之外的地方，这样才能保证误差小于 5%。因此如果在地形复杂的场地布置测线，远极的位置有时很难满足。另外远极的影响程度同 AM 与 BM 距离的比值近似成比例，因此这种装置形式的另一个缺点是由于两个测量电极之间距离过大，会接收到大量的地电干扰，导致分辨率降低，大大降低测量的质量。因此这种装置形式主要用在小极距（小于 10m）的勘探中。虽然二极装置的分辨率低，但用该种装置探测时水平有效宽度最大，有效探测深度也最深。

二极装置对横向范围大的异常体采集效果好，适用于探测岩性分界面，对于呈层状地质体和洞室形异常体探测也可满足。采用二极装置形式探测时，测试深度应是目的物异常体尺寸的 2 ~ 3 倍。

b 三极装置

三极装置在野外工作时，需要设置一个无穷远极 B（A 三极）或者 A（B 三极），然后用一组测量电极 M、N 测量距离供电电极不同距离的电位差，实现对地下地质体的探测。三极装置工作如图 5-4 所示。

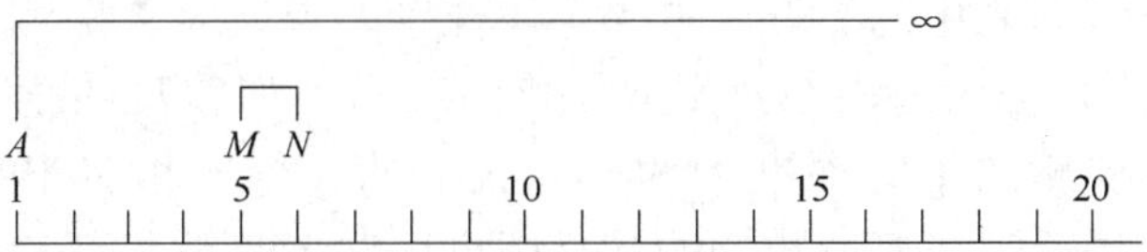

图 5-4 三极装置工作

装置系数 $K=2\pi n(n+1)a$，其中，n 为隔离系数，a 为电极间距，$AM=na$，$MN=a$。三极装置探测时数据水平宽度较大，信号强度比偶极装置强，抗干扰能力比二极装置好。与其他装置形式不同，三极装置是不对称的，因此原本对称的结构体在测量中得到的视电阻率异常也是不对称的。在某些情况下，这种视电阻率的不对称性会影响到反演后得到的模型。为了消除这种不对称性，通常还要进行反向测量，通过正向和反向的测量即可消除这种不对称性。

三极装置的远极 B 极必须放置在距离测线足够远的地方，B 极的影响程度近似与 AM 同 NB 距离的平方成比例。因此，三极装置远极的影响比起二极装置远极的影响要轻一些。如果 B 极距测线的距离大于 5 倍的 AM 的最大距离，由忽视 B 极的影响带来的误差将小于 5%（确切的误差也依赖于 N 极的位置和地下的电阻率分布）。

由于有效探测宽度较大，这是一种很有效的装置形式，它的信号强度比温纳装置和温纳斯龙贝格装置要弱，但比偶极装置要强。在考虑地形因素的条件下，该装置信号强度更强（相对于偶极装置），误差更低（相对于温纳装置和温纳斯龙贝格装置），使得这种装置成为一种有效的选择。

三极装置的信号强度随着隔离系数 n^2 的增长而降低。虽然这种规律不像偶极装置那样明显，但 n 值的选取最好不要大于 8 ~ 10。除此以外，MN 之间的间距 a 应适度增大以获得更强的信号。

当采用三极装置形式探测时，测试深度应该是目的物异常体的尺寸的 4 倍及更大。

c　温纳装置

装置系数 $K = 2\pi na$，其中，a 为电极间距，$AM = MN = NB = na$，测量时将 MN 范围内测得的视电阻率标在 MN 中点下。温纳装置工作如图 5-5 所示。

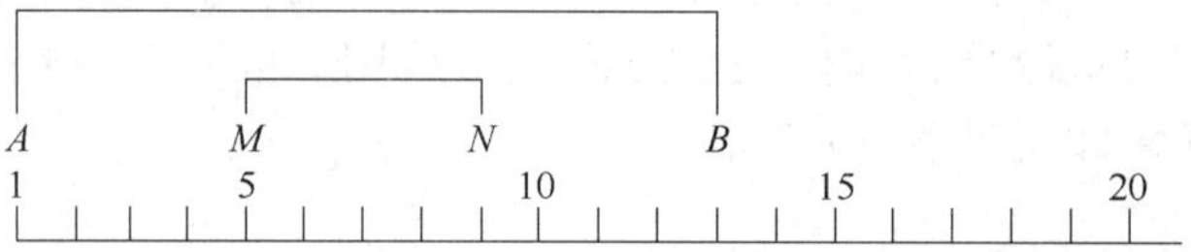

图 5-5　温纳装置工作

温纳装置对整个排列中间部分的地下垂直电阻率变化有较强的敏感性，对地表以下的横向电阻率变化就不怎么敏感了。通常，温纳装置探测垂直变化的结构（如水平层状结构）较为适用，对水平变化的结构（如较窄的垂直结构）能力稍差。用温纳装置探测的中间深度大约是 0.5 倍的 a 值，相对于其他装置形式来说，这个深度比较适中。温纳装置的信号强度同装置系数成反比例。温纳装置的装置系数是 $2\pi a$，这比其他装置的装置系数都要小。在常用的几种装置形式中，温纳装置的信号强度最强，在地电干扰很强烈的情况下，温纳装置是一个很好的选择。不过温纳装置的数据排列图形为梯形，进行二维勘探时，深度越深，水平覆盖越小，因此如果极距过大则探测的有效宽度较窄。如果电极很少的情况下这会成为困扰。

当采用温纳装置形式探测时，测试深度应该是目的物异常体尺寸的 3 ~ 4 倍左右。

d 偶极装置

装置系数 $K = \pi n(n+1)(n+2)a$，其中 a 为电极间距，n 为隔离系数，$AB = MB = a$，$BM = na$。偶极装置工作如图 5-6 所示。

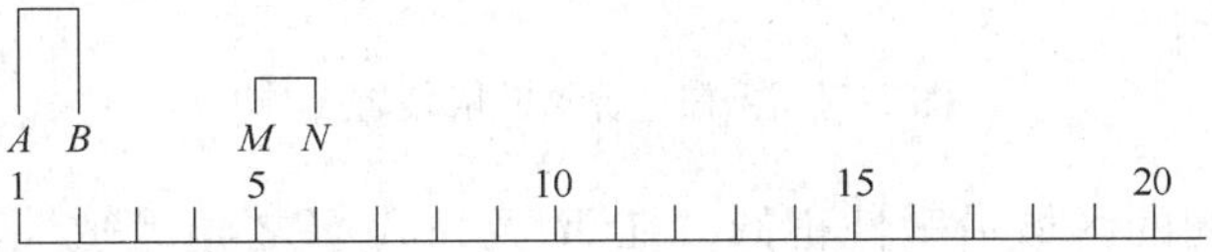

图 5-6 偶极装置工作

由于供电电路和测量电路之间的电磁耦合较好，这种装置曾广泛应用并至今还应用在考虑地形因素的探测中。供电电极对之间的距离 a 与测量电极对之间的距离相同，BM 之间的距离以 AB（或 MN）之间距离的比值称为 n。对这种装置形式来说，a 值是固定的，n 值可以随着调查深度的加大而提升，可以从 1 提升到 6。电阻率值变化最灵敏的位置在 AB 电极对和 MN 电极对之间，这意味着这种装置形式对偶极对之间的电阻率变化非常敏感，灵敏性等高线几乎是垂直的。因此偶极装置形式对水平方向的电阻率变化非常敏感，但是对垂直的电阻率变化就不那么敏感了。这就意味着这种装置形式在探究纵向结构如沟壑和洞穴时效果比较好，探究横向结构如岩床和沉积层时效果就稍差。偶极装置的探测深度取决于 n 值和 a 值。一般说来，这种装置探测深度比温纳装置探测深度要浅，但是在二维调查中，它比温纳装置的水平有效探测宽度要宽。

偶极装置的一个可能的缺点是当 n 值过大时得到的信号强度非常小。电压以 n^3 成反比例，当 n 从 1 提高到 6 而电流不变的情况下，电压值要降低大概 200 倍。一个解决的办法是当加长测线的长度来增大探测深度的时候用提高偶极对之间的距离 a 值的方法来减少电压的降低。同样的测线长度但是不同的 a 值和 n 值，n 值较小的信号强度比 n 值较大的信号强度要大很多。

为了更有效地使用这种装置，采集仪器需要有相当高的灵敏性和很好的抗干扰能力，并且探测时电极和地面之间的接触要好。有了良好的野外设备和正确的探测技术，偶极装置已经在很多地区广泛应用于探测水平变化明显的结构如硐室和空穴等结构，这也是这种装置的一个主要优点。

e 温纳—斯龙贝格装置

装置系数 $K = \pi n(n+1)a$，其中 a 为电极间距，n 为隔离系数，$MN = a$，$AM = NB = na$。将温纳装置和斯龙贝格装置结合，形成了温纳—斯龙贝格装置，这种装置形式经过修饰，用在极距固定的系统中。隔离系数 n 是 A、M 和 M、N 间距的比值。温纳—斯龙贝格装置工作如图 5-7 所示。斯龙贝格装置的灵敏性模式同温纳装置有轻微的不同，在测线的中央有轻微的垂直曲率，并且在 A、B

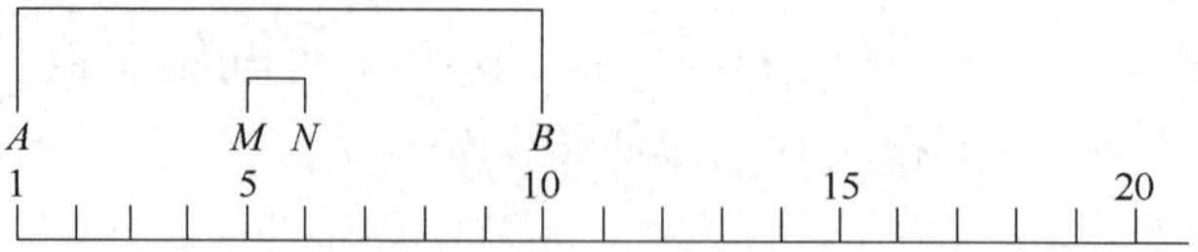

图 5-7　温纳—斯龙贝格装置工作

（和 M、N）之间的区域灵敏性稍低，在 M 极和 N 极之间灵敏性高。因此这种装置形式同时适用于水平和垂直结构。在预期同时有两种地质结构的时候，这种装置形式是不错的选择。在同样的测线布置下，温纳—斯龙贝格装置的中央探测深度比温纳装置深 10%，但信号强度比温纳装置低，不过比偶极装置要高。

温纳装置是这种装置形式的一种特殊形式，隔离系数 $n=1$。从数据的排列方式看，相对于温纳装置，温纳—斯龙贝格装置有稍好一些的水平覆盖。温纳装置的每层数据都比上一层数据少 3 个，而温纳—斯龙贝格装置每层的数据则比上一层少 2 个，水平覆盖的数据要比温纳装置略宽，但比偶极—偶极装置要窄。

C　探测装置和电极距的选择原则

高密度电阻率法的数据观测装置多达十几种，在实际工作中，由于实测数据的好坏是方法和解释成败的关键所在，人们总是希望观测的数据有好的精度和可信度，能较好的反应测区的电性变化，若有异常体存在，人们总是希望观测到的数据能较好的反应异常体的高低阻特征和有较大的异常区分。同时由于时间及经济条件等因素，不可能对每种装置都进行观测，因此必须有针对性的根据不同的地质任务来选择个别装置进行数据采集，以达到最佳的勘探效果。探测装置选择原则如下：

（1）一般选择二极、三极、温纳、偶极、斯龙贝格装置等。

（2）在地电干扰很强烈的情况下，温纳装置是一个很好的选择。

（3）非水平构造带、岩性分界探测一般选择二极、三极、斯龙贝格装置。

（4）探测浅目标体、水平变化明显的结构如洞和空穴等结构时选择偶极装置。

供电电极距 AB 和测量电极距 MN 的确定原则为：

（1）供电电极距 AB 的大小一般视目标体的埋藏深度而定，应满足关系式：$AB \geqslant 3H$（H 为探测深度）。

（2）测量电极距 MN 的确定一般视目标体的范围大小而定，它与横向分辨率的要求有关。一般要提高分辨率，就要减小电极距 MN。

D　仪器设备

使用多功能直流电法仪，具有直接测量、显示供电电流、视电阻率、电极参数等功能。另外最好具有供电和测量系统脱离的自动跟踪测量技术装置。主要技术指标应符合：

（1）测量电压分辨率：0.01mV。

（2）测量电流分辨率：0.01mA。

（3）最大补偿范围：±1V。

（4）输入阻抗大于8MΩ。

E 高密度电法的优缺点

高密度电法较其他探测方法有以下优点：（1）高密度电阻率法用于工程地质勘察是切实可行的，也是一种行之有效的勘探方法。（2）由于高密度电阻率法具有测点密度大、信息量多等特点，因此，它更利于反映地电断面的局部信息的微弱变化，也就更利于发现一些较小的地质体。（3）由于高密度电阻率法具有高智能、自动化，因此，它比常规电阻率法具有效率高，成本低等特点。（4）高密度电阻率法得到的清晰、直观的二维异常图，是常规电阻率法所无法比拟的。（5）对于一些地表不均匀体的干扰异常，高密度电阻率法较易识别。

虽然高密度电阻率法具有上述特点，但是该系统尚存在一些问题需要解决：（1）在成图处理上，每次只能完成一个排列（60根电极），所成图为倒梯形，在连续追踪长剖面时，只能采用人工点图，这样就影响了工作效率。（2）在非水平地区工作时，由计算机绘制带地形的断面图时，目前的软件还存在一定问题。（3）运用高密度电阻率法的资料作半定量解释较为困难，有关这部分的软件急待开发。

5.2.2.2 隧道地震超前预报技术（中距离预报）

近几十年来，国内外广泛开展隧道超前预报技术的研究与应用，基于地震反射波法原理发展了地震负视速度法（VSP垂直地震剖面法）、TSP（tunnel seismic prediction）隧道超前预报技术、TRT层析扫描超前预报技术、TGP超前预报技术、USP角度偏移超前地质预报技术、水平声波反射法（HSP）、陆地声呐法等隧道超前预报方法。其中TSP隧道超前预报技术是最具代表性的方法，也是应用最广泛的方法。

A 隧道地震超前预报技术的理论基础

a 应力与应变

TSP勘探中人工激发的地震波是一种在岩层中传播的弹性波，为研究其形成机制，首先分析一下岩层固体的应力与应变。

设有一直杆长度为L，直径为d，横截面面积为S。该直杆受到一个不大的外加拉力F时，将被拉长，并在杆内产生一个对抗外力使物体恢复原状的内力，该内力垂直于直杆的横截面，如图5-8a所示。它的大小等于外力，方向与外力方

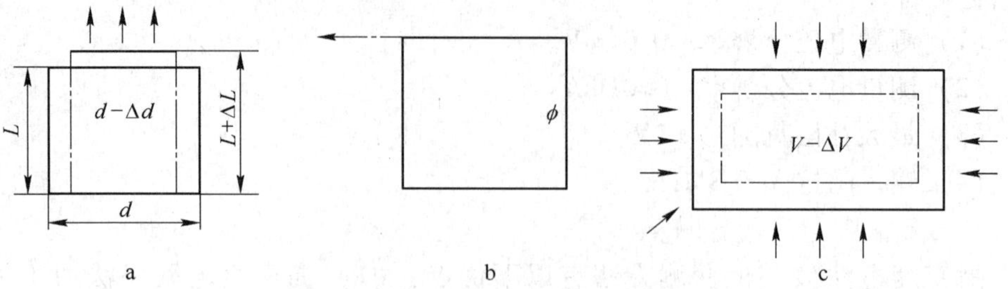

图 5-8 岩层固体的应力与应变

向相反单位面积上的法向内力称为法向正应力，用 σ 表示：

$$\sigma = \frac{F}{S} \tag{5-3}$$

在弹性力学中把相切于单位面积上的内力称为剪切应力，一般用 τ 来表示，如图 5-8b 所示。

弹性介质在应力作用下产生的形状和体积的变化称为应变。弹性介质在正应力的作用下，体积发生变化（膨胀或压缩），体积的相对变化就是体应变，通常用 θ 表示，如图 5-8c 所示。

$$\theta = \frac{\Delta V}{V} \tag{5-4}$$

体应变是由线应变组成的，线应变是单位长度的伸长量，一般用 e 来表示，写为：

$$e = \frac{\Delta L}{L} \tag{5-5}$$

弹性介质在剪切应力作用下，形状发生变化，称为剪切应变，一般用 e_τ 表示，当应力较小时，可用直角的改变量 ϕ（也称为偏转角）来度量，写为：

$$e_\tau = \phi \tag{5-6}$$

b 弹性常数

应力与应变之间的定量关系是根据虎克定律通过弹性常数，把两者联系起来。虎克定律指出弹性体在弹性限度内，应力与应变成正比，比例常数就是弹性常数，常用的常数有：

（1）泊松比（μ）：表示弹性体受单向拉伸力时，物体的侧向应变（横向相对压缩）和线应变（纵向相对伸长）之比，写为：

$$\mu = -\frac{\Delta d/d}{\mathrm{d}L/L} \tag{5-7}$$

式中，负号表示横向与纵向应变方向相反。

（2）杨氏模量（E）：表示物体单向拉伸，应力与线应变之比，即：

$$E = -\frac{F/S}{\Delta L/L} = \frac{\sigma}{e} \tag{5-8}$$

（3）体变模量（K）：表示在各向均匀压缩的情况下，所加压应力 P 与体积相对变化之比：

$$K = -\frac{P}{\theta} \tag{5-9}$$

（4）切变模量（μ）：表示物体切应力与切应变之比：

$$\mu = -\frac{\tau}{\phi} \tag{5-10}$$

式（5-10）说明 μ 越大，切应变越小，μ 是阻止切应变的一个量度。对于液体 $\mu=0$，即不产生切变，液体只有体积变化。

（5）拉梅系数：这一系数只是为了简化数学运算而引入的，其定义为：

$$\lambda = K - \frac{2}{3}\mu \tag{5-11}$$

这五个常数，由弹性理论的研究证明，对于均匀的各向同性的介质，其中任意一个参量，都可以用任意两个其他的参量表示出来，即：

$$E = \frac{\mu(3\lambda + 2\mu)}{\lambda + \mu} \tag{5-12}$$

$$E = \frac{\lambda}{2(\lambda + \mu)} \tag{5-13}$$

$$E = \lambda + \frac{2}{3}\mu \tag{5-14}$$

c 波动方程

波动方程就是研究弹性波形成的物理机制和传播规律的物理方程。这里仅讨论体积元受单向正应力时所产生纵波的波动方程。

如图 5-9a 所示，设 A、B 为 Y 轴上两相邻质点的平衡位置，A 点与原点的距离为 y，B 点与原点的距离为 $y+\mathrm{d}y$，$\mathrm{d}y$ 无限小即两质点无限靠近，它相当于细长杆中的一段介质元 AB。当长杆一端受力后，就会使端面上的质点受力后产生振动，振动的传播就形成了波。设在某时刻 t，质点 A 在 Y 轴上的位移为 ν，质点 B 的位移为 $\nu+\mathrm{d}\nu$，这时介质元 AB 的线应变为：

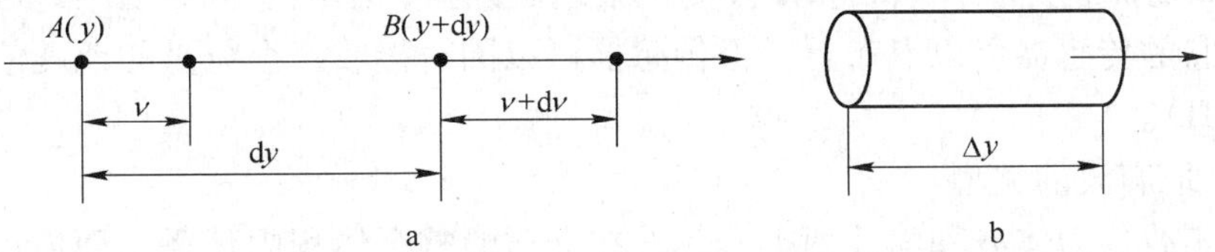

图 5-9 纵波沿直杆传播示意图

$$e_y = \frac{d\nu}{dy} \tag{5-15}$$

因为位移不但随距离的变化而变化，而且还随时间的变化而变化，即位移是距离和时间的二元函数，所以式（5-15）应写成偏微商的形式：

$$e_y = \frac{\partial \nu}{\partial y} \tag{5-16}$$

现在来研究长度为 Δy 的一部分介质在波传播时的受力情况，如图 5-9b 所示。在左截面上的应力为 $-\sigma_y S$，右截面上的面力为 $\left(\sigma_y + \frac{\partial \sigma_y}{\partial y}\Delta y\right)S$，这时介质所受合力 F_y 为：

$$F_y = \left(\sigma_y + \frac{\partial \sigma_y}{\partial y}\Delta y\right)S - \sigma_y S \tag{5-17}$$

式中 S——杆的截面积。

根据动量定理可得到位移 ν 的波动方程为：

$$\frac{\partial^2 \nu}{\partial t^2} = v_P^2 \frac{\partial^2 \nu}{\partial^2 y} \tag{5-18}$$

式中 v_P——纵波沿杆传播的速度，写为：

$$v_P^2 = \frac{E}{P} \tag{5-19}$$

在近几年，随着技术的发展，可以在一个点激发地震波，它向下传播，遇到界面返回到地表，在地面把接收点布置为一个面积，即在 x、y 平面内布置检波点，这样就成了一个三维问题，在这种情况下，要建立三维波动方程就比较复杂，但其研究方法与建立一维波动方程是相似的，这里只写出纵波与横波的三维波动方程。

$$\frac{\partial^2 \theta}{\partial t^2} = \frac{\lambda + 2\mu}{p}\left(\frac{\partial^2 \theta}{\partial x^2} + \frac{\partial^2 \theta}{\partial y^2} + \frac{\partial^2 \theta}{\partial z^2}\right) = v_P^2\left(\frac{\partial^2 \theta}{\partial x^2} + \frac{\partial^2 \theta}{\partial y^2} + \frac{\partial^2 \theta}{\partial z^2}\right) \tag{5-20}$$

$$\frac{\partial^2 \phi}{\partial t^2} = \frac{\mu}{p}\left(\frac{\partial^2 \phi}{\partial x^2} + \frac{\partial^2 \phi}{\partial y^2} + \frac{\partial^2 \phi}{\partial z^2}\right) = v_S^2\left(\frac{\partial^2 \phi}{\partial x^2} + \frac{\partial^2 \phi}{\partial y^2} + \frac{\partial^2 \phi}{\partial z^2}\right) \tag{5-21}$$

TSP 勘探就是联合纵波和横波的三维地震勘探，不同于常规三维地震勘探之处在于它的传感器仍以点布置，但传感器可以同时接收三个分量的地震信号（P、SV 和 SH）。

d 地震波的类型

地震波分为体波和面波两类，体波在介质的整个体积内传播，面波沿着介质的自由面或界面传播。

(1) 体波。体波有纵波（压缩波、P波）和横波（剪切波、S波）之分。弹性介质发生体应变所产生的波动称为纵波，介质压缩时质点彼此靠近，形成压缩带或密集带，膨胀时质点彼此疏远，形成膨胀带或稀疏带，波的传播就由密集带和稀疏带的序列所组成，因此纵波又称为疏密波和压缩波，从式（5-18）可知，质点位移和波传播方向是一致的，都沿Y轴传播，即质点振动和波传播方向相同的波，就称为纵波。横波也称“凹凸波”。质点的振动方向与波的传播方向垂直，这样的波称为横波。横波的特点是质点的振动方向与波的传播方向相互垂直。在横波中波长通常是指相邻两个波峰或波谷之间的距离。电磁波、光波就是横波。

(2) 面波。面波有瑞雷面波和拉夫面波等。在下半空间介质自由表面上所产生的一种沿自由界面传播的波，称为瑞雷面波，它的强度随深度呈指数衰减，但在水平方向衰减很慢。面波传播时，质点是在通过传播方向的铅垂面内沿椭圆轨迹逆转运动，在椭圆上部质点向后运动（与传播方向相反），在椭圆下部质点向前运动（与传播方向一致）。质点的运动是由相位差90°的纵向与横向两个运动分量组成的。当质点振动在垂直方向，恰好与纵波质点运动方向一致，因此在纵波勘探中面波是一种干扰波，它具有低频、低速、强振幅的特点。

e 地震波的运动学和动力学

地震波在岩层中的传播规律有两个方面：一是指波在地层中传播的空间几何位置与传播时间的关系，如波前、波的射线和时距曲线等，研究这种关系称为波的运动学；二是指波在地层中传播的波形和振幅等与空间位置的关系，研究这种关系的称为波的动力学。

地震波在岩层中传播类似于几何光学中光的传播，仿照几何光学来研究地震波运动学的一些特点，称为几何地震学，这样可以把光学中的惠更斯原理（波前原理）、费马原理（射线原理）和斯奈尔定律（反射—折射定律）引用到地震勘探领域中来。

(1) 波前和波前原理。假设地下为均匀介质，在地面O点爆炸后，地震波就从这一时刻开始自O点向各个方向传播，如果把某时刻介质中所有刚刚开始振动的点连成曲面，该曲面称为此时刻的波前，如果把同一时刻所有刚停止振动的点连成曲面，此曲面称为波后（波尾）。在波前面以外的质点，因波尚未到达，故没有振动，波尾以内的质点已停止了振动，显然在波前和波尾之间的岩石质点正在振动，这个区间称为振动带。在均匀介质中，不同时刻的波前是以震源O为中心的一簇同心圆。

波前原理是说明波前向前传播的规律，“在弹性介质中，任何时刻波前面上的每一点，都可以看作一个新的点震源，由它产生二次扰动，形成子波前、而以后新波前的位置可以认为是该时刻各子波波前的包络”，这就是惠更斯在1690年提出的波前原理。

（2）射线和射线原理。弹性波的传播，除了可以用波前来描述外，还可以用射线来描述。所谓射线，就是波从一点到另一点传播的路径，波沿射线传播的时间和其他任何路径传播的时间比较起来是短的，这就是费马时间最小原理。在均匀介质中，射线为自震源发出的一簇辐射直线，射线恒与波前垂直，平面波的射线是垂直于波前的平行直线。

（3）斯奈尔定律。在几何光学中，当光线射到空气和水的分界面时，会发生反射和折射，并服从斯奈尔定律。地震勘探中当地震波在地下岩层中传播，遇到分界面也会发生反射，透射和折射，形成反射波、透射波和折射波，这里所说的透射波就是几何光学中的折射波，而地震勘探中的折射波，是一种在特殊条件下形成的波。

（4）反射波的形成。反射定律揭示了入射波入射到界面射线的变化规律，即反射定律。由反射定律可知入射角等于反射角，入射线、反射线位于反射界面法线的两侧，入射线、反射线和法线同在一个平面内，此平面称为射线平面，它与弹性分界面垂直，在地震勘探中，当沿某一测线激发和接收地震波时，入射波和反射波都位于过测线并和反射界面相垂直的射线平面内。

设入射波的振幅为 A_i，反射波的振幅为 A_R，反射波和入射波振幅之比称为反射界面的反射系数，用字母 R 表示，即：

$$R = \frac{A_R}{A_i} \tag{5-22}$$

根据反射理论，可证明当波垂直入射到反射界面上时，反射系数为：

$$R = \frac{A_R}{A_i} = \frac{\rho_2 v_2 - \rho_1 v_1}{\rho_2 v_2 + \rho_1 v_1} = \frac{z_2 - z_1}{z_2 + z_1} \tag{5-23}$$

式中 ρ_1，v_1，ρ_2，v_2——分别为分界面上下两种介质的密度和波在介质中传播的速度；

z_1，z_2——上下介质的波阻抗，$z_1 = \rho_1 v_1$，$z_2 = \rho_2 v_2$。

反射系数写成一般式为：

$$R = \frac{\rho_n v_n - \rho_{n-1} v_{n-1}}{\rho_n v_n + \rho_{n-1} v_{n-1}} = \frac{z_n - z_{n-1}}{z_n + z_{n-1}} \tag{5-24}$$

反射系数的物理意义是指地震波垂直入射到反射界面上后，被反射回去能量的多少，说明在界面上能量的分配问题。

（5）透射波的形成。入射波透过反射界面形成透射波时，由于分界面两侧波的速度不同，透射波的射线要改变入射波射线的方向，而发生射线偏折现象，偏折程度的大小决定于透射定律。由透射定律可知，入射线、透射线位于法线的两侧，入射线、透射线、法线在同一个射线平面内；入射角的正弦和透射角的正弦之比等于入射波和透射波速度之比，或者说入射角、反射角和透射角的正弦与它们各自相应的波速的比值等于一个常数值，这个常数值称为射线参数，即：

$$\frac{\sin\alpha}{\sin\beta} = \frac{v_1}{v_2} \quad 或 \quad \frac{\sin\alpha}{v_1} = \frac{\sin\beta}{v_2} \tag{5-25}$$

式（5-25）为斯奈尔定律的数学表示式，它说明入射角与反射角、入射角与透射角之间的关系。

从式（5-25）可知，当 $v_1 > v_2$ 时，则 $\alpha > \beta$，透射波射线靠近法线偏折，这种现象就是几何光学中所讲的光从空气射到水中，射线发生折射的现象，当 $v_1 < v_2$，则 $\alpha < \beta$，透射波射线远离法线，而向界面靠拢，在实际的地层中，波的透射多属这种情况。

如果有三层或多于三层的介质，并假设速度是递增的，即 $v_1 < v_2 < v_3$，据斯奈尔定律可做出波从第一层传播到第三层时，射线是一条折射线，即在层状介质中波传播的射线为折射线。

B TSP 隧道超前预报技术

TSP 隧道超前预报技术是由瑞士 Amberg 测量技术公司开发的用于隧道超前预报的先进技术，是当前超前地质预报技术中的最重要的手段。它能较长距离预报隧道施工前方的地质变化：如断层破碎带、软弱岩层及其他不良地质地段，其准确预报范围为掌子面前方 100～150m；在大多数岩层结构中，它的有效预报范围可达 100m（以隧道掌子面为基准），在坚硬的岩层中甚至可高达 200m，能够为隧道施工方提供可靠的地质资料，指导隧道安全施工。同时整个测量工作对隧道施工不会造成干扰，或仅有细微干扰。

物探方法都是以研究岩石的某种物理性质为基础的，TSP 系统所依据的是岩石的弹性。其基本工作方法是沿平行隧道轴线方向于隧道侧壁布置观测系统，在炮孔中用炸药震源人工激发地震波，地震波向隧道掌子面前方传播，当遇到弹性不同的分界面时，就发生反射。因此在测线的接受孔位上用专门的传感器记录地震信号，然后传给记录单元，从而获得地震记录。由于接收的地震波受到了掌子面前方围岩介质的改造，就带有与围岩构造、岩性等有关的信息：诸如时间、能量、速度、频率等。从地震记录中提取这些信息，就有可能推断解译掌子面前方地质构造形态及围岩的力学物理参数。

a TSP 的工作原理

如图 5-10 所示，TSP 系统的测量是通过小药量的爆破所产生的地震波信号沿着隧道右侧或者左侧的爆破剖面在岩层中以球面波的形式传播，当岩层中存在断层或性质不同的波阻抗界面时将使波传播发生频率、振幅及速度等方面的变化，一部分信号将会在上述波阻抗界面处发生反射，而其他的部分将会继续传播。反射信号经过一定时间的传播将会传输到高精度的接收器并传递到主机形成地震波波形（图5-11）。假定声波在岩石中的传播速度已知，通过分析反射波到达的时间，就可以计算出波阻抗界面（断层或者是性质改变岩层）的具体位置（距离）。

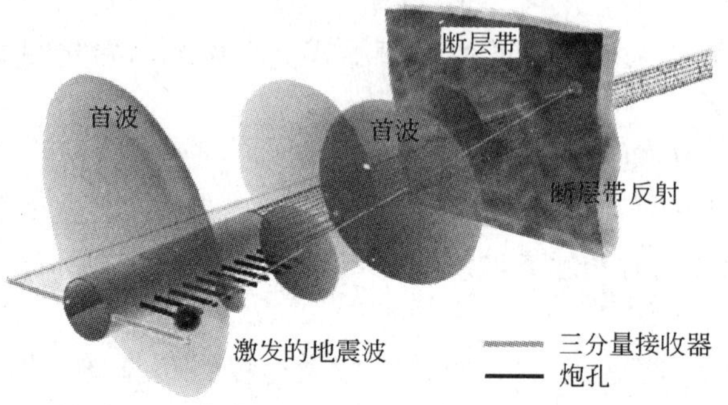

图5-10 TSP法工作原理示意图

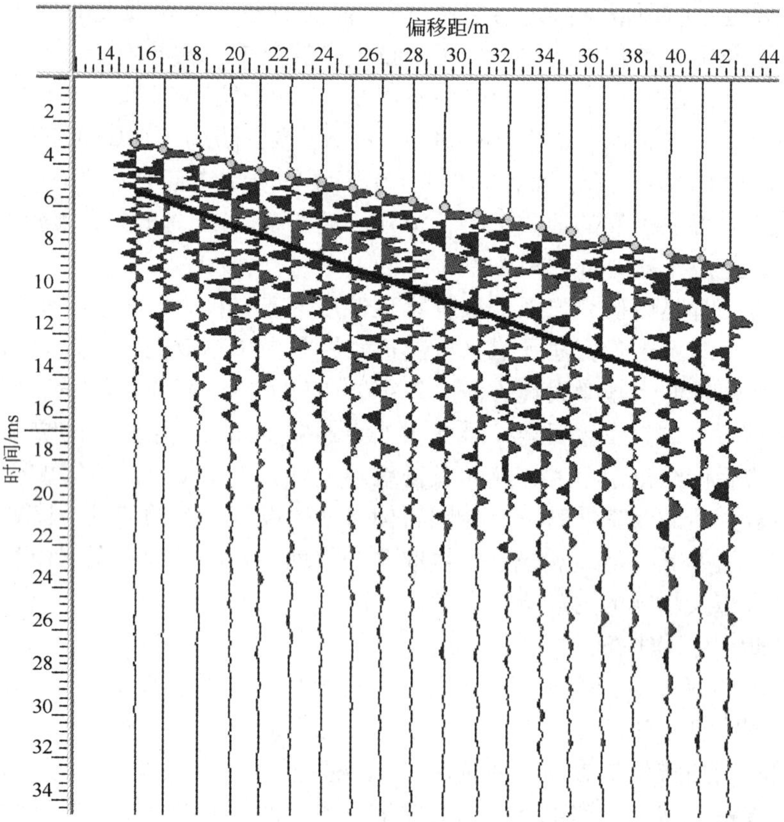

图5-11 TSP法地震波波形

对 TSP 仪器采集的数据利用 TSP Win 软件进行处理，可以获得隧道掌子面前方的 P 波、SH 波和 SV 波的时间剖面、深度偏移剖面、岩石的反射层位、物理力学参数、各反射层能量大小等中间成果资料，同时还可得到反射层的二维和三维空间分布，根据上述资料预报隧道掌子面前方的地质情况，如溶洞、软弱岩层、断层等不良地质体。

b　TSP 系统的主要仪器设备和材料

TSP 仪器主要由接收单元、记录单元及起爆装置组成。接收单元用来接收地震波信号；记录单元将接收到的地震波信号进行放大、模数转换和数据记录，同时还进行测量过程控制；起爆装置则用于引爆电雷管和炸药，人工激发地震波。

（1）接收单元。接收单元用来接收地震波反射信号，安置在一根特殊的金属套管中，套管与岩石之间采用水泥或双组分环氧树脂牢固结合。接收单元由一个极灵敏的三分量的地震加速度检波器（X、Y、Z 分量）组成（图 5-12），频宽 10 ~ 5000Hz，包含了所需的动态范围，能够将地震信号转换成电信号。尽管总长为 2m 的接收传感器被分成三段，传感器的安装仍然非常简单和快速由于采用了能同时记录三分量加速度的传感器，因此，可以确保三维空间范围的全波记录，并能分辨出不同类型的声波信号，如 P 波和 S 波。此外，这三个组件相互正交，由此可以计算出声波的入射角。

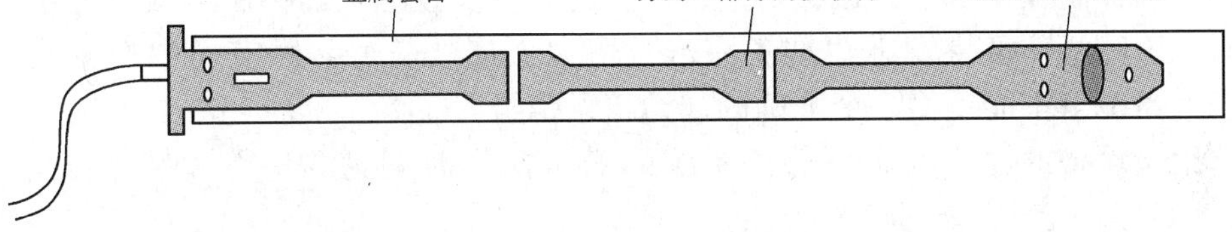

图 5-12　TSP 系统接收单元

接收器的设计适合不同性质的岩层，适用范围为软岩层到花岗岩层。接收器的外部尺寸满足可以安装在一个接收套管内，而此接收套管的直径为 43mm，因此，可通过一台手持钻机钻凿一个接收器安装孔。

（2）记录单元。记录单元的作用是对地震波信号记录和信号质量控制。其基本组成为完成地震信号 A/D 转换的电子元件和一台便携式电脑（图 5-13），便携式电脑控制记录单元和地震数据记录、储存以及评估。此设备有 12 个输入端口，用户可设置 4 个接收器。

TSP 系统测量的可靠性主要取决于所接收到信号的质量。测量范围和测量精度与系统的动态响应范围和记录频带宽度有极大的关系。使用 24 位 A/D 转换器，它的动态范围最小为 120dB，所接收信号的频率范围为 10 ~ 8000Hz。动态范围为 120dB 的声波信号可通过将信号描绘到一张图纸上来加以解译和对比：信号

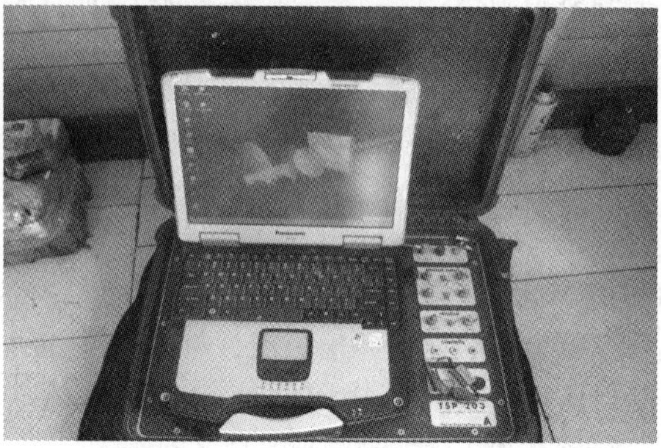

图 5-13　TSP 系统记录单元

强度反映在图纸上偏离零点的距离最高可达 500m，而图纸的最小分辨率为 1mm。由于在通常的 TSP 测量中所接收到的地震信号的频率范围为 100 ~ 2000Hz，因此，该系统具有多重采样特性，从而进一步提高系统的信噪比，干扰信号在数据处理过程中通过滤波器进行过滤。

一台便携式电脑是记录单元的一个不可分割的组成部分，它具有防水、防尘以及抗震的特点，能够在极其恶劣的隧道环境中正常运行。在测量的过程中，该电脑可以控制噪声水平，跟踪所记录声波的质量。在触发器控制面板上显示为绿灯时，电脑操作员将发出"准备完毕"可以引爆的信号。触发器中的触发电路在任何情况下都能提供一个准确的起始记录信号。

记录设备的内置电源可保证系统的安全操作时间为 3 ~ 4h（最长可达 5 ~ 6h），足够完全进行 3 次 TSP 测量。

（3）起爆装置及所需材料。引爆设备是由一带有外接触发盒的传统起爆器组成，触发盒嵌入到引爆线路中。触发器一方面通过两根电缆与电雷管相连，另一方面，通过引爆电缆线与记录单元的连接，以确保记录单元和触发盒之间的联系。

激发地震信号所需炸药，建议使用爆速大于 6000m/s 的高速起爆炸药为最好，当然也可以采用一号或二号岩石乳化炸药，每孔装药量 30 ~ 50g，大约用药 800g。使用的电雷管延期时间越短越好，最好选用瞬发雷管，也可以用一段第一系列或第二系列毫秒延期电雷管，约 30 个。引爆导线 60m。

c　TSP 超前预报的优点及其局限性

TSP 隧道超前地质预报技术的应用效果受到多方面因素的影响，其中包括目标体的性质、形态、规模及产状。TSP 超前预报具有以下优点及局限性：

（1）有效探测距离一般为 150 ~ 200m，适宜于中、长距离预报。

（2）适宜于掌子面前方波阻抗差异较大的地质界面。

（3）对规模大、延伸长的地质界面或地质体探测较好，对规模较小的地质体容易漏报。

（4）对掌子面正前方的地质体探测效果较好，对位于隧洞侧壁的地质体探测效果较差。

（5）对软弱破碎带、断层破碎带及岩性界面等面状构造探测效果较好，对不规则形态的三角地质体，如溶洞、暗河等不良地质体的探测效果较差。

（6）对于隧洞轴线呈大角度相交的构造探测效果较好，而对与隧洞轴线以小角度相交的构造探测效果较差。

C 地震负视速度法

地震负视速度法，国外称为 VSP 法（垂直地震剖面法），是一种测试面与被探测面互为垂直的观测系统，是将地震勘探中的钻孔垂直地震剖面法应用于水平状态的隧道中。与 TSP 法原理相同，方法相似，只是现场工作布置不同。其原理是：在隧道掌子面的前方一定距离，沿边墙布置一激发点和一系列接收点，选用多炮共道或多道共炮方式记录地震波信号；激发时产生的地震波信号在围岩中传播，当遇到断层和岩层变化的界面时产生反射波，返回的信号被接收点的检波器接收，由此确定反射界面的位置，反射界面的距离可由式（5-26）计算：

$$D = 0.5t_{双程}v \tag{5-26}$$

纵、横波共同分析还可了解反射界面两侧的岩性、密实程度。地震负视速度法具有明显的方向特征，可以有效地将开挖面前方反射信息与周围干扰信息区分开，提高了识别不良地质体界面的精确度，能对其进行准确定位，预报距离可达 100m 以上。预报探测时不占用开挖工作面，对施工干扰很小，是常用预报方法之一。

D TRT 反射地震层析成像方法

TRT 技术的全称是“真正反射层析成像”（true reflection tomography），是由美国 NSA 工程公司开发的，在欧洲、亚洲开始广泛应用。TRT 方法在观测方式上与 TSP 和“负视速度法”有很大不同。在观测上，虽然 TRT 也是利用反射地震波，但它采用的是空间多点接收和激发。激发和检波器的炮点呈空间分布，以充分获得空间波场信息，以提高不良地质体的定位精度。这种方法对岩体中反射界面位置的确定、岩体波速和工程类别的划分等都有较高的精度，应该说相比 TSP 方法有较大的改进。实践表明，TRT 法在结晶岩体中的探测距离可达 100～150m，在弱的土层和破碎的岩体中可预报 60～90m。

它的激发炮点采用立体方式布置，在距掌子面的 8～10m 处，在两边墙的不同断面和距底板不同高度布置 8～10 个激发炮点。

它的传感器布点采用立体方式布置，如以下布置方式：在隧道两边墙距掌子面 20m 与隧道中轴线呈 50°处各布置 2 个传感器；在距隧道 25m 边墙底部各布置

2个传感器，在拱顶正中布置1个传感器；在距隧道30m与边墙呈50°处再布置2个传感器；在距隧道35m的边墙底部各布置1个传感器，在拱顶正中布置1个传感器。当震源激发地震波时，10个无限传感器同时接受到地震信号，在传感器内部直接进行模数转换后发送到采集总站，再由基站传输给笔记本电脑，实现信号的采集接收，从而获得真实的三维立体图，直观的再现了异常体的位置、大小和形态。

E TGP超前预报技术

TGP法超前地质预报技术的工作原理与TSP相同，也是利用地震波反射回波方法测量的原理，利用高灵敏度的地震检波接收器，广泛收集布置在隧道单侧壁上多个地震激发点产生的地震波，及其在围岩传播时遇到不同反射界面的反射波。反射信号的传播时间与传播距离成正比，与传播速度成反比。因此通过测量直达波速度、反射回波的时间、波形和强度，可达到预报隧道掌子面前方地质条件的目的。在一定间隔距离内连续采用上述方法，结合施工地质调查，可以得到隧道围岩的地质力学参数，如弹性模量、剪切模量和泊松比等参数。其优点是探测距离远（可达隧道掌子面前方200～400m），分辨率高，抗干扰能力强，影响施工少，操作便利。

F USP角度偏移超前地质预报技术

USP是一种新型的隧道开挖超前地质预报系统，该系统采用“角度+位置偏移”的联合体系进行空间多分量、多波超前地质预报。它利用三维的空间排布、多达256通道的数据采集、多震源点位置偏移，进而在隧道掌子面前方构成高密度的三维数据结构体，通过对三维结构数据的一系列处理分析，形成三维空间地震波的各种图形图像，最终计算岩土体多种力学参数，实现对隧道及各种地下工程前方地质情况的预报。

USP观测系统通常在距掌子面较近距离的两侧边墙位置布置4～6个激发炮点，间距一般为0.5～5m，在距最近激发炮点0～5m的两侧边墙位置布置2个接收器（如果地质条件复杂或者要求精度较高时布置4个），由于每个接收器配置了64个不同方向分量的检波器，使得构建三维观测系统有足够多的有效数据，可对掌子面前方不良地质体进行三维数据处理即显示。

G 水平声波反射法

水平声波反射法（HSP）与地震波探测原理基本相同，声波传播过程遵循费马原理。物理前提是岩体间或不同地质体间有明显的声学特性差异。该方法探测时不占用掌子面，沿巷道两侧分别布置激发点、检波点的观测系统。这种方法的特点是各检测点所接收的反射波路径相等，因此反射波组合形态与反射界面形态相同，图像直观。直达波是双曲线形态，反射波是直线形，很容易区分。这种方法的另一优点是对反射界面倾角没有限制，适用的范围较负视速度法广泛。

H 陆地声呐法（高频地震反射法）

陆地声呐法是在隧道掌子面上采用极小偏移距，单点采集高频地震反射信号形成连续剖面，通过十字形观测系统和宽频带脉冲接收技术，预报掌子面前方断层及其他地质界面的位置和产状。它的特点是在隧道掌子面上设测量剖面，剖面上每30m左右设置一测点，用锤击方式激发弹性波，在激震点旁设检波器接收被测物体的反射波，然后将各测点的时间曲线拼成时间剖面，根据同相轴和频谱解释圈定断层、溶洞等不良地质体的位置。该方法的优点是分辨率高，缺点是需占用掌子面。当需要短距离较高精度探测时可采用此方法。

5.2.2.3 探地雷达法（短距离预报）

探地雷达法是一种运用电磁波传播理论来进行勘探的物探方法。通过发射天线向地下介质发射光谱、高频电磁波，当电磁波遇到电性（介电常数、电导率、磁导率）差异界面时就会发生折射和反射现象，同时介质对传播的电磁波也会产生吸收滤波和散射作用，接收天线接受并记录来自地下介质的电磁波信号，经过相应的数据处理，根据处理后的数据图像结合工程地质就能够对地下介质情况进行推断解释。

A 电磁波传播基本规律

静止的电荷分布或电流分布，激发稳定电场，稳定电场不随时间变化，不向外辐射能量。如果场源的电流随时间变化，就激发变化的电场，变化的电场在其周围激起变化的磁场，变化的磁场又要激起变化的电场，变化的电场和磁场由近及远地传播出去，形成电磁场。数学上，电场、磁场及两者关系如下：

$$\nabla \times \boldsymbol{H} = \boldsymbol{J} + \frac{\partial \boldsymbol{D}}{\partial t} \tag{5-27}$$

$$\nabla \times \boldsymbol{E} = -\frac{\partial \boldsymbol{B}}{\partial t} \tag{5-28}$$

$$\nabla \cdot \boldsymbol{B} = 0 \tag{5-29}$$

$$\nabla \cdot \boldsymbol{D} = 0 \tag{5-30}$$

式中 ∇——那勃勒算子；

$\boldsymbol{H}$——磁场强度，A/m；

$\boldsymbol{J}$——电流密度，A/m^2：

$$\boldsymbol{J} = \sigma \boldsymbol{E}$$

σ——电导率，S/m；

$\boldsymbol{D}$——电位移，C/m^2：

$$\boldsymbol{D} = \varepsilon \boldsymbol{E}$$

ε——介质的介电常数，F/m；

t——时间，s；

$\boldsymbol{E}$——电场强度，V/m；

$\boldsymbol{B}$——磁感应强度，T：

$$\boldsymbol{B} = \varepsilon \boldsymbol{H}$$

对各向同性介质，式(5-27)~式(5-30)改写为：

$$\nabla \cdot \boldsymbol{H} = \sigma \boldsymbol{E} + \varepsilon \frac{\partial \boldsymbol{D}}{\partial t} \tag{5-31}$$

$$\nabla \cdot \boldsymbol{E} = -\frac{\partial \boldsymbol{H}}{\partial t} \tag{5-32}$$

$$\nabla \cdot \boldsymbol{H} = 0 \tag{5-33}$$

$$\nabla \cdot \boldsymbol{E} = 0 \tag{5-34}$$

对式（5-33）、式（5-34）分别取旋度，则得到无源谐变电磁场的波动方程：

$$\nabla^2 \boldsymbol{E} + k^2 \boldsymbol{E} = 0 \tag{5-35}$$

$$\nabla^2 \boldsymbol{H} + k^2 \boldsymbol{H} = 0 \tag{5-36}$$

由式(5-35)和式(5-36)可以看出，该方程具有波动方程的形式，这表明电磁场矢量符合波动理论，以波的形式传播。

B　探地雷达法勘探基本原理

探地雷达技术是研究高频（$10^7 \sim 10^9$Hz）短脉冲电磁波在地下介质中的传播规律的一门学科。在距场源r、时间t、以单一频率ω振动的电磁波的场值P可以用式（5-37）表示：

$$P = |P| e^{-j\left(\omega t - \frac{2\pi f r}{v}\right)} \tag{5-37}$$

式中　P——电磁波的场值；

ω——角频率；

t——时间；

v——电磁波速度；

$\frac{r}{v}$——r点的场值变化滞后于场源变化时间。

因为角频率ω与频率f的关系为$\omega = 2\pi f$，波长$\lambda = \frac{v}{f}$，式（5-37）可以表示为

$$P = |P| e^{-j\left(\omega t - \frac{2\pi f r}{v}\right)} = |P| e^{-j(\omega t - kr)} \tag{5-38}$$

式（5-38）中，$k = \frac{2\pi}{\lambda}$，为相位系数，也称为传播系数。k是复数，从Maxwell方程可推导出：

$$k = \omega \sqrt{\mu\left(\varepsilon + \mathrm{j}\frac{\sigma}{\omega}\right)} \tag{5-39}$$

式中 μ——磁导率；

ε——介电常数；

σ——电导率。

若将式（5-39）写成 $k = \alpha + \mathrm{j}\beta$，则有：

$$\alpha = \omega\sqrt{\mu\varepsilon}\sqrt{\frac{1}{2}\left(\sqrt{1+\left(\frac{\sigma}{\omega\varepsilon}\right)^2}+1\right)} \tag{5-40}$$

$$\beta = \omega\sqrt{\mu\varepsilon}\sqrt{\frac{1}{2}\left(\sqrt{1+\left(\frac{\sigma}{\omega\varepsilon}\right)^2}-1\right)} \tag{5-41}$$

将基本波函数 $\mathrm{e}^{\mathrm{j}kr} = \mathrm{e}^{\mathrm{j}\alpha r} \cdot \mathrm{e}^{-\beta r}$ 代入电磁波表达式（5-37）则有

$$P = |P|\mathrm{e}^{-\mathrm{j}(\omega t - \alpha r)} \cdot \mathrm{e}^{-\beta r} \tag{5-42}$$

以上各式中 α——相位系数，表示电磁波传播时的相位项，波速的决定因素；

β——吸收系数，表示电磁波在空间各点的场值随着离场源的距离增大而减小的变化量。

介质电磁波速度 v 的计算公式为：

$$v = \frac{\omega}{\alpha} \tag{5-43}$$

常见混凝土及岩土介质一般为非磁介质，在地质雷达的频率范围内，一般有 $\frac{\sigma}{\omega\varepsilon} \leqslant 1$，于是介质的电磁波速度近似为：

$$v = \frac{c}{\sqrt{\varepsilon}} \tag{5-44}$$

式中 c——电磁波在真空中的传播速度，0.3×10^9 m/s。

当雷达波传播到存在介电常数差异的两种介质交界面时，雷达波将发生反射，反射信号的大小由反射系数 R 决定。R 表达式如下：

$$R = \frac{\sqrt{\varepsilon_1} - \sqrt{\varepsilon_2}}{\sqrt{\varepsilon_1} + \sqrt{\varepsilon_2}} \tag{5-45}$$

式中 ε_1，ε_2——分别为上、下介质的介电常数。

根据反射波的到达时间及已知的波速，可以准确计算出界面的位置。根据雷达波的大小，从已知的上层介质的介电常数出发，可以计算出下层介质的介电常数，结合工程地质及地球物理特征推测其物理特性。

探地雷达探测系统如图 5-14 所示。

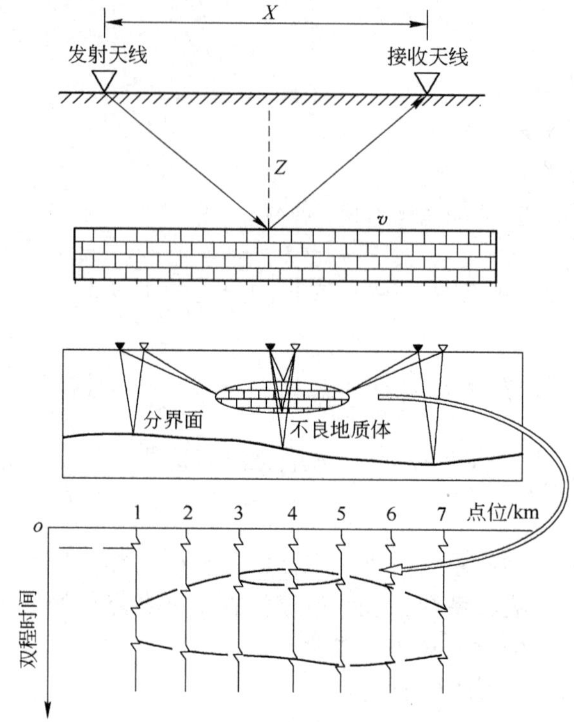

图 5-14　探地雷达探测系统

C　仪器设备

目前，国内使用较多的主要为美国地球探测公司（GSSI 公司）、瑞典 MALA 地球科学仪器公司、加拿大探头及软件公司（SSI 公司）和意大利 IDS 公司生产的探地雷达。各种型号的科学仪器具有各自的特点，主要技术性能要求如下：

（1）脉冲重复频率：大于 100kHz。

（2）模数转换大于 16bit。

（3）信号增益控制具有指数增益功能。

（4）具有 8 次以上信号叠加功能。

（5）连续测量时，扫描速率大于每秒 128 次。

（6）天线频率根据工作条件及探测对象选择。

探地雷达系列仪器由三部分组成，即探地雷达主机、控制和显示单元、天线（图 5-15）。

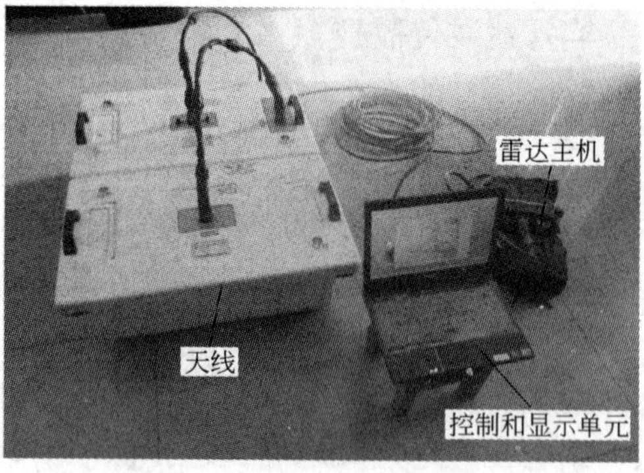

图 5-15　探地雷达组成部分

其功能分别为：

（1）探地雷达主机：为系统提供电源、连接外部硬磁盘与外围设备、对系统恢复初始设置条件以及连接两个标准或四个任选传感器。

（2）控制和显示单元：是一个多功能笔记本电脑。它可以显示和实时监测测量结果，并且还有各种输入、输入的端口。

（3）天线：分单天线形式及多天线形式。单天线形式是利用一个天线发射宽频带短脉冲电磁波并接收来自地下介质的反射回波。多天线可同时接四个天线。天线频率有 80MHz、100MHz、120MHz、300MHz、400MHz、800MHz、900MHz、1200MHz、1500MHz、2500MHz 可选用。

D 仪器参数的选定

探测仪器参数选择合适与否关系到探测的效果。探测仪器参数包括天线中心频率、时窗、采样率、测点点距、增益控制以及发射、接受天线间距。

a 天线中心频率选择

天线中心频率的选择通常需要考虑三个因素，即设计的空间分辨率、杂波的干扰和探测深度。根据每一个因素的计算都会得到一个中心频率。

一般来说，在满足分辨率且场地条件许可时，应该尽量使用中心频率较低的天线。如果要求的空间分辨率为 x(m)，围岩相对介电常数为 ε_r，天线中心频率可由式（5-46）初步选定：

$$f_c^R > \frac{75}{x\sqrt{\varepsilon_r}} \tag{5-46}$$

根据初选频率，利用雷达探距方程式（5-47）计算探测深度：

$$Q = 10\lg\left(\frac{\eta_t\eta_r G_t G_r g\sigma\lambda^2 e^{-4\beta r}}{64\pi^3 r^4}\right) \tag{5-47}$$

式中 Q——雷达系统从发射到接受过程中的功率损耗；

η_t，η_r——发射天线与接收天线频率；

G_t，G_r——在入射方向与接收方向上天线的方向性增益；

g——目的体向接收天线方向的向后散射增益；

σ——目的体的散射截面；

λ——雷达子波在介质中的波长；

β——介质的吸收系数；

r——天线到目的体的距离。

如果探测深度小于目标埋深，需降低频率以获得适宜的探测深度。

野外条件较复杂时，介质中通常包含有非均匀体的干扰，频率越高其响应越明显。频率增加到一定程度时，很难分辨主要目标体和干扰体的响应。可见降低频率能较大提高较大目标体的响应，而减小散射体的干扰。假设地下非均匀体尺

寸 ΔL，选择的探地雷达中心频率为：

$$f_{c}^{C} > \frac{30}{\Delta L\sqrt{\varepsilon_{r}}} \tag{5-48}$$

根据探测深度也可以获得中心频率的选择值。即假设探测深度为 D，则：

$$f_{c}^{D} > \frac{1200\sqrt{\varepsilon_{r}-1}}{D} \tag{5-49}$$

通常探测时，三种频率都能计算出来，如果野外参数如相对介电常数获得较准确、探测设计较合理时，将会看到：

$$f_{c}^{C} < f_{c}^{R} < \min(f_{c}^{C}, f_{c}^{D}) \tag{5-50}$$

探测深度与中心频率对应见表 5-3。

表 5-3 探测深度与中心频率对应

探测深度/m	中心频率/MHz	探测深度/m	中心频率/MHz
0.5	1000	10.0	50
1.0	500	30.0	25
2.0	200	50.0	10
7.0	100		

b 时窗选择

时窗 W 主要取决于最大探测深度 h_{max} 与地层电磁波速度 v，可以由式（5-51）估算。

$$W = 1.3\frac{2h_{max}}{v} \tag{5-51}$$

为了给地层速度与目标深度的变化留出余量，实际应用时，时窗选用值应在式（5-51）所估算的基础上增加 30%。不同介质时窗选择参数见表 5-4。

表 5-4 不同介质时窗选择参数

深度/m	岩石/ns	湿土壤/ns	干土壤/ns
0.5	12	24	10
1.0	25	50	20
2.0	50	100	40
5.0	120	250	100
10.0	250	500	200
20.0	500	1000	400
50.0	1250	2500	1000
100.0	2500	5000	2000

c 采样率选择

采样率由 Nyquist 采样定律控制，即采样率至少应达到记录的反射波中最高频率的 2 倍。为使记录波形完整，建议采样率为天线中心频率的 6 倍。对于中心频率 f(MHz)，采样率 Δt(ns)为：

$$\Delta t = \frac{1000}{6f} \tag{5-52}$$

野外测量时也可以采用表 5-5 进行简单选择。

表 5-5 中心频率对应最大采样间隔

直接设置采样间隔的雷达		利用时窗和样点数控制采样间隔的雷达		
中心频率/MHz	最大采样间隔/ns	中心频率/MHz	时窗/ns	每道样点数
1000	0.17	1000	15	≥512
500	0.33	500	60	≥512
200	0.83	200	200	≥512
100	1.67	100	300	≥512
50	3.30	50	500	≥512
25	8.30	25	750	≥512
10	16.70	10	1000	≥512

d 测量点距选择

离散测量时，测量点距选择取决于天线中心频率与地下介质的介电特性。遵循 Nyquist 定律，为确保介质的响应在空间上不重叠，采样间隔 n_x(m)应为围岩中子波波长的 1/4，即：

$$n_x = \frac{75}{f\sqrt{\varepsilon_r}} \tag{5-53}$$

式中 f——天线中心频率，MHz。

当介质的横向变化不大时，点距可适当放宽，以提高工作效率。

在连续测量时，天线最大移动速度取决于扫描速率、天线宽度以及目的体的尺寸。例如认为查清目的体至少保证对目的体有 25 次扫描，于是天线最大移动速度 v_{max} 应满足：

$$v_{max} < (\text{扫描速率}/25) \times (\text{天线宽度} + \text{目标体尺寸}) \tag{5-54}$$

e 增益控制

现场探测对雷达数据增益，主要优点是可直接观察分析探测效果。现场增益一般要求是：最大反射信号经增益后不超过数据可存储的最大值的 1/2。

探地雷达测量参数设置见表 5-6。

表 5-6　探地雷达测量参数设置

天　线	100MHz	扫描速率	16scans/second
时　窗	800ns	增　益	5agc
采样率	512samples/scan	滤　波	25 ~ 200MHz
储存位数	8bits/sample	水平叠加	5

E　探地雷达法的优点及其局限性

探地雷达法是目前分辨率最高的工程地球物理方法，在工程质量检测、场地勘察中广泛采用，近年来也用于隧道超前预报工作。其在隧道超前地质预报的应用效果受到多方面因素影响，具有以下优点及局限性：

（1）使用方便，效率高。

（2）方向性好，分辨率高。

（3）对不规则形态的三角地质体，如溶洞、暗河等不良地质体的探测效果较好。

（4）对充水、充泥或空腔地质体探测效果较好。

（5）对规模大、延伸长的地质体探测效果较好，对规模较小的地质体探测效果较差。

（6）对张性结构面探测效果较好，对闭合结构面探测效果较差。

（7）适宜于探测与测线平行或以小角度相交的结构面，与测线以大角度相交的结构面探测效果较差甚至无法探测。

（8）在掌子面适宜探测与隧洞轴线呈大角度相交的结构面，在侧壁或底板适宜探测与隧洞轴线以小角度相交的结构面。

（9）探测的距离较短，大约在 20 ~ 30m 以内，对于长距离隧道的预报只能分段进行。

（10）易受洞内机器干扰，探测分析中要特别注意波相识别，排除干扰。

5.2.2.4　红外探测预报法（短距离预报）

在自然界中，任何高于绝对零度（ − 273℃）的物体都是红外辐射源，具有辐射现象，红外无损检测是测量通过物体的热量和热流的传递，当物体内部存在裂缝或其他缺陷时，它将改变物体的热传导，使物体表面温度分布出现差异或不均匀变化，利用这些差异或不均匀的变化图像，可直观地查出物体的缺陷位置。

A　红外探测的原理与方法

a　红外探测的原理

红外成像检测的基本原理是利用被测物体的小连续性缺陷对热传导性能的影响，进而反映在物体表面温度的差别上，导致物体表面红外辐射能力发生差异，检测出这种差异，就可以推断物体内部是否存在缺陷。

b 红外探测的方法

红外探测的方法是利用红外探测器、光学成像物镜和光机扫描系统接收被测目标的红外辐射信号，一般是由光学系统收集被测目标的红外辐射能，经过光谱滤波、空间滤波使聚焦的红外辐射能量分布图形反映到红外探测器的光敏元上，在光学系统和红外探测器之间有一个光机扫描机构（焦平面热像仪无此机构）对被测物体的红外热像进行扫描，并聚焦在单元或多元探测器上，由探测器将红外辐射能转换成电信号，经放大处理转换成标准视频信号，通过电视屏或监测器显示红外热像图。热像图是运用红外热像仪探测物体各部分由表面温度形成的辐射红外能量的分布图像。是一种直观地显示材料、结构物完整连续性及其结合上存在不连续缺陷的检测技术，它是非接触的无损检测技术，即连续对被测物作上下、左右非接触的连续扫描。

一般情况下，隧道开挖进程中，地下围岩的温差变化缓慢，红外热辐射强度变化很小或呈缓慢变化趋势。当地质体中有断层、溶洞、地下暗河和淤泥带，且断层、溶洞、地下暗河和淤泥带与围岩存在温差时，围岩与断层、溶洞、地下暗河和淤泥带之间将存在热传导和热对流作用，改变断层、溶洞、地下暗河和淤泥带周围围岩的温度分布。利用红外探测方法测定隧道掌子面的红外辐射强度，通过研究掌子面围岩的温度变化或红外辐射异常场的分布规律，推测或预报隧道掌子面前方隐伏的断层、溶洞、地下暗河和淤泥带。

B 红外探测法的优点及局限性

红外探测法的应用效果受到多方面因素的影响，其中包括断层、溶洞、地下暗河和淤泥带与围岩的温差、施工辐射源干扰等。红外探测法应用具有以下优点及局限性：

（1）适用于非接触性、广域、视域面积大的无损检测。

（2）不仅能在白天进行拍摄，而且在黑夜中也可以正常进行探测。

（3）其有效探测距离一般小于20m，适用于短距离预报。

（4）适应于探测与围岩具有较大温差的断层、溶洞、地下暗河和淤泥带，但无法确定具体位置与方位。

（5）掌子面附近施工热辐射源干扰较强时，探测效果较差。

5.2.2.5 BEAM法（短距离预报）

BEAM法即隧道掘进电法超前监视，是基于电法原理开发的超前预报方法，通过外围的环状电极发射屏障电流和内部发射测量电流，使电流聚焦进入隧洞掌子面前方岩体中，通过测量与岩体空隙有关的电储存能力参数 *PFE* 的变化，预报掌子面前方岩体的完整性和富水性。

A BEAM 法原理与方法

一般情况下，隧洞围岩具有与地下水不同的电阻率和极化效应特性。将两种不同频率的交变电流聚焦后输入掌子面前方围岩中，测量其供电电流和电位差，计算围岩视电阻率 R 和变频极化效应参数 PFE，计算公式如下：

$$R_{f_1} = \frac{U_{f_1}}{I_{f_1}} \tag{5-55}$$

$$R_{f_2} = \frac{U_{f_2}}{I_{f_2}} \tag{5-56}$$

$$PFE = \frac{R_{f_1} - R_{f_2}}{R_{f_2}} \times 100\% \tag{5-57}$$

式中 PFE——围岩变频极化效应参数；

R_{f_1}，R_{f_2}——两种不同频率所测量的围岩视电阻率；

I_{f_1}，I_{f_2}——两种不同频率的供电电流；

U_{f_1}，U_{f_2}——两种不同频率供电下所测量的电位差。

BEAM 法探测时，在隧洞掌子面外沿等间距布置环形供电电极 A_1，电极数量不少于 9 支；在半径小于供电电极 1m 左右布置环形测量电极 A_0，电极数量为 6 支；无穷远极布置在隧洞后方 300 ~ 600m 处，与 A_1、A_0 电极构成回路。利用 A_1、A_0 的同性相斥原理形成流向掌子面前方的聚集电流，按照规定的控制程序测量供电电流和电压，得到视电阻率 R 和变频极化效应参数 PFE。通过分析研究围岩视电阻率 R 和变频极化效应参数 PFE 的变化规律及空间分布，预测预报掌子面前方的岩体完整性和地下水。

B BEM 法的优点及其局限性

（1）有效探测距离在 30m 左右，适合短距离预报。

（2）适用于探测掌子面前方富水构造或地下水。

（3）适用于 TBM 掘进施工方式的超前地质预报。

（4）地下水与围岩的电性差异越大，探测效果越好。

（5）探测掌子面前方的富水构造效果较好，对于与隧道轴向呈小角度的富水构造效果较差，甚至无法探测。

5.2.3 超前钻探预报法

超前钻探预报法是指在隧道开挖面上，利用水平钻机对前方围岩进行钻进，采取岩芯（或者不采取岩芯），根据钻进的时间和进尺、岩芯（或岩屑）、钻孔回水情况等来预测掌子面前方的围岩的位置和性质。它与地球物理方法相比是一种直接的方法，能够直观地确定开挖面前方的围岩情况。这种方法简单可行，快速实用，但对施工干扰较大，适用于探测前方突泥、突水、断层等地质灾害。

5.2.3.1 超前钻探预报法的要素

超前钻探预报法需要的资料主要包括：钻机的参数（钻压，扭矩等）、钻速、岩屑和钻孔回水情况。

A 钻速的记录

钻速是指钻机的钻进速度，即单位时间内钻进了多少距离。此处的钻速用的是净钻进时间，即钻进单位进尺所消耗的总时间中减去由于各种原因停止钻进的时间之后的实际钻孔时间。

钻速的大小在一定程度上反映了围岩强度的变化。在软岩中，钻速大；在硬岩中，钻速小。同时，钻速还与钻机的机械参数，如钻头类型、转速、压力、钻井液的性质等有关，还与钻机使用人员的操作水平有关。因此，在记录钻速时，应记录下相关的钻机参数，操作过程如吃钻、卡钻情况。在节理裂隙发育的岩层中，钻速的波动变化很大，即钻速很不稳定；相反在整体性、完整性较好的岩层中，钻速基本稳定。在节理裂隙发育地区，比较容易发生卡钻事故。

B 岩屑的取样和描述

通过采取岩屑可直观地、及时地认识前方岩层性质。在不取芯的情况下，岩屑更是唯一的资料和标本。实际上，详细的、准确的岩屑描述会大大提高地质预报的准确性，并对隧道前方围岩状况做出更全面的判断。但是受其他客观因素的影响，岩屑的取样和描述往往不是很充分。现场的超前钻探预报只对岩性、颜色、颗粒大小做记录。

C 钻孔回水情况

钻孔回水情况的记录通常采用定性的方法，对于回水量有无水、滴水、流水、涌水四种定性描述。此外对回水的颜色也进行记录。钻孔没有回水时，说明岩层不含水；钻孔回水呈股状涌出时，则说明岩层富水。回水颜色很浅，水质较纯，说明围岩较完整，岩性较好；水色为深色，水质较浑，说明岩性差，围岩破碎、松散。

5.2.3.2 超前水平钻探法的预报规律

不同特征的围岩在钻进过程中表现出不同的地质特征，这些特征就是区分掌子面前方围岩地质状况的依据。通过对掌子面地质素描和钻孔原始记录表（表5-7）可以对隧道掌子面前方围岩的性质进行预测。

（1）钻进正常表明围岩节理少，岩体完整；卡钻表明围岩破碎，往往是几组节理交汇的反映，而且显示节理较为密集；吃钻表明是从坚硬岩层突然进入软弱岩层，而且软弱岩层一般出露宽度大于20cm。

（2）钻进过程中流出的岩屑颜色是岩性的反映，炭黑色者一般为炭质板岩，紫红色者一般为砂岩或泥岩，黄褐色者一般为断层带，灰黑色者为一般石灰岩，灰白色者一般为花岗岩。

（3）从钻孔中冲出的岩屑粗细在一定程度上反映了岩石的破碎程度，一般是岩屑越细表明岩石坚硬或完整，岩屑越粗表明岩石越软弱或破碎。

（4）从钻孔中流出的水流量越大，表明岩体中裂隙越发育。

（5）钻进速度快表明岩石软弱，钻进速度慢表明岩石坚硬，但对因裂隙发育而出现卡钻现象或岩石软弱出现吃钻现象的情况需区别分析。钻速忽快忽慢表明围岩变化频繁。

表 5-7　钻孔原始记录表

钻孔 1	钻孔深度/m	2	4	6	8	10	12	14	16	18	20
	每米钻孔时间/min										
	累计钻孔时间/min										
	进钻情况										
	岩屑颜色										
	岩屑形状										
	回水量										
	回水颜色										
钻孔 2	钻孔深度/m	2	4	6	8	10	12	14	16	18	20
	每米钻孔时间/min										
	累计钻孔时间/min										
	进钻情况										
	岩屑颜色										
	岩屑形状										
	回水量										
	回水颜色										
⋮											
钻孔 n	钻孔深度/m	2	4	6	8	10	12	14	16	18	20
	每米钻孔时间/min										
	累计钻孔时间/min										
	进钻情况										
	岩屑颜色										
	岩屑形状										
	回水量										
	回水颜色										

6 隧道地质灾害综合预报体系的建立

从当前各种超前地质预报的方法在国内外应用情况可知，每种方法都有一定的局限性，并且各有优缺点，提高预报的准确性和及时性仍是国内外隧道工程地质界需要解决的技术难题，有必要提出一种综合的预报体系。

本章在对隧道超前地质预报方法优缺点研究的基础上，进一步提出了隧道地质灾害综合预报体系和不良地质的综合预报方法。

6.1 综合预报体系建立的基础

纵观目前隧道超前地质预报常用的各种方法，地质法是隧道地质灾害超前预报的基础，超前水平钻探法是隧道地质灾害超前预报的最后一步，而地球物理勘探的各种方法由于其技术及参数各具特点，所以都有其优点及局限性。因此根据隧道原有地质资料和现场地质条件，以物性差异为前提选择几种地球物理勘探方法进行综合预报可以起到事半功倍的效果。

6.1.1 隧道介质的物性差异

在隧道超前地质预报中，物探方法常以隧道介质的弹性和电性差异为基础。如 TSP 预报利用的物性参数为介质的弹性，地质雷达预报利用的物性参数为介电常数，高密度电法预报利用的物性参数为电阻率。因此只有了解隧道介质的物性差异，才能根据地质条件选择合适的物探方法进行综合预报。

6.1.1.1 电阻率差异

不同组成成分和结构的岩石、含水量大小不同的岩石以及温度不同的岩石其电阻率差异很大。常见岩石电阻率参考值见表 6-1。

表 6-1 常见岩石电阻率参考值 （Ω · m）

岩　石	电阻率	岩　石	电阻率
岩浆岩	100 ~ 100000	多孔灰岩	100 ~ 5000
变质岩	50 ~ 100000	致密灰岩	5000 ~ 1000000
硬页岩	10 ~ 500	地下水	< 100
软页岩	1 ~ 10	隧道内水	1 ~ 10
空　气	∞		

6.1.1.2 波速差异

弹性波在岩体中的传播速度与岩体的种类、弹性参数、结构面、物理参数、应力状态、风化程度以及含水量有关。常见岩石波速参考值见表6-2。

表6-2 常见岩石波速参考值 (m/s)

岩 石	波 速	岩 石	波 速
岩浆岩	5000~5500	多孔灰岩	2500~3000
变质岩	5500~6000	致密灰岩	5000~5500
硬质岩	3000~4000	软页岩	1500~3000
空 气	0	水	1450~1510

6.1.1.3 介电常数差异

岩石和土体的电导率与其含水量、湿度、密度及矿物成分等有着密切的关系。通常，两种介质间的相对介电常数差别越大，则反射的电磁波能量越多。但是，在同样的介质中，电磁波的频率越高，穿透的深度越小、分辨率越高；反之则相反。在实际工作中，介质的相对介电常数是一项非常重要的参数，而且很难准确得到。常见的岩土材料相对介电常数参考值见表6-3。

表6-3 常见岩土材料相对介电常数参考值

介质名称	相对介电常数	介质名称	相对介电常数
空 气	1.0	白云岩	7.3
淡 水	81.0	大理岩	6.0~8.3
黏土（由干到湿）	7.0~43.0	砂 岩	4.0~12.0
沙（由干到湿）	2.9~10.5	淡水冰	3.0~4.3
混凝土	6.4	海 水	81.0
石灰岩	7.0~12.0	花岗岩	5.0~7.0

6.1.2 隧道超前预报方法的应用范围与适用条件

隧道超前预报方法基于不同的物性差异，充分了解各种隧洞超前预报方法的应用范围及适用条件是开展隧道超前预报方法的基础与前提（表6-4）。

6.1.3 隧道超前预报方法的选择

隧道超前地质预报主要是预报断层、破碎带、岩溶等不良地质体和地下水，同时关注有效预报距离和精度，一般来说预报距离越短精度越高。针对不同的预报目的和要求，超前预报方法选择见表6-5。

表6-4 常用隧道超前预报方法的应用范围与适用条件

序号	预报方法	物性参数	应用范围	适用条件
1	高密度电法	电阻率	探测喀斯特、断层、地下暗河及含水岩层	目标体与围岩有明显的电性差异，目标体具有较大延伸规模及长度，适用于长距离预报
2	TSP超前预报技术	波速和波阻抗	探测喀斯特、断层、破碎带等构造，判断地层富水性	目标体与围岩的波阻抗差异较大，目标体具有一定的延伸规模或延伸长度，现场无振动干扰，适用于中距离预报
3	地震负视速度法	波速和波阻抗		
4	TRT层析扫描超前预报技术	波速和波阻抗		
5	TGP隧道超前预报技术	波速和波阻抗		
6	探地雷达法	介电常数	探测喀斯特、断层、破碎带、裂隙及地下水	目标体与围岩的介电常数差异显著，适用于短距离预报
7	红外探测法	温度	探测地下水	地下水与围岩存在明显温度差异，适用于短距离预报
8	BEAM法	电阻率	探测地下水，判断地层富水性	适用于TBM掘进施工方式，围岩电阻率较高，游散电流小

表6-5 隧道超前预报方法选择

预报目的	预报距离/m	适用方法	预报精度
断层、破碎带、岩溶等不良地质体	长距离（> 100）	地质分析法、高密度电法	低
	中距离（30~100）	TSP、TRT、TGP以及地震负视速度法	中
	短距离（< 30）	探地雷达法、超前水平钻探	高
地下水	长距离（> 100）	地质分析法、高密度电法	低
	中距离（30~100）	TSP、TRT、TGP超前预报技术	中
	短距离（< 30）	探地雷达法、超前水平钻探	高
		红外探测法、BEAM法	中

6.2 综合预报体系建立

隧道超前地质预报技术体系，包括隧道所在地区地质分析、隧道洞身不良地质体超前地质预报、超前水平钻探和重大施工地质灾害临近警报四部分。只有在地质分析基础的指导下，才能更准确、更有效地实施洞内不良地质体超前预报和施工地质灾害监测、判断及临近警报等后续预报工作。

地质分析预报法是隧道超前地质预报的最基本的方法。对物探和超前水平钻探资料的任何解释和应用都离不开对施工过程中观测和采集到的地质资料的判断。缺少了这个基础环节，采用任何超前探测方法都很难取得好的效果。

采用物理探测方法进行超前预报的优点是快速、超前探测距离大且对施工干扰相对小。但由于物探是利用物理性质进行地质判断的间接方法，因此，物探有其局限性，主要表现为：(1)不同的物探方法受限于不同场地和地质条件，各种方法都有一定的局限性；(2)对物探资料的地质解释，需要与地质分析资料深入结合，有一定的技术难度。

水平钻孔方法是最直观的超前预报方法，缺点是成本高，对施工影响大，而且钻孔的方向控制和钻探工艺有一定的技术难度。

将上述几种方法综合应用会取得较好的超前预报效果。

6.2.1 综合预报体系建立的原则

隧道综合超前地质预报应以“地质分析为核心，综合物探与地质分析结合，洞内外结合，长中短预测相结合，物性参数互补”为原则：

（1）“以地质分析为核心”是指以地面和掌子面地质调查为主要手段（必要时开展超前钻孔），并将地质分析作为超前预报的核心，贯穿于整个预报工作的始终。

（2）“综合物探与地质分析结合”是指在开展TSP、地质雷达等综合物探工作的同时，必须将物探解译与地质分析紧密结合。

（3）“洞内外结合”是指洞内、洞外预报相结合，并以洞内预报为主，洞外预报是洞内预报的基础。如地面地质调查、高密度电法是洞外预报，掌子面素描、超前水平钻探和各种物探方法是洞内预报。

（4）“长中短预测结合”是指在长距离预报的指导下，进行中、短距离精确预报，如地面地质调查和高密度电法是长距离预报，TSP、TRT以及TGP隧道超前预报方法是中距离预报，掌子面素描、地质雷达、超前钻探等是短距离预报。

（5）“物性参数互补”是指选取的物探预报方法其预报物性参数应相互补充配合。TSP、地质雷达、高密度电法等物探方法不一定同时使用，应在地质分析的基础上，考虑“长中短预测结合”等综合预报原则和物探方法适宜性，选取适宜的一种或几种物探方法进行预报。

6.2.2 “长中短”结合的综合预报体系

“长中短结合”的综合预报体系是长距离、中距离以及短距离预报方法相结合，洞内和洞外预报体系相结合对隧道可能存在的地质灾害进行全面的预测预报模式。长距离预报的距离为100m以上，可对全局、延伸大的地质灾害体以及整个隧道所处的地质条件进行掌控，为中短距离预报打下基础，但是其预报精度相对中短距离预报要低，预报内容较为粗糙，往往满足不了复杂地质条件地区隧道施工的具体要求，不能探测出地质灾害相对于隧洞的具体位置和方位。因此，有必要将长中短距离预报进行结合，使中短距离预报成为长距离预报的补充和验证。根据隧道超前地质常用方法编制的隧道综合预报体系如图6-1所示。

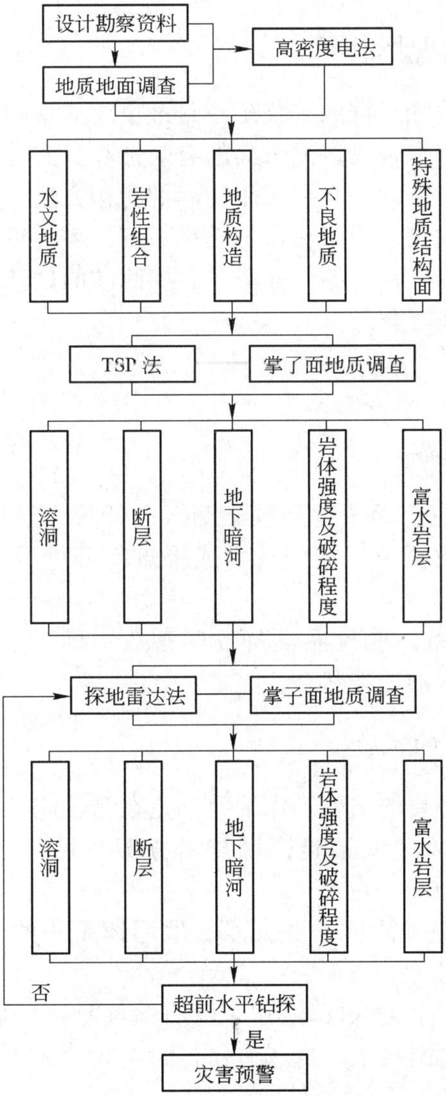

图6-1 隧道综合预报体系

7 隧道超前地质预报常用物探方法的现场操作

7.1 高密度电法的现场操作

工程实践证明，现场数据的采集工作是最重要的基础工作，它关系到高密度电法勘探的成败。为确保现场数据采集的有效性和真实性，在准备阶段、接地电阻测试阶段和数据采集阶段，必须采用正确的工作方法，注意在数据采集过程中由于各种环境或干扰因素造成采集数据效果不好，需给予合理的解决方案。

高密度电法的现场操作包括外业准备、探测前的试验、测网测线布置、装置及电极距的选择和现场采集等。

7.1.1 采集工作

7.1.1.1 外业准备

（1）工作之前，应全面了解和收集测区的地形、地质和岩土体的地球物理特征，通过对收集的数据及以前的技术成果进行分析后对设计方案进行调整和优化。

（2）检查仪器设备，使仪器设备各项参数指标正常。提前接通仪器电源，预热电路，使仪器进入准工作状态。

7.1.1.2 探测前的试验

探测前需要进行必要的试验工作，尤其是在测区地形、地质条件复杂或物性参数不清时，更需要通过试验验证该技术方案的可行性。试验工作遵循以下两点：

（1）试验前，应根据测区任务要求、地形地质条件、地球物理条件拟订探测方案。

（2）试验工作遵循由已知到未知、由简单到复杂的原则。试验应具有代表性，宜选择在物探工作测线上，现场有钻孔时应通过钻孔。

试验工作内容包括以下几方面：

（1）方案的可行性试验，通过实验确定现场条件是否满足拟订工作方案的条件。

（2）选择装置形式、最佳电极距、最佳供电电流、供电时间、点距、跑极方向。

（3）了解干扰背景。

（4）测试岩土体电阻率值，为资料解译提供参考依据。

7.1.2 现场工作布置

7.1.2.1 确定探查深度和测线长度

设计探查深度是在电极排列布置前所要考虑的工作。随着电极间距的拉大，测量精度降低。因此，设计探查深度 H 应约为探查目标体深度 h 的 1.5 倍，如果现场条件允许的情况下，取 2 倍为最佳。

测线的总长 L 应为探测区域的分布长度 D 加上两侧各 $H/2$（探查深度的一半）的长度（图 7-1）。

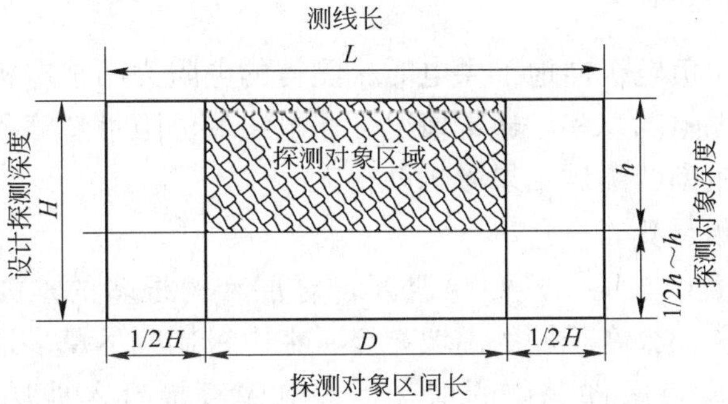

图 7-1 探查深度和测线长度的关系

7.1.2.2 测线布置原则

（1）测线网布置主要根据任务要求、探测方法、被探测对象规模、埋深等因素综合确定。测网和工作比例尺由探测对象的性质和工程任务要求来决定，以能观测被探测的目的体，并可在平面图上清楚反映探测对象的规模、走向为原则。

（2）在地形条件复杂的情况下，在测线地形影响比较一致的山谷、山脊等高线平缓的山坡布设测线。

（3）测线方向一般垂直于地层、构造和主要探测对象的走向，沿地形起伏较小和表层介质较为均匀的地段布置测线，测线尽可能与其他物探方法测线一致，避开干扰源。

（4）测线长度和点距应根据装置形式、电极排列数量、探测深度、探测精度来确定。

（5）在地质构造复杂地区，应适当加密测线和测点。

7.1.2.3 布线注意事项

（1）如果测线必须横穿构造物，要尽量使测线横穿构造物的距离达到最短（垂直构造物的长轴走向）。横穿高压线的情况下，测线要垂直高压线布设，为了减小感应电流的影响，测线要尽量从相邻铁塔的中央通过。

（2）当测线从构造物的旁侧通过时，若构造物沿测线方向的长度大于探测深度，测线与构造物的距离要大于探测深度；若构造物的长度小于探测深度，测线与构造物的距离要大于构造物的长度。

（3）当测线从构造物的旁侧通过时，如电极排列的电极距大于构造物沿测线方向的长度，构造物对测量结果的影响较小。

7.1.2.4 现场布极

当用两根正、负电极向地下供电时，测得的电阻为两根电极的接地电阻、电线的电阻和地层电阻的总和。通常情况下，电线的电阻可忽略不计，则接地电阻的存在对地层电阻率的测试结果影响就很大。

A 现场布极原则

（1）野外设置电极时，应尽量避开含砾层和树根多的地方，选在表层土致密和潮湿的地方。如果在干燥的山坡布极，在电极周围尽量多地撒一些水或盐水也能减小接地电阻。条件允许的情况下，电极直接打入地层的湿润部分效果较好。

（2）有时为了增加电极和地层的接触面积，用许多根并联的电极当成一根电极。在这种情况下，电极应打入相同深度且间隔相等，并尽量选用多根细电极而不用少量粗电极。

（3）同一排电极必须呈直线布置。

（4）探测前应检查确认电极的连接顺序是否正确。

B 三极装置布极注意事项

（1）远电极在允许范围内应尽量布设足够远。

（2）布设测线时，应尽量避开地形起伏较大的地点。

（3）远电位电极应尽量布设在接地电阻低、地电干扰源少的地方。

（4）电极排列设置应尽量避开高压电线。

7.1.2.5 现场测试常遇问题

进行数据采集前，必须先检测接地电阻，确保各电极接地电阻准确无误后，再进行各种装置的测量实验。根据野外实践经验，野外电阻测试阶段遇到的问题及解决方法如下：

（1）接地电阻检测过程中，如发现某电极电阻大于100kΩ·m，系统会自动停止检测，产生这种问题的原因有多种，如电极与大地接触不良、有电极遗漏未布设或电极布设在较软土层上等。针对这种现象，需要找出有问题的电极，分析电阻过大的原因，重新进行合理布设。

（2）在接地电阻检测过程中，如发现接地电阻全部为零，表明电极短路。因为高密度电法测量采用直流电源，多个电池盒之间互相串联，在野外工作时，需要细致，不要把红黑接线柱搞错。

（3）在接地电阻检测过程中，如发现电阻值固定不变，原因是电极转换开关上的 *MN* 与主机上的 *MN* 接线柱接反，测量电极 *MN* 没有正常工作，*AB* 供电电压一定，导致接地电阻为常数。

（4）在野外检测接地电阻时，需要时刻观察各电极电阻情况，如发现电阻过大或过小，都需要重新布设出错电极，保证电阻数据的均一性和有效性，为后续数据处理提供可靠数据。

7.1.3 现场测试

现场工作布置好以后，连接好高压电缆（一般红色夹子接“+”、黑色夹子接“-”）。打开仪器电源，旋转面板灰度旋钮，到合适清晰度，如果光线太暗，可按下背景光电源，点亮显示器背景光，显示屏清晰可见，但一般情况下不用，以免浪费电池电量。

7.1.3.1 测量数据输入和设置

A 建立文件

在现场操作前必须首先建立文件：按文件键，仪器显示：1. 新建文件；2. 补测文件；如果新建文件选1，若需对以前所做文件某点进行重测或追加测点则选2。文件建好后逐个输入断面号、测量参数、装置类型、测深点号、水平坐标等。

B 工作参数的输入和设置

按参数键，输入供电时间（默认5s）；移动光标按↓键，设置当前开始测点；移动光标按↓键，设置测点增量：（一般以10为单位，方便加密测点），此时按回车键翻屏。然后设置当前极号：输入极号；移动光标按↓键设置极号增量：输入极号增量；下移光标设置供电波形个数：默认为2个，若只做电阻率，可设置为2；若要做激电，设置为3，此时按回车键翻屏。然后选择极距方式：将光标移动至极距方式或储存方式后面，再按→键，选择是自动极距表或是手动极距，存储或不存储。如果手动则按极距键输入极距参数值，如 $AB/2$、$MN/2$、…再回车，显示 K = ××. ××值时可开始测量。

7.1.3.2　开始测试

直接按测量键：显示正在测量请等待测量结果显示

文件：1　　　　点号：1
v_P = ××. ××mv
I_{AB} = ××. ××mA
K_{V_0} = ××. ×× （自动）
$AB/2$ = ××. ××
$MN/2$ = ××. ××
存储

7.2　TSP 的现场操作

现场工作是所有工作的基础，信息获取的质量直接影响解释资料的正确性和合理性，所以在信息采集过程中，应该以科学严谨的态度，认真地做好每一步工作。

7.2.1　现场准备工作

7.2.1.1　测线布置前期勘察

在开始实际测量工作前，需要通过地质分析、隧道工程施工现场记录及测区现场踏勘，了解岩性分界面或主要结构面的平均方位与隧道轴线的相互关系，TSP 测量剖面布置在隧道左壁或右壁取决于岩层结构的主导方位，一般情况下，测量剖面布置在与岩层结构的主导方位成锐角的隧道壁，这样有利于有效信号的接收。

由图 7-2 可以看出当测量剖面布置在与岩层结构的主导方位成锐角的隧道壁

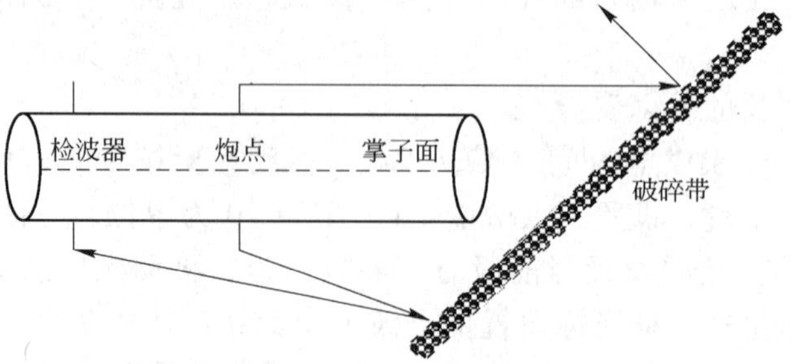

图 7-2　测量剖面与岩层结构关系

有利于信号接收；当测量剖面布置在与岩层结构的主导方位成钝角的隧道壁时，部分激发信号产生发散，还有一部分信号在反射回来时在通过隧道轴线空间时能量损失严重，影响观测效果。

7.2.1.2 检测现场的空间要求

TSP测量时，要求布置激发点24个，点距1.5m，接收点最少1个，距最近的激发点20m。同时，由于系统要求测线呈直线排列，按照检测技术要求，在首次进行TSP勘测时要求隧道挖空的最少空间长度为50m，同时，当测区第四系覆盖层比较厚的情况下，还应增加空间长度，以确保传感器安置在较为致密的围岩中，以免传感器安放在松散土层中时影响信号接收，因为松散土层有很严重的滤波效应。

7.2.1.3 仪器设备的检查

在进行野外测量前，应对仪器设备进行检查，检查仪器性能及电池情况，因为野外作业时，由于施工现场的复杂性，最好保证仪器自带的电池能够确保现场检测的需要，以确保现场检测的顺利进行。

7.2.2 现场工作布置

7.2.2.1 地震波激发孔的布置要求

炮孔布置如图7-3所示。

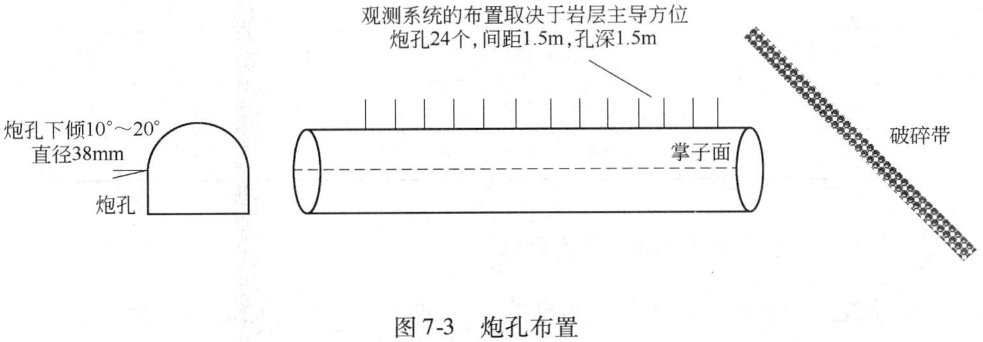

图7-3 炮孔布置

地震波激发炮孔孔位布置的基本要素：

（1）数量：24个，可根据实际位置选择，最少不得少于18个。

（2）直径：38mm(20～45mm)，孔深：1.5m(0.8～2.0m)。

（3）布置：沿轴径向，向下倾斜10°～20°（便于水封填炮孔），相对于隧道壁面向掌子面方向倾斜10°。

（4）高度：离隧道底板约1m。

（5）位置：第一个钻孔离接收器约20m（不小于15m），其余炮孔间距1.5m（最远2m）。

7.2.2.2 炸药装填要求

由于激发地震能量及主频分别与炸药量成正比和反比，能量决定勘探深度，频率决定勘探的分辨率。所以在实际工作中，为取得较好的激发效果，要选用合理的炸药类型及药量，在炸药安装过程中尽量保证炸药和围岩的良好耦合关系，以减少爆炸过程中不必要的能量损失，确保勘探的精度和深度。

因此，炮孔布置完毕后，将连接有雷管的炸药用PVC管推至炮孔孔底，拔出PVC管时要小心，力求不触动雷管的引线。在引爆前，要求在装好炸药的炮孔中注满水，这样有利于减少爆破时的声波干扰，完善炸药和围岩间的耦合，增加激发的能量。在特殊情况下还可以在装好炸药的炮孔中先充填锚固剂，等待锚固剂固结后，再用水封堵炮孔，以便于更有效地增加激发能量，达到勘探更深的目的。

TSP勘探中，通过大量的实践表明，爆破孔孔位和炸药药量的关系如表7-1中所示。当炮孔孔位位于结构比较疏散的孔位时，为了保障激发的能量，可以适当的增加激发药量。

表7-1 爆破孔孔位与炸药药量的关系

爆破孔序号	爆破孔与接收器之间的距离/m	硬岩装药量/g	软岩装药量/g
1~2	20.0~21.5	30	50
3~4	23.0~24.5	50	80
5~24	26.0~54.5	75	100

7.2.2.3 信息接收孔的布置要求

信号激发后向隧道掌子面前方传播，当遇到波阻抗界面时将被反射回来。在波的传播过程中，它的振幅和频率都要发生改变；振幅会变小，频率会降低。当反馈信号返回到达传感器时，其能量十分微弱，如果检波器的安置不妥，将会严重影响信号的采集质量，所以在信号接收的过程中要谨慎处理好每一道工序。图7-4所示为信息接收孔孔位布置示意图。

信息接收孔孔位布置的基本要素：

（1）数量：1个或2个。2个时，隧道左右壁面对称布置。

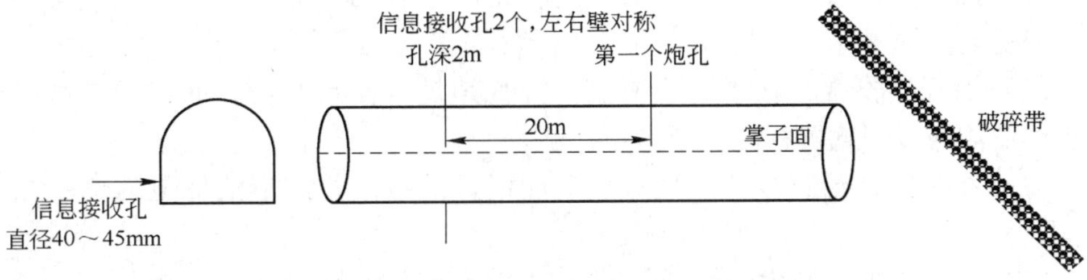

图7-4 信息接收孔孔位布置示意图

（2）直径：40～45mm，孔深2m。

（3）布置：沿轴径向，当安置传感器的套管用环氧树脂固结时，接收点钻孔向上倾斜5°～10°，而用灰泥浆固结时钻孔下倾斜10°。

（4）高度：离地面约1m。

（5）位置：离掌子面大约55m位置，距离第一个炮孔20m。

7.2.2.4 信息接收器套管的安装

信息接收器钻孔处理完毕后，则需要将固定传感器的套管安装在其中，有两种不同的方法：

（1）专用水泥锚固剂固定套管。完成接收点钻孔后应尽可能快地安装信息接收器套管。安装套管前，用一种管壁很薄的PVC管将工程专用水泥锚固剂推入孔底，然后将信息接收器套管推进刚刚填充过水泥锚固剂的信息接收器钻孔中。

（2）环氧树脂锚固定套管。当信息接收器套管所使用环氧树脂固结时，必须保证将足够多的环氧树脂药卷塞入钻孔内，然后用一种管壁很薄的PVC管将环氧树脂推入孔底，然后将信息接收器套管推进刚刚填充过环氧树脂的信息接收器钻孔中。

通过大量实践证明，环氧树脂安装套管耦合效果比水泥锚固剂的效果要好。因此，在条件允许的情况下，应该尽可能使用环氧树脂固定套管。

7.2.2.5 信息接收器的安装

TSP系统的信息接收器是一个极度灵敏的三分量加速度接收器，由三部分组成，总长2m，每部分长660mm。安装时需将三部分连接起来，连接时需小心谨慎，不要折断各部分的连接接头。在接收器上有一黑色磁铁，如果接收单元安装正确，该磁铁所指的方向是掌子面。

信息接收器的安装遵循下面的步骤：

（1）测试套管与孔壁之间用锚固剂填充后结合的牢固程度，并检查套管底部是否受到机械损坏。

（2）揭开接收器套管上的防护盖，检查其是否受到污染。如有必要可以用安装在清洁杆或测试器杆的垫圈进行擦洗。

（3）在接收单元的转轴上涂抹润滑油促进滑动，并用清洁杆上的垫圈相互交合。

（4）再利用工具箱中的电子仪表对钻孔的倾斜度进行测量。

（5）小心移动传感器部件，并将它插入接收器套管。插入之前，传感器必须调整好方位，以确保传感部分圆形黑色磁体任何情况下都正好指向掌子面方向。

（6）传感部件插入到套管一定深度后，停止继续推动传感部件，以便将其与延长件相连。

（7）小心将延长部件转动拧在传感部件上，然后将其推入套管中，最后，将其与后座相连。

（8）小心转动后座部分，并将其插进套管，直到后座抵到套管顶部。在底座顶端的细长部位插进套管之前，应检查其顶部的箭头是否指向正面。

（9）拧开底座端的盖子，用电缆将接收器与面板上的记录单元连接起来。面板上标有"传感器输入端"标志。

要确保电缆线不布置在靠近动力线、变压器以及其他能产生强电磁场和声波信号的地方。为了避免电磁感应，应将传输电缆线全部散开。

同时，由于系统要求测线呈直线排列，按照检测技术要求，在首次进行TSP勘测时要求隧道挖空的最少空间长度为50m，同时，当测区第四系覆盖层比较厚的情况下，还应增加空间长度，以确保传感器安置在较为致密的围岩中，以免传感器安放在松散土层中时影响信号接收，因为松散土层有很严重的滤波效应。

7.2.3 现场测试

当信息接收器安装好以后，通过"Receiving Cable"电缆将信息接收器与主机相连；通过"Triggering Cable"电缆将启动箱与主机相连；启动箱和爆破装置通过启动箱自身的连接线连接；连接主机和HUSKY数据记录仪。

7.2.3.1 测量数据输入和设置

A 基本工程数据的输入

启动HUSKY数据记录仪，在HUSKY主菜单中选择"Info"项，将工程名称、工程日期、掌子面位置里程以及信息接收器的位置里程按照要求格式输入。

B 测量参数的输入

在HUSKY主菜单选择“COORDS”项，逐页按要求信息接收孔和地震波激发孔的坐标参数。如：

信息接收器的坐标：
X：0.0
Y：1.5（传感器所在岩体深度，左侧为负）
Z：0.0
地震波激发孔的坐标：
SHOT 1：
X：20.0（与接收器直接的距离）
Y：1.5（炸药所在岩体深度）
Z：0.0

C 地震波参数的输入

在HUSKY菜单下选择“CONFIG”项，按要求输入地震波参数：

采样间隔（：μs）40或80
采样数日：4096
通道1：状态 ON
接收器： 1（如果使用两个接收器，则第二个接收器为2）
接收单元：X
极性： 正常
通道2：状态 ON
接收器： 1
接收单元：Z
极性： 正常

7.2.3.2 线路检测

在HUSKY菜单下选择“NOISE”项，此时主机箱上的橙色灯（“BUSY”）闪亮，同时屏幕上显示出两条活动的噪声柱，表示线路连接正确。

用试验电阻（代替雷管）将启动箱的两个插孔连接，在HUSKY菜单下选择“TEST”项，主机箱上绿灯（“READY”）闪亮，说明可以起爆。打开起爆器，进行起爆测试，此时绿灯熄灭，橙色灯亮，表示正在记录数据，记录完毕时，橙色灯灭，红灯亮，此时屏幕上会出现一些不规则的噪声信号，表明测试成功，按“ESC”键返回主菜单。

7.2.3.3 开始测试

正式测试前，应关掉风枪、水管等较大噪声的设施，将两根起爆线的一端连接到启动箱上，另一端连接到雷管线上。然后在HUSKY菜单下选择“RECORD”

项，会显示地震波激发孔的信息，当主机箱和启动箱上的绿灯亮，表明仪器已做好记录的准备。此时可以起爆雷管。起爆后，记录仪会自动记录地震波信号，同时主机箱上橙色灯亮，显示屏显示读数据。记录完毕后，显示屏出现收集到的地震波信号，点击“↙”，数据将会自动保存，进入下一个炮孔的测试。

7.3 地质雷达的现场操作

7.3.1 现场准备工作

7.3.1.1 外业准备

（1）对测区地质和地球物理条件、检测对象的工程结构特征和施工情况，特别是探测深度、分辨率要求、目的体与围岩的电性差异、场地电磁干扰情况作全面了解和分析，作为工作指导和参考。

（2）对仪器设备进行全面的检查、检修，各项技术指标应达到出厂规定。

7.3.1.2 探测前的试验工作

探测前需进行必要的实验工作，尤其测区工程结构和地质条件复杂、物性参数不清时。试验工作的目的有以下几方面：

（1）探地雷达适用性基本估计和评价，包括速度和介电参数测定、衰减参数测定、探测深度估计、分辨率估计、干扰水平估计等，确保后期工作的有效性。

（2）确定探测时采用的各项技术参数，包括测线和测网布置、天线中心频率选择、天线距选择、测量方法和时窗选择、采样率选择、测量点距选择、天线极化方向等。

试验工作应符合下列要求：

（1）试验前，应根据测区任务要求、地形地质条件、地球物理条件拟定探测方案。

（2）试验工作遵循由已知到未知，由简单到复杂的原则。

（3）试验方法一般采用宽角法或共中心法、连续剖面法和点测法，采用不同的参数进行试验和分析工作，最后计算和估计取得的各参数，确定探测的最佳方法。

（4）如果要探测未知的长轴目的体，则应采用方格网测量方式，先找出目的体的走向。

7.3.2 现场工作布置

探测工作进行之前必须首先建立测区坐标系统，以便确定测线的平面位置。

（1）根据横向分辨率要求确定测线或测网的密度。测线的距离一般要求是0.5～1.0倍最小探测目的体的尺寸。

（2）测线应垂直目的体的长轴。

（3）基岩面等二维目标体调查时，测线应垂直二维体的走向，线路取决于目的体沿走向方向的变化程度。

（4）精细了解地下地质构造时，可以采用三维探测方式，获得地下三维图像，并可以分析介质的属性。

（5）尽量避开或移除各种不利的干扰因素，否则应做详细的记录。

（6）工程质量检测的测线和测网一般按业主要求布置，业主没有明确要求时按横向分辨率要求布置。

根据雷达天线发射电磁波的特点，为详细了解掌子面前方岩层的分布状况及岩体结构面的发育程度，一般水平方向布置2条测线，垂直方向沿中心布置2条测线（图7-5）。由于施工过程掌子面不规范，现场测试时测线可以进行一定的调节。

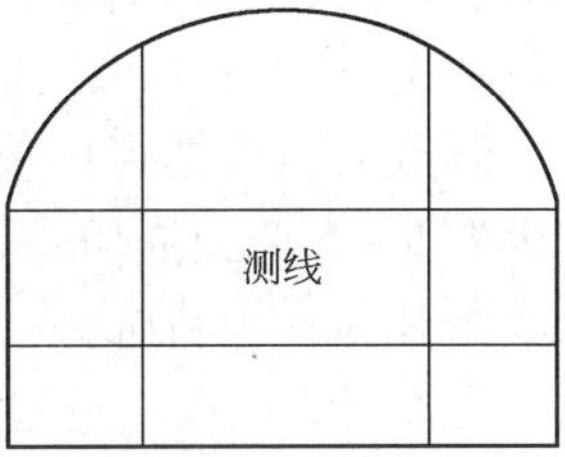

图7-5 雷达测线布置

7.3.3 现场测试

把仪器电缆母口与天线连接，把电缆公口与主机背部的天线接口相连接，把主机、电缆、天线连接好后，则开启电源选择一种测量模式，出现的主窗口左边是参数选择树窗口：COLLECT（采集）、PLAYBACK（回放）、OUTPUT（输出）、SYSTEM（系统），通过选择以上四个菜单树查看各种命令、设置有关参数、输入文件名信息。

7.3.3.1 测量数据输入和设置

A 建立文件

打开SYSTEM菜单树，选择PATH中的COMMON，弹出新建文件夹对话框，编辑文件名。编辑完毕后，利用右箭头打钩确定。

B 测量参数的输入和设置

打开采集菜单COLLECT，出现RADA（雷达）、SCAN（扫描）、GAIN（增益）、POSITION（信号位置）、FILTERS（滤波）四个子菜单。

在RADA选项中选择GSSI查看并选择所用天线的中心频率；选择T_ RATE设置天线发射频率；选择MODE设置测量方式：time（连续测量、自由测量）、distance（距离测量）、point（点测）。

在SCAN项中选择SAMPLES（采样点数）来设置采样点数，采样点数增加，使得扫描速率下降，同时使得文件所占空间增大，在多数情况下采样点数设置为512 或 1024；选择 FORMAT（格式、数据位数）设置采样值的存储位数（格式），可以是7 位（bit）或 16 位，16 位具有较大的动态范围，因而在大多数情况下推荐选择 16 位存储数据；选择 RANGE（时间窗口、量程、范围）设置时间窗口，时间窗口与地质雷达信号的探测深度有直接关系，时间窗口越大则记录的电磁波时间序列越长，表示记录的反射信号对应的地层界面越深；选择 DIEL（dielectric constant 介电常数）输入介电常数；选择 RATE（SCANS/SECOND，扫描率、每秒钟的扫描数）设置地质雷达系统每秒钟记录在系统内存 RAM 中的扫描数；选择 SCN/UNIT（单位距离内的扫描数）设置每单位水平距离内的扫描数、测点数，根据目标体大小来设置 scan/unit 参数大小，以便在所测目标体上最少有 5 ~6 个扫描信息，从而在屏幕上绘制一幅可以辨认的双曲线，并据此可以推断其为一个目标体。

在 GAIN 选项中通过选择 Manual/Auto（手动/自动）设置仪器是自动增益还是手动增益。设置自动增益，会重新初始化系统。在天线所在位置上自动调整增益函数大小，使得信号振动幅度大小合适，便于操作员识别探测资料。如果在某个测区上雷达信号振动幅度太大，即出现了削波现象，可以考虑采用自动增益，从而使系统自动调整振幅大小，防止出现削波现象。

在 POSITION 选项中来寻找并设置时间零点位置，即扫描的起点。一般情况下地质雷达系统的信号位置自动伺服器可以较好地设置该参数。

在 FILTERS 选项中可以为采集资料设置滤波器，去除干扰、平滑噪声。根据天线型号选择滤波器，如低通、高通参数。在雷达 RADAR 菜单下选择了天线型号后，雷达系统自动设置了滤波器参数。

7.3.3.2　增益

在测区内移动天线，观测信号中是否有消波现象。如果消波则重新调整增益函数，方法是修改自动增益为手动，再改为自动。

7.3.3.3　开始测试

点击天线手柄上的标记按钮开始采集数据。在剖面文件末尾，按下 Run/Setup 键停止采集数据，把该剖面文件保存到地质雷达系统上，便于数据传输或者随时回放。如果希望利用同一套参数不停地采集资料，点击下一个文件按钮（NEXT FILE），则系统将弹出一个对话框，提示保存数据文件，系统处于暂停状态；在连续测量模式下把系统和天线移动到下一个文件测线的起点，点击右键保存上一个文件，并自动开始采集下一个文件数据。

8 隧道超前地质预报常用物探方法的数据处理与解译

超前预报的目的是解决各种地质问题，发现和了解施工工作面前方的地质情况变化和有无不良地质灾害体的存在及其空间位置、范围、性质相互关系等。就公路、铁路隧道工程施工而言，掌子面前方超前地质预报犹如“电子眼”，让隧道施工人员能够看到和掌握掌子面前方的地质情况。它是一项综合性极强的非常复杂的系统工作，需要一系列的、多个专业的技术支撑。其中由现场采集到的非常庞大的信息数据需要经过数字处理和解译才能得到掌子面前方地质体的有关信息。所以，就隧道超前地质预报来讲，数据的处理和解译是获取最终成果的阶段。

隧道超前预报方法的数据处理与解译就是在信号分析的基础上，通过数字的方式，正确而快捷地处理信号，最大限度地压制干扰以提取有用的地球物理场信息，利用已掌握的地质资料和知识，获得掌子面前方地质体的相关信息。

数字信号处理主要包括以下两个方面：

（1）滤除数字记录中与有用信号干涉叠加在一起的噪声或干扰，增强有用信号的能量，这就是数字滤波。如地震勘探中的频率滤波，就是增强信号中的有用分量，滤除干扰成分，提取有用信息。

（2）各类转换算法。分离两个或多个依照某种方式组合在一起的信号，突出有用信息，便于对它们进行分析和识别。

本章主要介绍隧道超前地质预报方法中的高密度电法（长距离）、TSP（中距离）和探地雷达法（短距离）三种常用物探方法的数据处理与解译。

8.1 高密度电法的数据处理与解译

8.1.1 高密度电法的数据处理过程

高密度电法数据处理包括修饰性处理和实质性处理两个部分。

8.1.1.1 修饰性处理

地下不均匀体的存在、布设电极的接地电阻大、地形起伏及地质噪声等因素的影响，都会产生干扰异常。为得到真实的结果，一般要对采集到的原始数据进行预处理，以达到剔除干扰异常的目的。首先将储存在仪器内的测量数据通过传输软件传输到计算机，然后进行数据拼接、二维插值、滤波处理、地形校正、格式转换等。

A 数据拼接

数据拼接主要是对两相邻数据断面重叠的部分进行处理。在实际工作中，经常会遇到长剖面测量中两相邻断面有数据重叠的部分，为能够对长断面数据进行解释，而且还要避免在重叠区域因处理不当压制异常成分或造成伪异常，故对重叠数据进行再处理。其处理方法主要是对重叠数据取平均值，并沿剖面方向作五点三次平滑，使两相邻数据断面在重叠区能够平滑过渡。

B 二维插值

在实际工作当中，由于一些特殊情况，两相邻数据断面不能完全衔接，形成数据空缺。为便于对整个长数据断面进行二维反演及地质资料解译，故需要对其进行二维插值，使其形成完整的数据体。

C 滤波处理

在高密度电法测量中，由于电极接触不好或存在其他方面的干扰等原因，常常使数据断面出现一些虚假点或突变点，进而造成电阻率拟断面图的虚假异常，难以对其进行准确解释，所以要剔除数据断面中的虚假点。

D 地形校正

实际的野外勘探工作中（特别是长断面测量），地形起伏是不可避免的。由于地形异常的引入，会使探测目标的视电阻率异常的形态与位置发生畸变和位移，甚至可能掩盖有用异常，因而有必要对高密度电法的观测数据进行地形校正。

E 格式转换

高密度电法仪传到计算机的数据文件是每个记录为 1 个电阻率值的 ASCII 码文件，文件中不包含野外布置参数，因此，数据格式转换程序须输入如下参数：剖面中的排列个数、点距、剖面起始点的坐标、起始层数、终止层数、绘图方向、要转换的源文件名、转换后的目的文件名及地形文件名。

转换后的目的文件的格式为 Surface（或 Dpp）软件的随机 ASCII 码文件格式。

8.1.1.2 实质性处理

电阻率数据经过修饰性处理以后，要使其能够准确反映地下地质构造的形态、埋深、规模等情况，还需要对其进行再处理，即实质性处理。高密度电法实质性数据处理方法的种类比较繁多，主要有比值计算法、电阻率成像反演法等。

A 比值计算法

由于高密度电阻率测量系统支持多种电极排列方式，只要把电极一次性布设好以后，就可以使用多种电极排列方式进行视电阻率参数测定，并且还可以把用不同排列方式测得的视电阻率参数换算为其他比值参数。利用比值参数的目的是为了提高视电阻率参数的分辨率和解释精度，减少因仅用单一参数经常出现的多解性。目前，高密度电阻率法中比值参数有两类：一类是直接用三电位电极系测量结果加以组合而成的；另一类是利用联合三极测量结果加以组合换算出来的。两种比值参数不仅具有以更加醒目的方式再现原有异常的特征，而且某些比值参数，在一定程度上还具有抑制干扰和分解复合异常的能力，从而大大改善了视电阻率参数反映地下目标物赋存状况的能力。两种计算方法如下：

(1) 以β、γ两种电极排列的测量结果为基础的比值参数T_s：

$$T_s(i) = \frac{\rho_s^{\beta}(i)}{\rho_s^{\gamma}(i)} \tag{8-1}$$

比值参数T_s综合了β和γ两种装置视参数在反映同一地电体时异常的相对变化关系。

(2) 以联合三极测深的测量结果为基础，比值参数λ是联合剖面资料处理中一种以比值参数突出地质异常的方法，通常称为歧离带变化率，其表达式依次可以写成：

$$\lambda(i,i+1) = \left[\frac{\rho_s^A(i)}{\rho_s^B(i)}\right] \Big/ \left[\frac{\rho_s^A(i+1)}{\rho_s^B(i+1)}\right] \tag{8-2}$$

式中 $\rho_s(i),\rho_s(i+1)$——剖面上相连两点的视电阻率。通常将式（8-2）的计算结果视为第i点和$i+1$点之间。

其次，将计算结果视为第i点联合剖面资料处理中的比值参数$G(i)$，其表达式为：

$$G(i) = \frac{\rho_s^A(i)}{\rho_s^A(i+1)} + \frac{\rho_s^B(i)}{\rho_s^B(i-1)} - 2 \tag{8-3}$$

B 电阻率成像反演法

反演问题（inversion）是地球物理中最核心、最普遍的问题。其目的是根据地面上的观测信号推测地球内部与信号有关部位的物理状态。因此，求解方法和对所求解的评价成为地球物理反演的主要研究对象。在高密度电阻率法勘探中，探测深度越大分辨率就越低是不可避免的难题。

最小二乘反演法已经发展到快速最小二乘反演法，其主要是以平滑限定的最小二乘方法为基础，是对二维视电阻率断面进行反演的一种方法。反演过程不需要提供初始模型，在首次迭代时使用一均匀介质地下模型作为初始模型，该模型的视电阻率偏导数值可以用解析法得到。在后面的迭代中，用了拟牛顿法去修改每一次迭代的偏导数矩阵，避免了偏导数矩阵的直接计算，从而减少了计算时间和存储空间。同时运用拟牛顿矩阵校正技术解最小二乘方程组也减少了大量的计算时间。总之，该方法具有简单、快速、有效等优点。

首先假设反演的视电阻率模型是由许多电阻率值为常数的矩形块组成，通过迭代非线性最优化方法确定每一小块的电阻率值。利用平滑限定的最小二乘法，所求出的电阻率值（模型参数）与实际测量的视电阻率值将非常接近。平滑限定的最小二乘法方程表示为：

$$(\boldsymbol{J}^{\mathrm{T}}\boldsymbol{J} + \lambda C^{\mathrm{T}}C)\,\bar{\boldsymbol{p}} = \boldsymbol{J}^{\mathrm{T}}\,\bar{\boldsymbol{g}} \tag{8-4}$$

式中 $\boldsymbol{J}$——雅可比偏微分矩阵；

λ——阻尼因子；

$\bar{\boldsymbol{g}}$——测量视电阻率与计算视电阻率的对数差的偏差矢量；

$\bar{\boldsymbol{p}}$——模型参数的改正矢量；

C——二维平滑滤波因子。

另外，在计算改正矢量 $\bar{\boldsymbol{p}}$ 过程中，所有电阻率值均为对数值。

最小二乘法适合于反演二极法，反演次数在 3～5 次时为最佳。当反演次数过小时，异常体不明显，而次数过大时，会出现失真。

8.1.2 高密度电法的成果解译

解译可根据视电阻率断面或电阻率成像进行。视电阻率断面或电阻率图像解译可采用以下几种方法：

（1）根据视电阻率断面或图像中异常的分布、规模等情况进行解译。

（2）同一剖面多种装置的视电阻率断面或图像对比解译。

（3）视电阻率断面或图像与已知地质剖面、钻孔资料等进行对比解译。

8.2 TSP 数据处理及解译

采集的 TSP 数据，要通过 TSP Win 软件进行处理。TSP Win 软件处理流程包括 11 个主要步骤：建立数据→带通滤波→初至拾取→拾取处理→爆破能量平衡→直达波损耗系数 Q 值估计→反射波提取→P 波和 S 波分离→速度分析→深度偏移→反射层提取。建立数据后，经一系列数据处理来提取反射波并分离 P 波和 S 波，再通过速度分析、深度偏移将反射信号的传播时间转换为距离（深度）。处理结果用与隧道轴的交角及隧道工作面的距离来表示，用以确定反射层所对应的地质界面的空间位置，并根据反射波的组合特征及其动力学特征解释地质体的性质。

8.2.1 TSP数据处理过程

在现场数据采集完成后，在室内对地震数据进行处理。处理和计算共有11个主要步骤，并且是依次进行的。

8.2.1.1 建立数据

(1) 设置数据长度，在时间上把地震波数据控制在一个合适的长度，以便在满足探测目的的情况下减少计算时间和存储空间。

(2) 进行部分数据归零，以清除一些系统干扰和其他噪声。

(3) 计算平均振幅谱，它反映了地震波的主频特征，利用它可设置适当的带通滤波器参数。

8.2.1.2 带通滤波

带通滤波的作用是删除有效频率范围以外的噪声信号。其主要以上一步确定的平均振幅波谱作为依据，运用巴特沃斯带通滤波器进行滤波，从而确定有效频率范围。

8.2.1.3 初至拾取

初至拾取的目的是利用每道地震数据的纵波初至时间来确定地震波的纵波波速值。

8.2.1.4 拾取处理

拾取处理主要是通过变换和校正处理经验值。

8.2.1.5 爆破能量平衡

爆破能量平衡的作用是补偿每次爆破中弹性能量的损失。

8.2.1.6 直达波损耗系数 Q 值估计

P波和S波在岩层中传播因几何衰减（扩散损失）、散射和吸收（内能衰减）而产生能量损失，以发散和吸收形式产生的能量衰减通常用式(8-5)来计算，地震波在岩石中传播的能量可用式（8-6）计算。

$$e^{-ax} = e^{-avt} \tag{8-5}$$

$$Q = \pi f / av \tag{8-6}$$

式中 Q——岩石的“地震”质量指标（表示岩层的微结构）；

a——衰减系数；

v——传播速率；

x——传播距离；

t——传播时间；

f——频率。

Q 值小表示损失大、衰减严重，岩层呈很不均匀的微结构。Q 值不仅与岩层有关，还随隧道工地特定条件而变化。一般地，坚固岩石中存在的断裂、微裂纹或者其他缺陷会导致明显的衰减损失，使 Q 值变小；随着地层压力增大，衰减值减小，Q 值增大；处于饱和水状态下的岩石，其能量衰减比干燥或充满气体的岩石更严重；在干燥或充满气的岩石中，Q_P 值略低于 Q_S 值；而在充满水的岩石中，Q_P 值则明显高于 Q_S 值（因 S 波不能在液体中传播）；在所有岩石类型中，松散沉积物的衰减值最大，Q 值最小。

8.2.1.7 反射波提取

通过 Radon 转换和 Q 滤波提取出反射波。前者是为了倾斜过滤以提取反射波；后者是由信号带通内的高频率衰减而引起能量丢失，从而减弱地震波的分辨率，在已知岩石质量因子 Q 时，丢失振幅逆向 Q 滤波可以部分恢复。

8.2.1.8 P 波和 S 波的分离

P 波为压缩波，S 波为剪切波，通常 S 波总是由 SV 和 SH 两部分组成。通过合理安放接收传感器，使 X 分量中占主导地位的波的成分为纵波，同时记录 X、Y、Z 三个分量，得到 P 波（X 分量）、SV 波（Z 分量）和 SH 波（Y 分量），再通过转换坐标轴系统来分离地震记录，提取 P 波、S 波。

8.2.1.9 速度分析

假设直达波速率不变，采用迭代算法建立最佳宏观速率模型，近似模拟声波从震源出发到接收器再到每一个潜在的反射面（离散的速度单元）处的传播过程。通过创建 P 波与 S 波速率传播的二维模型、计算传播时间（分别计算 P 波和 S 波从爆破点和接收器与二维速率模型中每一个节点之间的传播时间）、地震数据“迁移”（将 P 波和 S 波反射信号振幅从时间域移到空间域，并以图像方式在空间域中显示出来）和速率拾取（反复“迁移”试算）等步骤，以生成更准确的 P 波和 S 波平滑速率模型。

8.2.1.10 深度偏移

利用地层波从震源孔出发到潜在反射层再到接收器的传递时间，以最终两种位移-速度模式计算最终 P、S 波波速值。

8.2.1.11 反射层提取

设置反射层的提取条件分别提取出P、SH、SV波的反射界面，供技术人员进行地质解译。

所有反射面的倾角、方位角（走向）和交叉点都可以通过计算得到，并通过二维图显示出来。根据P波、S波速率、岩石泊松比和相关经验计算岩石的密度、体变模量、剪切模量、拉梅常数、动静态杨氏模量等力学参数，并用图示方法直观地显示出来。

8.2.2 TSP数据解译过程

TSP地震数据解译过程是TSP超前预报系统有效工作的关键，也是超前地质预报过程中需要重点研究和掌握的核心部分。一方面要求解译人员深刻掌握地层勘探的原理，参照TSP203工作手册中有关原则进行解译，在实践中积累解译经验；另一方面，要求解译人员具有丰富的地质工作经验，掌握各类地质现象的特征以及这些地质现象在TSP图像中的表现形式。对TSP图像的地质解译要以地质存在为基础，不能脱离地质实际。

8.2.2.1 影像点解析

反射影像点图主要表现为由不同能量点环组成的弧形带。通常将弧形带分为红带和蓝带，红带反映由硬岩变为软岩的界面，蓝带反映由软岩变为硬岩的界面。能量点环越大，表示界面越明显、软硬岩的强度差别越大；反之亦然。每一个弧形带都是由走向接近的不同界面系列能量点环组成。每一个界面系列带表现为带内由小点环到大点环再到小点环的过程。多数点环弧形带反映2～3个界面系列。像点连接要穿过一个界面内的最大能量点环，尽量包含界面内的较大能量点环。

8.2.2.2 影像点识别特征

（1）断层破碎带：红点环带与蓝点环带相邻，先红点环带后蓝点环带，红点环带明显且能量点环大，蓝点环带不明显且能量点环小。

（2）节理：孤立的红点环带或孤立的蓝点环带。

（3）特殊硬岩带：明显、孤立的较大蓝点环带。

（4）特殊软岩带：孤立或系列红点环带。

（5）溶洞、暗河：不规则的红点分布。

8.2.2.3 地质解译

纵波是岩体弹性模量的函数，横波是岩体剪切模量的函数。在隧道超前地质预报的分析解释工作中，要充分研究来自同一界面的纵波信息和横波信息及其差异是非常重要的，应根据各分量（以 P 波为主）强相位和波组的相似性进行综合分析，划分界面，可根据反射信号的正负来分析是从松散、软弱岩层过渡到致密、坚硬岩层，还是从致密、坚硬岩层过渡到松散、软弱岩层；正反射界面后岩体趋于坚硬，负反射界面后岩体趋于软弱；同一波组中纵波弱、横波强是软弱层与含水层的基本特征。

以三层介质为例，讨论几种常见地质模型的反射纵波和横波信息的基本特征。Z_1、Z_2、Z_3 为三种介质的声阻抗，Z_1 和 Z_3 代表隧道正常围岩（假设其弹性波速度相同），用 Z_2 的不同来代表中间层地质情况的变化，R_1、R_2 表示三种介质的分界面，界面反射波特征见表 8-1。

表 8-1 常见地质模型界面反射波特征表

<table>
<tr><th>模型</th><th>Z_2 性质</th><th>界面反射波特征</th></tr>
<tr><td>模型 1</td><td>张性裂隙发育带或岩溶发育带，无水</td><td>R_1 界面纵波反射强，横波反射也强，且均为负反射；R_2 界面的纵波和横波为正反射，且衰弱严重</td></tr>
<tr><td>模型 2</td><td>张性裂隙发育带或岩溶发育带，饱水或充满水</td><td>R_1 界面纵波反射弱，横波反射强，且均为负反射；R_2 界面的纵波和横波为正反射，且横波衰弱严重、纵波衰弱较轻</td></tr>
<tr><td>模型 3</td><td>张性构造破碎带，无水</td><td rowspan="2">与模型 1 类似的是 R_1 界面的纵波反射强，横波反射也强，且均为负反射。不同的是 R_2 界面的纵波和横波反射的衰减与 Z_2 介质的性质有关：破裂程度和风化程度越严重则反射纵波和横波衰减越严重，挤压破碎带比张性破碎带衰减量要一些。Z_2 介质具有明显各向异性，利于纵波传播即纵波反射较弱，不利于横波的传播即横波反射强</td></tr>
<tr><td>模型 4</td><td>压性破碎带，破碎带介质软弱，在挤压力作用下破碎带呈片状或构造带平行；无水</td></tr>
<tr><td>模型 5</td><td>张性构造破碎带，饱水</td><td>与模型 2 类似的是 R_1 界面的纵波反射弱，横波反射强，且均为正反射。不同的是 R_2 界面横波的衰减明显大于纵波的衰减，纵波和横波均为负反射。与模型 2 的差别是 R_2 界面仍有横波反射，其衰减与 Z_2 介质的性质有关</td></tr>
</table>

在实际资料解释中，先分析对 X、Y、Z 三个分量的速度云图、深度偏移剖面、提取的反射界面进行对比，再以 X 分量（纵波）为主要依据，对二维显示的岩石特性图表进行综合分析，找出不同里程处反射界面所对应的岩石力学参数及其相对变化；确定界面位置的同时，获得界面的弹性变化规律，推断岩性变化规律，据此判断是否存在断层、软弱夹层、破碎带、裂隙发育程度及含水、夹泥等情况。

在对 TSP 探测结果进行数据解译处理时，应该遵循以下几个原则：

（1）正反射振幅表明硬岩层，负反射振幅表明软岩层。

（2）若S波反射比P波强，则表明岩层饱含水。

（3）v_P/v_S 增加或泊松比突然增大，常常是由于流体的存在而引起。

（4）若 v_P 下降，则表明裂隙或孔隙度增加。

（5）反射振幅越高，反射系数和波阻抗的差别越大。

8.2.3 TSP数据处理和解译的关键技术

在理解TSP超前预报系统工作原理的基础上，研究如何提高探测精度，做好数据处理和解译的工作可以切实做到更好地为施工服务。

8.2.3.1 数据处理阶段

（1）必须对所采集数据的频率分布范围有所了解，绝不能仅仅依靠仪器利用统计方法得到的结论。当所采集数据信噪比较高时，这个方法还可以；当现场噪声大时，这个方法就不适合了。

（2）信号的增益一定要小心，不能人为制造出地质结构面。

（3）对仪器自动拾取的结构面，应根据偏移剖面特征有所取舍，结构面一定要人为选取，一切以地质存在为基础。

（4）对仪器所给出的有关力学参数，其值仅供参考。

8.2.3.2 室内解译阶段

（1）尽可能把数据处理的每个步骤的参数设置，调整为最符合探测段地质条件的参数。

（2）根据开挖面到最近炮孔之间已经开挖的隧道地质情况与探测结果进行对比分析，作为开挖面前方地质体解译的基础和参考。

（3）在解译的时候，必须对本地区的地质条件相对已开挖隧道的实际地质状况有非常清楚地了解和掌握。

（4）在判断地质体的性质时，不能单纯地以某个岩性指标作为判据，必须综合各指标以及实际开挖面的岩性进行预报。

此外，对于解译的成果，通过在施工过程中采用跟踪超前地质预报技术，不断对比分析和积累经验。

8.3 探地雷达的数据处理与解译

8.3.1 探地雷达的数据处理过程

探地雷达数据处理的目的是压制随机的、规则的干扰，以最大可能的分辨率在地质雷达图像剖面上显示反射波，提取反射波的各种有用的参数（包括电磁波速度、振幅和波形等）来帮助解译。

探地雷达与反射地震都依靠脉冲回波信号，其子波长度都由反射源控制。脉冲在地下传播过程小，能量均会产生球面衰减，也会由于介质对波的能量的吸收而减弱；在地下介质不均匀时还会散射、反射与透射。因此，数学记录的探地雷达数据类似于反射地震数据，反射地震数学处理许多有效技术通过某种形式改变均可以应用于探地雷达资料的处理。探地雷达资料的处理包括预处理、信号处理、后续处理等步骤。

8.3.1.1 预处理

对现场采集到的原始数据进行预处理，包括删除无用数据道、水平比例归一化、编辑各类标识、编辑起止桩号等。

8.3.1.2 信号处理

根据实际需要对信号进行增益调整、数字滤波、*f-k* 倾角滤波、反褶积、偏移、空间滤波、点平均等处理，以达到突出有效异常、消除干扰等目的。

A 增益调整

当信号过大、过小或者现有的增益不符合信号衰减规律，则需要调整信号的振幅大小，以便观察异常区域和反射界面。

B 数字滤波

在雷达探测中，为了保持更多的反射波特征，通常利用宽频带进行记录，于是在记录各种有效波的同时，也记录了各种干扰波。数字滤波就是利用频谱特征的不同来压制干扰波，以突出有效波。

数字滤波是运用数学运算的方式对离散后的信号进行滤波，滤波分为有限脉冲滤波（FIR）和无限脉冲滤波（HR）。为了保持探地雷达最高有效频率 f_{max}，探地雷达测量时，采样间隔必须满足采样定律：

$$\Delta t \leqslant f_{max}$$

在分析处理过程中，首先对探地雷达记录进行频谱分析，确定频带中心频率以及其他干扰频率。为了确定其他干扰频率，可在探地雷达线性显示模式下，确定任一扫描点竖向波形变化，找出周期最小的波形，即可确定最大频率的范围。

C *f-k* 倾角滤波

f-k 倾角滤波的目的是去除倾斜层状干扰波。

D 反褶积

反射子波明显影响厚度解译精度或有明显多次反射波时需要压制多次反射波、压缩反射子波，提升垂直方向厚度的可解译能力。

E 偏移

探地雷达测量的是来自地下介质交界面的反射波。偏离测点的地下介质交界面的反射只要其法平面通过测点，都可以被记录下来。在资料处理时需要把雷达记录中的每个反射点移到其本来位置，这种处理方法称为偏移归位处理。

进行偏移归位处理得到的深度剖面，在有反射界面或绕射点的地方，由于各记录道的振幅值接近同相叠加，叠加后总振幅值自然增大；反之，在没有反射界面或绕射点的地方，由于各记录道的随机振幅非同相叠加，它们彼此部分地抵消，叠加后的总振幅值自然相对减小。这样就使反射波自动偏移到其空间真实位置，绕射波自动归位到绕射点上。经过偏移处理的雷达剖面可反映地下介质的真实位置。

F 空间滤波

空间高频或低频信号对解译产生影响时，用道平均方法去除空间高频干扰，使界面连续性更好；用道间差去除空间低频信号，突出独立的异常体或起伏大的反射界面。

G 点平均

信号中高频干扰明显时用点平均去除信号中的高频干扰。

8.3.1.3 后续处理

（1）根据岩性及地层选择合适的介电常数进行时深转换，确定起始点位置，输出雷达图像。

（2）根据掌子面及测线平面位置，在 CAD 图中建立连续的雷达图像。

（3）确定各雷达反射波同相轴（地震记录上各道振动的波峰或波谷的连线）及位置，根据同相轴角度计算结构面的走向，分析各同相轴所对应的地质体及其性质。

8.3.2 探地雷达的数据解译过程

探地雷达图像的地质解译是探地雷达探测的目的。然而探地雷达图像反映的是地下介质的电性分布，要把地下介质的电性分布转化为地下介质体分布，必须结合已知的地质资料，综合运用探地雷达波的运动力学、动力学和物性特征进行综合分析。

8.3.2.1 探地雷达剖面上识别各种波的标志

探地雷达剖面上识别各种波的四个标志：同向性、振幅显著增强、波形特征、变化规律。

A 同向性

只要在地下介质中存在电性差异，就可以在雷达图像剖面中找到相应的反射波与之对应。根据相邻道上反射波的对比，把不同道上同一反射波同相位连接起来的对比线称之为同向轴。同一波组的相位特征即波峰、波谷的位置在时间剖面上几乎没有变化。

B 振幅显著增强

一个反射波的振幅增强，还与界面的反射系数（界面两边的电性差异）和界面形状等因素有关。如果沿界面无构造或岩性突变，则波的振幅沿测线也应当是渐变的。

C 波形特征

这是反射波的主要力学特点，由于雷达主机发射的是同一雷达子波，同一界面反射波的传播路程相近，传播过程中所经过的地层吸收等因素的影响也相近，所以同一反射波在相邻道上的波形特征（包括周期、相位数、振幅包络形状等）是相近的。

D 变化规律

由于探地雷达信号发射与接收距离非常相近，可以看做自发自收方式，所以在探地雷达剖面上，反射波的同向轴是直线，绕射波的同向轴是曲线。这是探地雷达剖面识别的类型的重要依据。

8.3.2.2 探地雷达图像的物性解译依据

探地雷达图像的物性解译是把注意力放在单个反射层或一个小的反射层组上，利用各种雷达技术（加各种数据处理）提取探地雷达参数（主要是速度、振幅等），并紧密结合地质、工程资料研究目标体的物性。

（1）影响探地雷达速度的因素：弹性常数、密度、空隙率以及含水量。因此，研究探地雷达速度可以确定目标体的含水量等。

（2）影响探地雷达振幅的因素：波前扩散、介质吸收、界面反射系数与界面反射形态等。因此，研究探地雷达波振幅的变化，可用来识别空洞等特殊目标体。

知道上述探地雷达剖面上电磁波的标志以及雷达图像的物性解译后，再根据波速 v、波长 λ、频率 f 三者之间的关系（$\lambda = v/f$）可知：当反射信号频率一定时，随地层介质波速增加，接收天线所接收到的反射波波长加大；反之，当地层介质的波速降低时，反射波的波长变小，一些特征反映在探地雷达记录的剖面上，波速低的介质层其雷达反射波形的脉宽小，呈细密齿状；当地层波速加大时，雷达反射波形的脉宽也相应加大。

8.3.2.3 探地雷达图像识别

从雷达图像中识别可能或潜在的不良地质体是雷达资料解译的重要步骤，各种不良地质体的雷达图像一般具有以下特征：

（1）断层、节理及岩性界面等面状构造的雷达同相轴一般为直线或折线状，张性结构面反射波能量强，闭合结构面反射波能量弱。

（2）规模较小的溶蚀通道一般表现为点状反射，规模较大的溶蚀一般表现为“双曲线”同相轴。

（3）软弱破碎带及断层破碎带内雷达同相轴杂乱，信号衰减较快。

（4）断层、破碎带或张性节理富水时，反射波能量增强，同相轴呈“亮线”反射，雷达反射波的首波相位与入射波反向。

（5）富水溶蚀通道呈“亮点”反射，充水、充泥的溶蚀一般表现为强“双曲线”反射，其雷达反射波的首波相位与入射波反向。若溶蚀通道或岩溶为空腔，则雷达反射波的首波相位与入射波同向。

8.3.3 常见地质现象的探地雷达图像特征识别

8.3.3.1 完整程度较高的岩体的探地雷达图像特征

岩体完整程度取决于结构面对岩体的分割程度或单元块体的块度。在微风化、干燥且无吸水反应的块体状砂岩中，当节理裂隙不发育、结构面结合好，即表现为岩体完整性好。由于介质相对均一，电性差异很小，图形主要特征为无明显的反射界面，波形均匀，同相轴连续性好，为细密低幅反射波。

图8-1所示为蟠猫隧道六合同段掌子面前方K42+940～K42+920段的雷达测试图，测线在20m深度内，反射波同向轴较连续、振幅及频率变化不大。据GPR探测得到的反射波图像，结合隧道工程地质现场调查、高密度电法和TSP物探资料，探测段20m范围内围岩变化不大，岩体为泥质粉砂岩夹粉砂质泥岩。受构造影响，节理裂隙较发育，呈碎块～大块状镶嵌结构，岩体完整性好，局部较破碎，层间裂隙多为少量的粉砂质黏土填充。

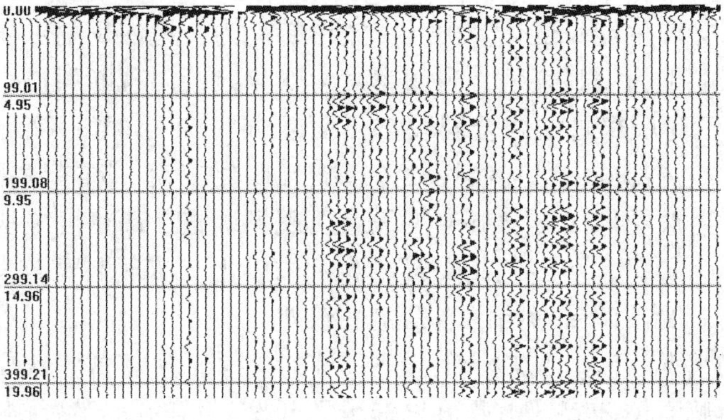

图8-1 蟠猫隧道K42+940～K42+920段的雷达测试图

根据现场跟踪，当掌子面至 K42 +935 后岩石呈块状，厚度增加，完整性提高。图 8-2 所示为 K42 +935 处围岩照片，由其可见，围岩为粉砂岩，岩体的完整性好、节理不发育，强度很高，无吸水反应，自稳性好，与雷达预测基本吻合。

图 8-2 蟠猫隧道 K42 +935 处岩性

8.3.3.2 断层破碎带及软弱带的探地雷达图像特征

断层是地壳中广泛发育的地质构造。由于岩层发生强烈的断裂错动，致使岩体的裂隙增多、岩石破裂、风化严重。因此，断层破碎带处岩石的强度和稳定性均不利于隧道施工。此外，受风化及地下水作用，断层破碎带处岩屑遭遇泥化或泥质沉积的可能性将增大，导致波阻抗差异加大。当电磁波遇到此类地质体时，穿越和反射均会产生能量变化。由此，波形特征为：地层反射波发育、同相轴错断、反射波振幅能力明显增强，当频率发生变化，会出现断面波、绕射波现象。

图 8-3 所示为戌街隧道四合同段掌子面前方 K23 +145 ~ K23 +125 段的雷达测试图，反射波局部同向轴连续性较差，振幅变化较大、频率变化不大。据 GPR 探测得到的反射波图像，结合隧道工程地质现场调查、高密度电法和 TSP 物探资料，前方围岩为灰黄、灰白色花岗岩，弱 ~ 未风化，节理裂隙较发育，局部有基岩裂隙水渗出，受破碎带影响围岩完整性较差。

根据现场情况反映，当掌子面至 K23 +130 围岩为灰黄、灰白色花岗岩，靠近掌子面右上侧岩体破碎。由此可见掌子面开挖揭示的围岩特征与探地雷达预测基本吻合。

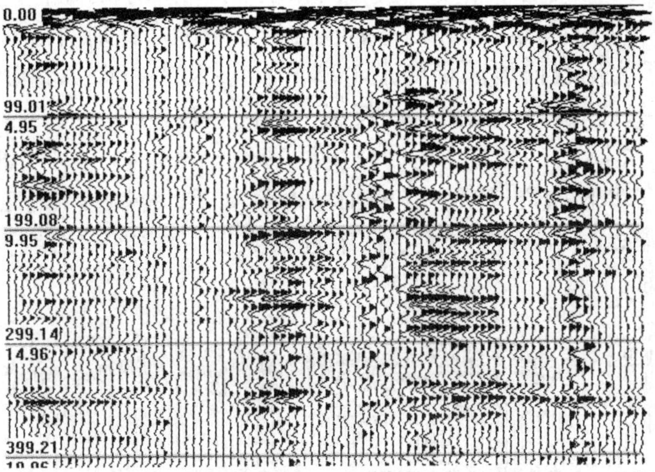

图 8-3 戎街隧道 K23 + 145 ~ K23 + 125 段的雷达测试图

由于施工人员对预报结果重视程度不够和支护强度不足，导致隧道 K23 + 020 处塌方，断层破碎带引起的塌方如图 8-4 所示，破碎带碎石棱角分明，节理裂隙发育，破碎程度高，并含少量的基岩裂隙水。

图 8-4 戎街隧道 K23 + 020 处断层破碎带引起的塌方

8.3.3.3 富水带岩体的雷达图像特征

水的相对介电常数最大，其值为 81。当岩土体含水量较大时，介电常数也随之有较大变化，此时电磁波的传播速度会降低，频率由高频向低频急剧变化，电磁波能量快速衰减，且能量分布不均匀。在雷达图像则表现出多次强反射，存在绕射、散射现象，并造成信号紊乱。同相轴的连续与水的赋存情况有关：如为连续的水面，则同相轴连续性较好；若仅为岩石裂隙水，则同相轴连续性较差。

图 8-5 所示为四合同段戍街隧道 K22 +985 ~ K22 +965 处雷达探测的波形。由图 8-5 中可见，测试范围内出现强反射，各同相轴连续性不一，总体较差，波能量消耗较快。据 GPR 探测得到的反射波图像，结合隧道工程地质现场调查、高密度电法和 TSP 物探资料结合隧道工程地质实际，探测段掌子面前方 0 ~ 9m，岩体完整性较差；9 ~ 20m 段内掌子面节理裂隙发育，岩体较破碎，多含软弱夹层和基岩裂隙水。

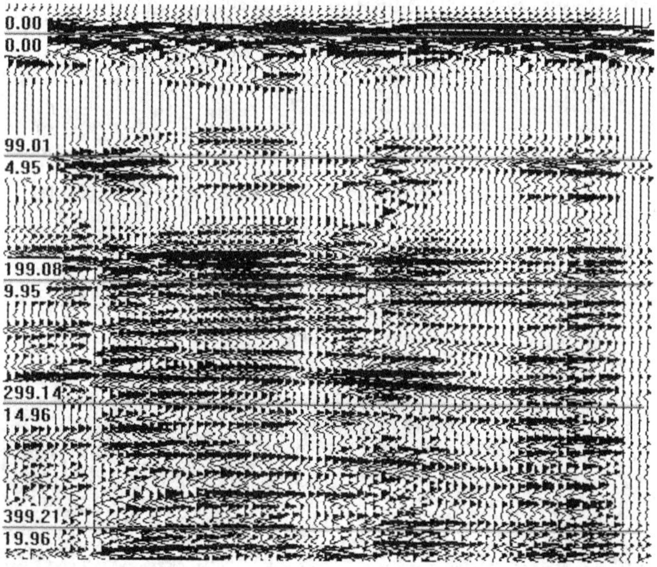

图 8-5 戍街隧道 K22 +985 ~ K22 +965 段的雷达测试图

根据掌子面地质情况认为：测试范围内岩体表面潮湿，裂隙水发育。图 8-6 所示为开挖至 K22 +980 断面时的照片，岩体为灰白色、灰黄色花岗岩，强 ~ 中风化，整体属强风化，岩体完整性较差，水流较大。

8.3.3.4 裂隙密集带岩体的雷达图像特征

裂隙发育带主要存在于强风化带、岩脉带和软弱夹层中，也是隧道掘进过程中遇到的主要地质现象。如裂隙内有不同成分的不均匀充填物，则介电常数差异大，在界面处会产生强反射波，局部出现绕射、散射，波幅变化大，且同相轴的连续性较差。

图 8-7 所示为牟定隧道 K66 +620 ~ K66 +600 段的雷达测试图，测试范围内出现多组平行和杂乱的强反射波组，同相轴连续性差。结合隧道工程地质现场调

图 8-6 戌街隧道 K22 + 980 处岩性

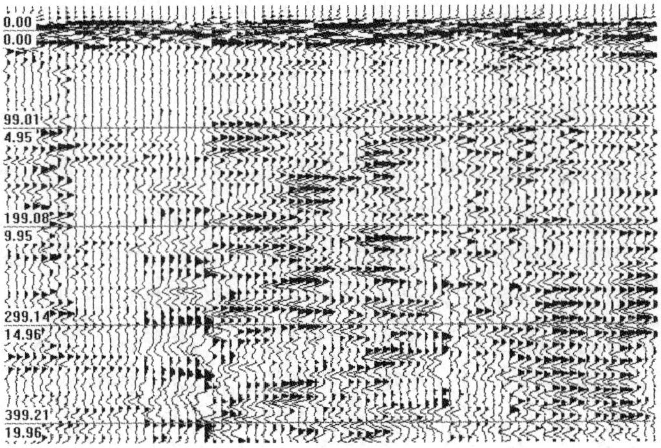

图 8-7 牟定隧道 K66 + 620 ~ K66 + 600 段的雷达测试图

查、高密度电法和 TSP 物探资料结合隧道工程地质实际，可推测掌子面前方为裂隙密集带，且存在夹层的可能性较大。

图 8-8 所示为施工开挖至 K66 + 610 掌子面的照片，围岩为褐红色粉砂质泥岩，强 ~ 全风化岩体，受构造影响严重，节理裂隙非常发育，风化强烈，被多组节理切割，岩体破碎呈碎块状及松散结构，围岩强度低，遇水易软化，属软质岩体；掌子面渗水严重，如淋雨状，围岩的强度低，几乎无自稳能力。

图 8-8　牟定隧道 K66 + 610 处岩性

8.3.3.5　岩溶发育带岩体的雷达图像特征

岩溶发育带是石灰岩地区地下水长期溶蚀的结果，也是隧道施工常见地质现象之一。溶蚀区内充填物主要是空气，空气和周围的围岩介质存在着明显的物性差异，这种物性差异形成的电性分界面是探地雷达进行溶蚀区准确定位的理论基础。如果掌子面前方20m 范围内存在溶蚀区，探地雷达的剖面图像上，反射波波幅和反射波组在横向上随溶蚀区的变化而变化。一般来说，溶蚀区在雷达剖面图像的特征为界面反射是强反射，反射波为高幅、高频、细密波型，出现溶蚀区被侧壁强反射所包围，且常伴有弧形绕射现象；在溶蚀区内，由于电磁波在空气中传播，单道雷达波型呈现长距离大幅震荡状态。

图 8-9 所示为普立隧道中导洞 K11 + 044 ~ K11 + 024 段的雷达测试图，测试范围内出现 1 处反射波波幅和反射波组在横向上呈现出一定变化的现象，反射波为高幅、高频、细密波型，且伴有弧形绕射现象。结合隧道工程地质现场调查、高密度电法和 TSP 物探资料结合隧道工程地质实际，推测掌子面前方为岩溶发育带。

图 8-10 所示为施工开挖至 K11 + 032 掌子面的照片，围岩节理裂隙非常发育，岩体切割破碎，并在隧道右上方出现大型溶洞，溶洞与隧道轴线右上方呈 35°斜交，溶洞走向长 5. 2m、宽 3. 6m、高 4. 2m，形成 78. 6m^3 的溶洞。

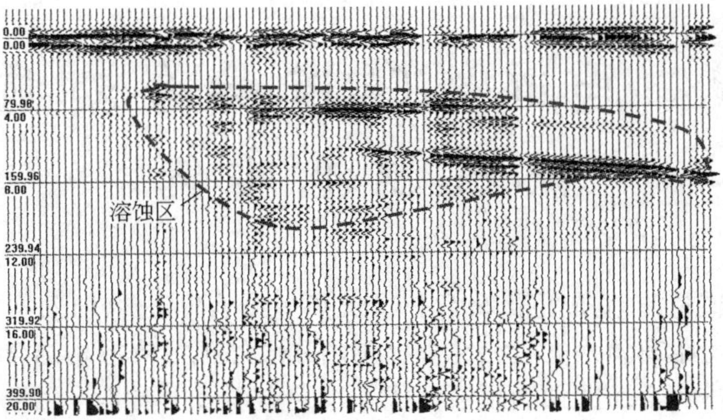

图 8-9 普立隧道中导洞 K11 + 044 ~ K11 + 024 段的雷达测试图

图 8-10 K11 + 032 处溶洞照片

9　马道地隧道综合超前地质预报实例

马道地隧道超前地质预报采用了“长中短结合”的综合预报体系，即长距离、中距离及短距离预报方法相结合，洞内和洞外预报体系相结合对隧道可能存在的地质灾害进行全面的预测预报模式。长距离预报主要是采用地面地质调查和高密度电法结合洞内掌子面地质调查对全局、延伸大的地质灾害体以及整个隧道所处的地质条件进行掌控，为中短距离预报打下基础。中距离预报则采用预报距离在 100～150m 范围内的 TSP 法结合掌子面地质调查对长距离预报所得结果进行验证，且进一步确定地质灾害体的位置。短距离预报采用地质雷达结合掌子面地质调查来进一步确定前方 30m 范围内的地质灾害体。在地质结构较为复杂的地带，还要采用超前水平钻探法进行地质灾害临近预报。

9.1　马道地隧道工程概况

马道地隧道位于云南楚雄州元(元谋)～双(双柏)二级公路 2 合同平地村段，分界段里程为 K12 +305～K12 +595，分界段全长 290m。隧道穿越中低山、中山地形地貌，地形切割较深，地形较陡峻，植被稀少，降雨量随季节变化而变化，沟谷纵横。覆盖层主要为第四系残破积碎石土，下伏基岩主要为元古代昆阳群片麻岩片岩段云母石英片岩夹绢云母片岩。段内岩层为褶皱、断裂，岩体破碎，节理发育；段内地下水主要为基岩裂隙水。交通不便利。

9.2　长距离预报

9.2.1　地面地质调查

地面地质调查是预报小组对隧道范围内进行大规模详细的地质调查，是长距离预报一项非常必要的工作。因为从地表能宏观地、更全面地了解与隧道工程地质条件相关的现象，如地形地貌、地表水、地层岩性、构造、植被、人类活动、地质灾害等。地质地面调查资料也是高密度电法探测资料的解释基础，掌握这些资料能够大大提高高密度电法解译和预报工作的准确性。

9.2.1.1　准备工作及调查路线

首先对前人的资料如地形地质图、剖面图、文字说明和整个隧道轴线从进口至出口的逐桩坐标表等进行宏观分析和综合研究，初步掌握隧道地址区及其邻近区域的工程地质条件和特点，粗略判定可能遇到的主要工程地质问题，并了解这些问题的研究现状和工程经验，然后再开始在洞外进行地质地面调查以确保地质调查成果的质量。

为了确保野外资料收集的完整性，此次调查以 S 形路线进行，从隧道进口 K12 + 310 处开始，沿隧道轴线地表到隧道进口 K12 + 590 处，主要观测点共 6 个，分别为 X_1、X_2、X_3、X_4、X_5、X_6，如图 9-1 所示。每一个观察点内容用野外地质调查表（表 9-1）进行详细记录，调查完成后，将所有观察点的表格进行统一整理、总结得出隧道所处地段大致的地质结构特征。

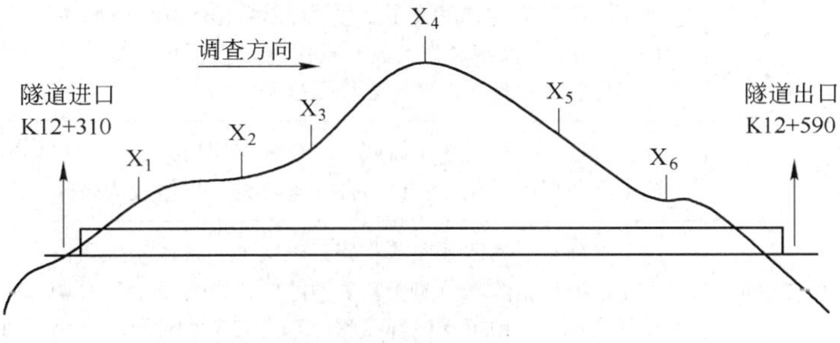

图 9-1 隧道调查路线及观察点布置示意图

表 9-1 野外地质调查表

观察点号	X_2	位 置	东经 101°78′，北纬 25°23′，高程 1372. 21
地形、地貌	属剥蚀构造，低中山、中山地貌		
水 文	有地表水，分布于第四系残坡积碎石土层中，来源于大气降水，受地形影响自上而下排泄		
地层、岩性	地表覆盖层为褐红、褐灰、灰黄色，松散 ~ 稍密，稍湿，石质以云母石英片岩、石英岩为主，棱角状，少量黏性土充填，局部夹块石，厚度一般为 0. 0 ~ 3. 5m		
地质构造（断层、节理）	隧道所在位置为向斜核部		
水文地质	地下水埋藏较深，地表无泉水、泉眼分布		
植被及人类活动	植被稀少，无人工活动迹象		
特殊地质及不良地质现象	此区域岩体极其破碎，隧道距离地表较浅，推测隧道穿越此区域时会遭遇到岩体破碎带		
其 他	无		
调查者：× × ×			20 × ×年 ×月 ×日

9.2.1.2　调查结果

调查完成后，将所有观察点的记录进行统一整理、总结得出隧道所处地段大概的地质情况见表 9-2。

表 9-2　地面地质调查结果

调查里程	调查项目	调　查　结　果
K12 +310 ~ K12 +590	地形地貌	属剥蚀构造低中山、中山地貌，地形起伏较大，切割较深，植被稀少，沟谷纵横
	岩　性	地表覆盖层为褐红、褐灰、灰黄色，松散～稍密，稍湿，石质以云母石英片岩、石英岩为主，棱角状，少量黏性土充填，局部夹块石，厚度一般在 0.0～3.5m。下伏基岩为灰黄、灰白色云母石英片岩夹绢云母片岩，多呈强风化碎片状，片理极发育，岩体很破碎
	地质构造	隧道区处于元谋大断裂以西、车良地断层以东，受构造影响相对较强，岩层挤压褶曲现象常见，岩体扭性片理发育，岩体极为破碎
	水文地质	孔隙水分布于第四系残坡积碎石土层中，来源于大气降水，受地形影响自上而下排泄。裂隙水分布于基岩裂隙中，来源于上伏孔隙水，基岩裂隙水富水性一般较弱，地下水位埋藏深，基岩裂隙水对混凝土无侵蚀性
	不良地质	X_2（K12 +400）处为向斜核部，此区域岩体极其破碎，隧道距离地表较浅，推测隧道穿越此区域时会遇到岩体破碎带； X_6（K12 +570）区域岩体较破碎，且隧道距地表极浅，开挖后围岩不及时支护或支护强度不足易造成坍塌

9.2.2　高密度电法探测

高密度电法是以地下被探测目标体与周围介质之间的电性差异为基础，利用人工建立的稳定地下直流电场，依据预先布置的若干道电极可灵活选定装置排列方式进行扫描观测，研究地下大量丰富的空间电性特征，从而查明隧道线路所处的工程地质、水文地质特征，探明断裂破碎带、富水带、溶洞等不良地质分布情况。

9.2.2.1　所选装置和仪器

高密度电法测量选用的是工程勘察中最常用的温纳装置。测量时，$AM = MN = NB = AB/3$ 为一个电极间距，探测深度为 $AB/3$，A、B、M、N 逐点同时向右移动，得到第一层剖面线；接着 AM、MN、NB 增大一个电极间距，A、B、M、N 逐点同时向右移动，得到另一层剖面线；这样不断扫描测量下去，得到倒梯形地质断面。如图 9-2 所示。

电法数据采集使用的仪器为 GEOPEN 公司生产的 E60B 型高密度电法仪和 120 道终端选址开关电极及专用电缆设备。

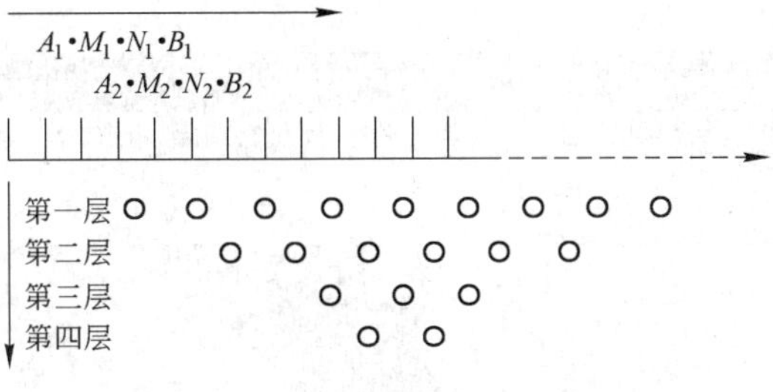

图 9-2 温纳装置测量示意图

9.2.2.2 工作布置和完成工作量

在隧道上方地表（K12 +290 ~ K12 +610）沿隧道轴线布置了 1 条高密度电阻率法成像探测剖面。测线有效长度 320m，布置有效电极 65 个。电极距 5m，采集 20 层，测深 100m。

工作实际完成的工作量为：高密度电法剖面 1 条，剖面有效长度 320m，测深点 65 个。

9.2.2.3 探测成果

图 9-3 所示为根据地面地质调查绘制的马道地隧道地质剖面图，与高密度电法视电阻率图像（图 9-4）结合进行地质解译，更能增加高密度电法图像视电阻率解释的准确性。

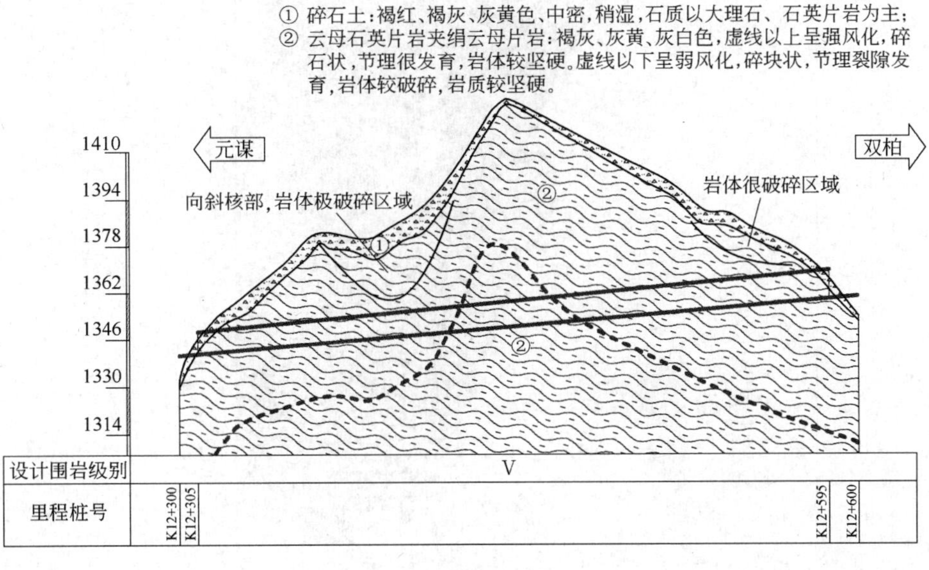

图 9-3 马道地隧道地质剖面图

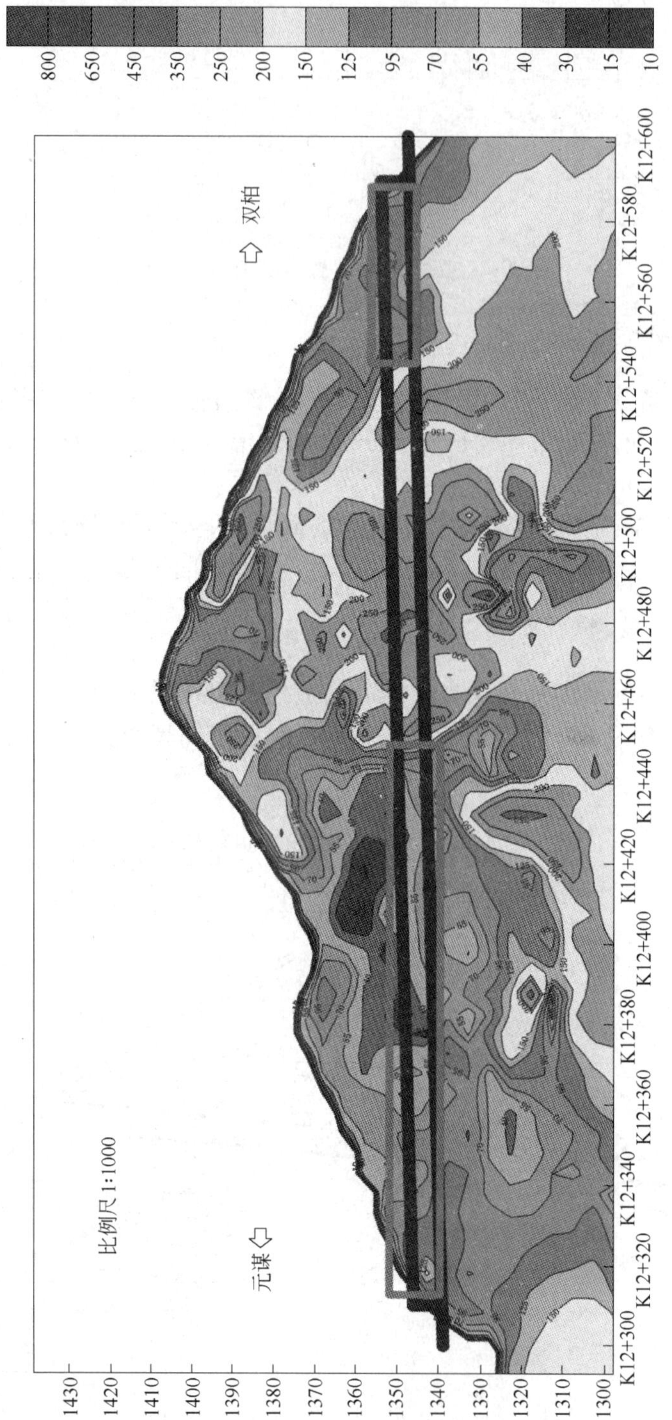

图 9-4　马道地隧道高密度电法视电阻率成果

现结合地质调查结果对图9-4分段解释如下：

（1）K12+290~K12+451段。

K12+290~K12+451段视电阻率值较低，小于150Ω·m；推测围岩为强~全风化云母石英片岩夹绢云母片岩，节理裂隙很发育，岩体破碎呈角（砾）碎（石）状松散结构，含少量裂隙水，围岩稳定性较差，开挖后的围岩不及时支护或支护强度不足拱顶会出现坍塌、侧壁失稳。围岩级别为Ⅴ级。

（2）K12+451~K12+510段。

K12+451~K12+510段视电阻率值相对较低，大多在200~350Ω·m；推测围岩为中风化云母石英片岩夹绢云母片岩，节理裂隙发育，岩体呈块碎~碎石状压碎结构，含少量裂隙水，自稳能力较差，开挖后无及时支护时拱顶易掉块，拱顶无支护会出现掉块和小坍塌，侧壁稳定性一般。围岩级别为Ⅳ级。

（3）K12+510~K12+610段。

K12+510~K12+610段视电阻率值较低，多小于200Ω·m；推测围岩为强~全风化云母石英片岩夹绢云母片岩，节理裂隙发育，岩体破碎呈角（砾）碎（石）状松散结构，含少量裂隙水，围岩稳定性较差，开挖后的围岩不及时支护或支护强度不足拱顶会出现坍塌、侧壁失稳。围岩级别为Ⅴ级。

9.2.3 掌子面地质调查

掌子面地质调查是隧道超前地质预报的基础。在超前地质预报现场要实时记录掌子面现状（图9-5）和按照《隧道掌子面地质调查表》逐项作记录掌子面岩性情况（表9-3），可以缩短现场工作时间，不会遗漏该调查应收集的内容。

图9-5 马道地隧道K12+305处掌子面现状

表 9-3　马道地隧道 K12 + 305 处掌子面地质调查

<table>
<tr><td colspan="4">工程名称：元双公路马道地隧道超前地质预报</td><td colspan="4">施工单位：××××××</td></tr>
<tr><td rowspan="4">隧道名称及部位</td><td colspan="3">名称：马道地隧道</td><td colspan="4" rowspan="7">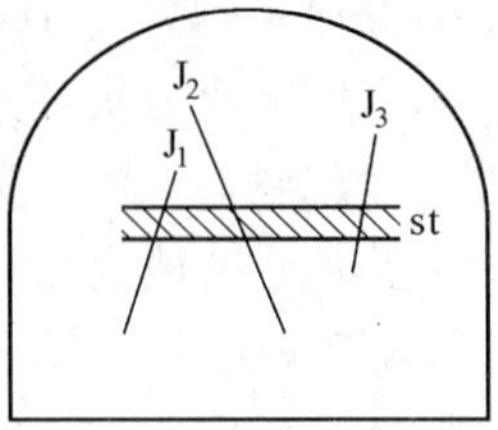掌子面素描图</td></tr>
<tr><td>左幅</td><td>进口端√</td><td>出口端□</td></tr>
<tr><td>中导</td><td>进口端□</td><td>出口端□</td></tr>
<tr><td>右幅</td><td>进口端□</td><td>出口端□</td></tr>
<tr><td>掘进方向</td><td colspan="3">进口→出口</td></tr>
<tr><td>掌子面里程</td><td colspan="3">K12 + 305</td></tr>
<tr><td>围岩名称</td><td colspan="3">褐灰色、褐红色粉砂质泥岩</td></tr>
<tr><td>风化程度</td><td>未风化□</td><td>微风化□</td><td>中风化□</td><td>强风化□</td><td colspan="2">全风化√</td><td>残积土□</td></tr>
<tr><td rowspan="2">岩石坚硬程度等级</td><td colspan="2">坚硬岩　□</td><td colspan="2">较坚硬岩　□</td><td colspan="3"></td></tr>
<tr><td colspan="2">较软岩　□</td><td colspan="2">软岩　□</td><td colspan="3">极软岩　√</td></tr>
<tr><td>围岩产状</td><td colspan="2">层理产状 st　√</td><td colspan="2">片麻理产状 pt　□</td><td colspan="3">脉岩产状 mt　□</td></tr>
<tr><td>层间结合力</td><td colspan="2">良好□　一般□　差√</td><td colspan="2">良好□　一般□　差□</td><td colspan="3">良好□　一般□　差□</td></tr>
<tr><td rowspan="4">主要节理产状、规模、力学性质</td><td>J_1</td><td>3 条/m</td><td>延长　3.6m</td><td>延深　0.3m</td><td>压性√</td><td>张性□</td><td>扭性□</td></tr>
<tr><td>J_2</td><td>4 条/m</td><td>延长　4.5m</td><td>延深　0.3m</td><td>压性√</td><td>张性□</td><td>扭性□</td></tr>
<tr><td>J_3</td><td>4 条/m</td><td>延长　2.9m</td><td>延深　0.1m</td><td>压性√</td><td>张性□</td><td>扭性□</td></tr>
<tr><td>J_4</td><td>条/m</td><td>延长　m</td><td>延深　m</td><td>压性□</td><td>张性□</td><td>扭性□</td></tr>
<tr><td rowspan="2">软弱面（或夹层）</td><td colspan="2">Rt_1　无</td><td colspan="2">可见长度　m</td><td colspan="3">厚度　m</td></tr>
<tr><td colspan="2">Rt_2　无</td><td colspan="2">可见长度　m</td><td colspan="3">厚度　m</td></tr>
<tr><td rowspan="4">地下水</td><td colspan="2">无　水　□</td><td colspan="2">干燥　□</td><td colspan="2">稍湿　□</td><td>潮湿　□</td></tr>
<tr><td colspan="2">不丰富　□</td><td colspan="2">渗水　□</td><td colspan="2">滴水　□</td><td></td></tr>
<tr><td colspan="2">较丰富　□</td><td colspan="2">雨淋状　□</td><td colspan="2">小股状涌水　√</td><td></td></tr>
<tr><td colspan="2">丰　富　□</td><td colspan="2">大股状涌水　□</td><td colspan="2">突水　□</td><td>突水突泥　□</td></tr>
<tr><td>围岩结构状态和完整性</td><td colspan="7">节理裂隙发育，破碎、碎石土状，岩体的完整性较差</td></tr>
<tr><td>围岩稳定状态</td><td colspan="7">岩体的强度低、节理裂隙发育，风化严重，岩体的整体稳定性较差</td></tr>
<tr><td colspan="4">调查者：×××</td><td colspan="4">2009 年 6 月 20 日</td></tr>
</table>

9.2.4　长距离预报的结论和建议

9.2.4.1　结论

综合地质调查、高密度电法视电阻率图像内容和地表进洞开挖时掌子面的地质调查，得出如下结论：

（1）隧道经过区岩性相对较为简单，主要为云母石英片岩夹绢云母片岩，受区域性断裂及区内层间褶曲影响，整体上岩体较为破碎，完整性相对较差。

(2) 此次电法探测的不利地段（图9-4以矩形框标出共2处，分别是K12+315~K12+445和K12+545~K12+590段视电阻率值低），隧道开挖至上述地段时，为防出现突发性地质灾害，应提前采取预防措施。

(3) 隧道进出口端视电阻率值相对较低，岩体极为破碎，围岩级别多为V级。开挖无支护时易发生崩塌。

9.2.4.2 建议

(1) 隧道进出、口端开挖时应及时做好支护及排水工作，防止坍塌。

(2) 隧道开挖至电法探测的不利地段时，应提前采取预防措施，确保施工质量和进度。

9.3 中距离预报

长距离预报可对全局、延伸大的地质灾害体以及整个隧道所处的地质条件进行掌控，为中短距离预报打下基础，但是其预报精度相对中短距离预报要低，预报内容较为粗糙，往往满足不了复杂地质条件地区隧道施工的具体要求，不能探测出地质灾害相对于隧洞的具体位置和方位。因此，有必要进行中距离超前预报，对长距离预报成果进行补充和验证。

高密度电法的长距离预报地质灾害预警段为K12+365~K12+445和K12+545~K12+590区域，根据现场情况，在K12+456~K12+596段采用TSP法进行超前地质预报，目的是对该段长距离预报成果进行补充和验证。

9.3.1 掌子面地质调查

掌子面地质调查是隧道超前地质预报的基础。在超前地质预报现场要实时记录掌子面现状（图9-6）和按照隧道掌子面地质调查表逐项作记录掌子面岩性情

图9-6 马道地隧道K12+456处掌子面现状

况（表9-4），可以缩短现场工作时间，不会遗漏该调查应收集的内容。

表 9-4　马道地隧道 K12 + 456 处掌子面地质调查

<table>
<tr><td colspan="4">工程名称：元双公路马道地隧道超前地质预报</td><td colspan="4">施工单位：××××××</td></tr>
<tr><td rowspan="4">隧道名称及部位</td><td colspan="3">名称：马道地隧道</td><td colspan="4" rowspan="7">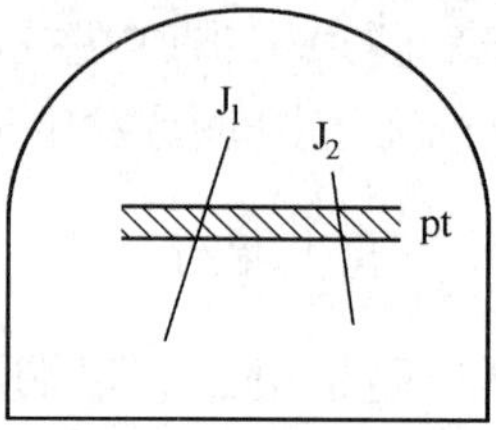掌子面素描图</td></tr>
<tr><td>左幅</td><td>进口端√</td><td>出口端□</td></tr>
<tr><td>中导</td><td>进口端□</td><td>出口端□</td></tr>
<tr><td>右幅</td><td>进口端□</td><td>出口端□</td></tr>
<tr><td>掘进方向</td><td colspan="3">进口→出口</td></tr>
<tr><td>掌子面里程</td><td colspan="3">K12 + 456</td></tr>
<tr><td>围岩名称</td><td colspan="3">褐灰、灰黄色云母石英片岩</td></tr>
<tr><td>风化程度</td><td>未风化□</td><td colspan="2">微风化□</td><td>中风化√</td><td>强风化□</td><td>全风化□</td><td>残积土□</td></tr>
<tr><td rowspan="2">岩石坚硬程度等级</td><td colspan="3">坚硬岩　□</td><td colspan="2">较坚硬岩　√</td><td colspan="2"></td></tr>
<tr><td colspan="3">较软岩　□</td><td colspan="2">软岩　□</td><td colspan="2">极软岩　□</td></tr>
<tr><td>围岩产状</td><td colspan="3">层理产状 st　□</td><td colspan="2">片麻理产状 pt　√</td><td colspan="2">脉岩产状 mt　□</td></tr>
<tr><td>层间结合力</td><td colspan="3">良好□　一般□　差□</td><td colspan="2">良好□　一般√　差□</td><td colspan="2">良好□　一般□　差□</td></tr>
<tr><td rowspan="5">主要节理产状、规模、力学性质</td><td>J_1</td><td>4 条/m</td><td>延长　4.8m</td><td>延深　0.2m</td><td>压性√</td><td>张性□</td><td>扭性□</td></tr>
<tr><td>J_2</td><td>2 条/m</td><td>延长　3.4m</td><td>延深　0.3m</td><td>压性√</td><td>张性□</td><td>扭性□</td></tr>
<tr><td>J_3</td><td>条/m</td><td>延长　m</td><td>延深　m</td><td>压性□</td><td>张性□</td><td>扭性□</td></tr>
<tr><td>J_4</td><td>条/m</td><td>延长　m</td><td>延深　m</td><td>压性□</td><td>张性□</td><td>扭性□</td></tr>
<tr><td>J_5</td><td>条/m</td><td>延长　m</td><td>延深　m</td><td>压性□</td><td>张性□</td><td>扭性□</td></tr>
<tr><td rowspan="2">软弱面（或夹层）</td><td colspan="3">Rt_1　无</td><td colspan="2">可见长度　m</td><td colspan="2">厚度　m</td></tr>
<tr><td colspan="3">Rt_2　无</td><td colspan="2">可见长度　m</td><td colspan="2">厚度　m</td></tr>
<tr><td rowspan="4">地下水</td><td colspan="2">无　水　□</td><td colspan="2">干燥　√</td><td colspan="2">稍湿　□</td><td>潮湿　□</td></tr>
<tr><td colspan="2">不丰富　□</td><td colspan="2">渗水　□</td><td colspan="2">滴水　□</td><td></td></tr>
<tr><td colspan="2">较丰富　□</td><td colspan="2">雨淋状　□</td><td colspan="2">小股状涌水　□</td><td></td></tr>
<tr><td colspan="2">丰　富　□</td><td colspan="2">大股状涌水　□</td><td colspan="2">突水　□</td><td>突水突泥　□</td></tr>
<tr><td>围岩结构状态和完整性</td><td colspan="7">围岩节理裂隙发育，岩体被节理切割破碎，呈块碎状镶嵌结构，岩体的完整性较差</td></tr>
<tr><td>围岩稳定状态</td><td colspan="7">围岩整体稳定性较差</td></tr>
<tr><td colspan="4">调查者：×××</td><td colspan="4">2009 年××月××日</td></tr>
</table>

9.3.2　TSP 法探测

TSP 隧道超前预报技术是由瑞士 Amberg 测量技术公司开发的用于隧道超前预报的先进技术，是当前超前地质预报技术中最重要的手段。它能较长距离预报隧道施工前方的地质变化，在断层破碎带、软弱岩层及其他不良地质地段，其准确预报范围为掌子面前方 100 ~ 150m；在坚硬的岩层中甚至可高达 200m，能够为隧道施工方提供可靠的地质资料，指导隧道安全施工。

9.3.2.1 仪器设备

TSP203Plus 仪器主要由三分量检波器、记录单元及起爆装置组成。三分量检波器用来接收地震波信号；记录单元将接收到的地震波信号进行放大、模数转换和数据记录，同时还进行测量过程控制；起爆装置则用于引爆电雷管和炸药，人工激发地震波。

9.3.2.2 现场布置

在隧道 K12 +407 的左边墙位置布置一个地震波信息接收孔，孔径为 50mm。在 K12 +422 ~ K12 +452 段的左边墙位置，按约 1.5m 的间距布置 24 个激发孔分别激发地震波，激发孔孔深 1.5m 左右，孔径 45mm，孔向下倾斜约 15°，每个激发孔装填的药量为 100g。用专用水泥锚固剂封填炮孔和固结信息接收器。

9.3.2.3 探测成果

通过中距离预报获得了 K12 +456 ~ K12 +596 段的 TSP 提取的反射层（图 9-7）和 TSP 二维推断分析成果图（图 9-8）。根据图 9-7 和图 9-8 解译得出了

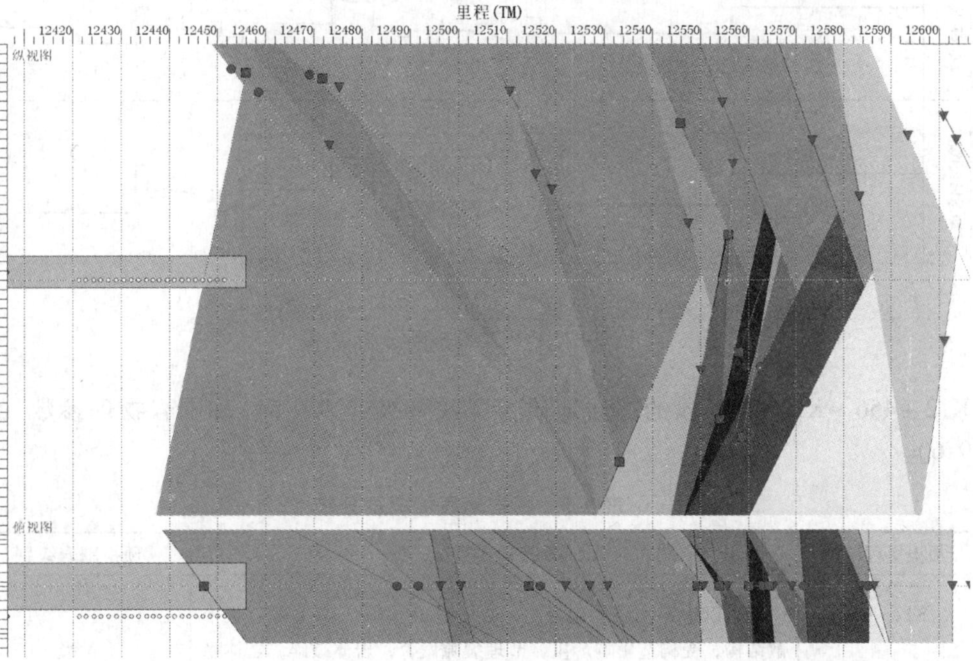

图 9-7 TSP 提取的反射层

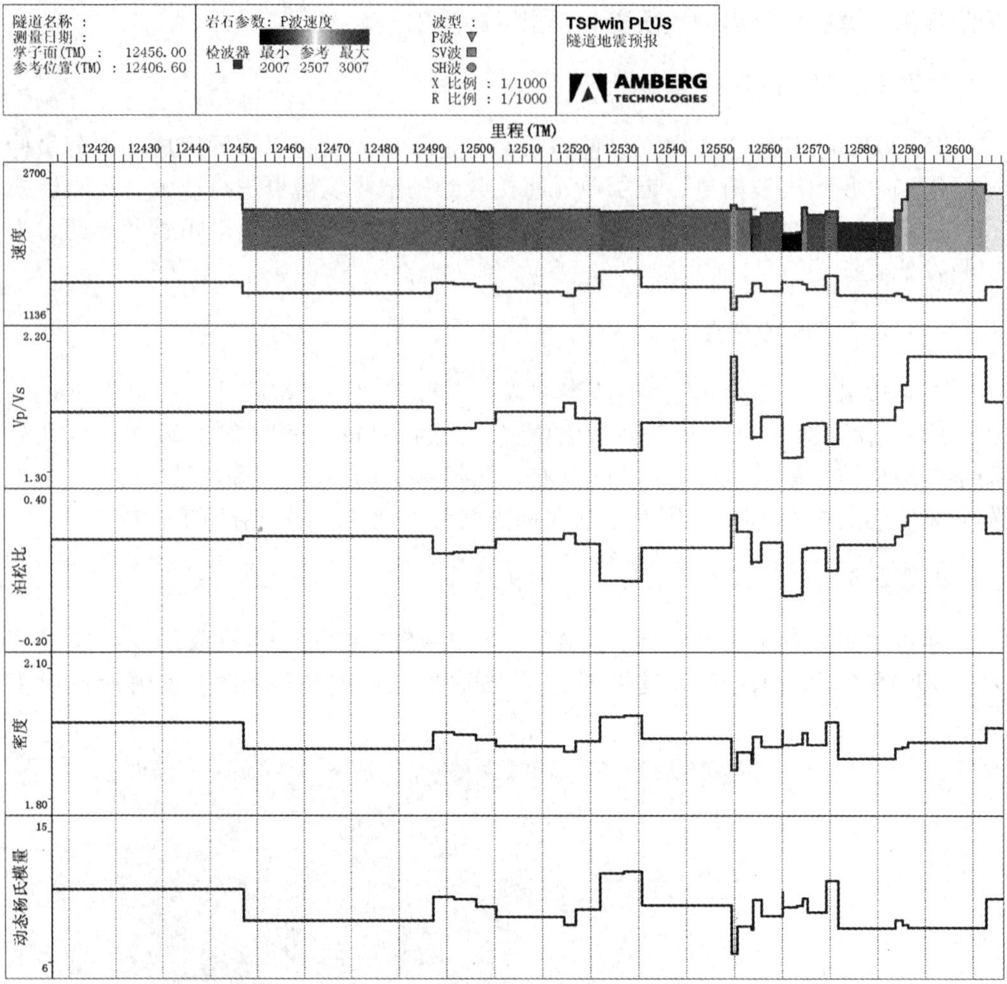

图 9-8 TSP 二维推断分析成果

K12 +456 ~ K12 +596 段的围岩地质情况及分级（表 9-5）和围岩物理参数（表 9-6）。

表 9-5 围岩地质情况及分级

预报里程范围	预报地质情况	预报围岩级别
K12 +456 ~ K12 +549	围岩以中等 ~ 强风化为主，岩体呈角（砾）碎（石）状松散结构，受构造影响严重，节理裂隙发育，岩体破碎，岩体稳定性差	Ⅳ级

续表 9-5

预报里程范围	预报地质情况	预报围岩级别
K12 +549 ~ K12 +596	围岩以强风化为主，岩体呈角(砾)碎(石)状松散结构，节理裂隙发育，岩体破碎，岩体稳定性很差。请特别注意 K12 +553 ~ K12 +564 段（高密度电法预警区域内）节理裂隙极发育，岩体破碎，推测可能为岩体破碎段	Ⅴ级

表 9-6 围岩物理参数统计

里 程 范 围	纵波速度/m·s^{-1}	横波速度/m·s^{-1}	泊 松 比	弹性模量/GPa
K12 +456 ~ K12 +549	2337	1326 ~ 1600	0.06 ~ 0.28	9 ~ 12
K12 +549 ~ K12 +596	2019 ~ 2366	1142 ~ 1561	0.04 ~ 0.36	6 ~ 12

9.3.3 中距离预报的结论和建议

本次预报时掌子面里程为：K12 +456，预报里程范围为 K12 +456 ~ K12 +596 段，结合长距离预报结果和掌子面地质调查，得出以下结论和建议：

（1）K12 +456 ~ K12 +549 段：围岩破碎（Ⅳ级）；围岩以中等 ~ 强风化为主，岩体呈角（砾）碎（石）状松散结构，节理裂隙发育，岩体破碎。在进行本段施工时注意加强支护防止坍塌。

（2）K12 +549 ~ K12 +596 段：围岩破碎（Ⅴ级）；围岩以强风化为主，岩体呈角（砾）碎（石）状松散结构，节理裂隙极发育，岩体破碎，岩体稳定性很差。在进行本段施工时注意加强支护防止坍塌，特别是 K12 +553 ~ K12 +564 段。

9.4 短距离预报

短距离预报是对长距离、中距离预报所探测到的地质灾害预警范围进行进一步验证，且更加准确的探测出地质灾害的位置、范围和规模，使施工单位提前做好应对措施，减少不必要的损失。短距离预报采用探地雷达法进行。

中距离预报的地质灾害预警段为 K12 +553 ~ K12 +564 区域，采用地质雷达法对 K12 +548 ~ K12 +568 段进行短距离地质超前预报；目的是对采用 TSP 法进行超前地质预报探测的预警区域 K12 +553 ~ K12 +564 段的中距离预报成果进行进一步补充和验证。

9.4.1 掌子面地质调查

掌子面地质调查是隧道超前地质预报的基础。在超前地质预报现场要实时记录掌子面现状（图 9-9）和按照《隧道掌子面地质调查表》逐项作记录掌子面岩性情况（表 9-7），可以缩短现场工作时间，不会遗漏该调查应收集的内容。

图 9-9　马道地隧道 K12 +548 处掌子面现状

表 9-7　马道地隧道 K12 +548 处掌子面地质调查

<table>
<tr><td colspan="4">工程名称：元双公路马道地隧道超前地质预报</td><td colspan="3">施工单位：××××××</td></tr>
<tr><td rowspan="4">隧道名称及部位</td><td colspan="3">名称：马道地隧道</td><td colspan="3" rowspan="7">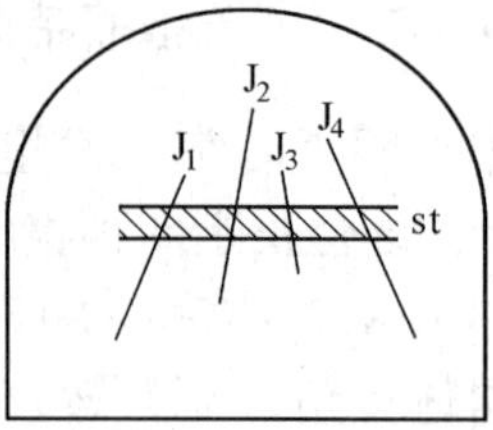
掌子面素描图</td></tr>
<tr><td>左幅</td><td>进口端√</td><td>出口端□</td></tr>
<tr><td>中导</td><td>进口端□</td><td>出口端□</td></tr>
<tr><td>右幅</td><td>进口端□</td><td>出口端□</td></tr>
<tr><td>掘进方向</td><td colspan="3">进口→出口</td></tr>
<tr><td>掌子面里程</td><td colspan="3">K12 +548</td></tr>
<tr><td>围岩名称</td><td colspan="3">褐灰、灰黄色云母石英片岩</td></tr>
<tr><td>风化程度</td><td>未风化□</td><td>微风化□</td><td>中风化□</td><td>强风化√</td><td>全风化□</td><td>残积土□</td></tr>
<tr><td rowspan="2">岩石坚硬程度等级</td><td colspan="2">坚硬岩 □</td><td colspan="2">较坚硬岩 □</td><td colspan="2"></td></tr>
<tr><td colspan="2">较软岩 √</td><td colspan="2">软岩 □</td><td colspan="2">极软岩 □</td></tr>
<tr><td>围岩产状</td><td colspan="2">层理产状 st √</td><td colspan="2">片麻理产状 pt □</td><td colspan="2">脉岩产状 mt □</td></tr>
<tr><td>层间结合力</td><td colspan="2">良好□ 一般□ 差√</td><td colspan="2">良好□ 一般□ 差□</td><td colspan="2">良好□ 一般□ 差□</td></tr>
<tr><td rowspan="5">主要节理产状、规模、力学性质</td><td>J_1</td><td>3 条/m</td><td>延长 3.5m</td><td>延深 0.4m</td><td>压性□</td><td>张性√</td><td>扭性□</td></tr>
<tr><td>J_2</td><td>3 条/m</td><td>延长 3.3m</td><td>延深 0.2m</td><td>压性□</td><td>张性√</td><td>扭性□</td></tr>
<tr><td>J_3</td><td>5 条/m</td><td>延长 1.6m</td><td>延深 0.2m</td><td>压性□</td><td>张性√</td><td>扭性□</td></tr>
<tr><td>J_4</td><td>2 条/m</td><td>延长 3.9m</td><td>延深 0.3m</td><td>压性□</td><td>张性√</td><td>扭性□</td></tr>
<tr><td>J_5</td><td>条/m</td><td>延长 m</td><td>延深 m</td><td>压性□</td><td>张性□</td><td>扭性□</td></tr>
<tr><td rowspan="2">软弱面（或夹层）</td><td colspan="2">Rt_1 无</td><td colspan="2">可见长度 m</td><td colspan="2">厚度 m</td></tr>
<tr><td colspan="2">Rt_2 无</td><td colspan="2">可见长度 m</td><td colspan="2">厚度 m</td></tr>
<tr><td rowspan="4">地下水</td><td>无 水 □</td><td>干燥 □</td><td>稍湿 □</td><td>潮湿 √</td></tr>
<tr><td>不丰富 □</td><td>渗水 □</td><td>滴水 □</td><td></td></tr>
<tr><td>较丰富 □</td><td>雨淋状 □</td><td>小股状涌水 □</td><td></td></tr>
<tr><td>丰 富 □</td><td>大股状涌水 □</td><td>突水 □</td><td>突水突泥 □</td></tr>
<tr><td>围岩结构状态和完整性</td><td colspan="6">岩体节理裂隙发育，围岩被节理裂隙切割成破碎和松散状态，岩体的整体完整性差</td></tr>
<tr><td>围岩稳定状态</td><td colspan="6">岩体的强度低、自稳能力差，开挖后的围岩不及时进行支护或支护强度不足易失稳</td></tr>
<tr><td colspan="4">调查者：×××</td><td colspan="3">2010 年××月××日</td></tr>
</table>

9.4.2 探地雷达法探测

下面对上文所述长距离、中距离预报得出的预警区域 K12 +553 ~ K12 +564 段，采用探地雷达法在 K12 +548 ~ K12 +568 段进行短距离预报，进一步确定岩体破碎带的准确位置，并且以此说明短距离预报的必要性。

9.4.2.1 仪器设备及探测参数

仪器设备为瑞典瑞玛地质雷达。检测天线频率为 100MHz，点距 0.10m，每道 1024 采样点，时窗设置为 500ns。

9.4.2.2 测线布置

测线布置如图 9-10 所示。

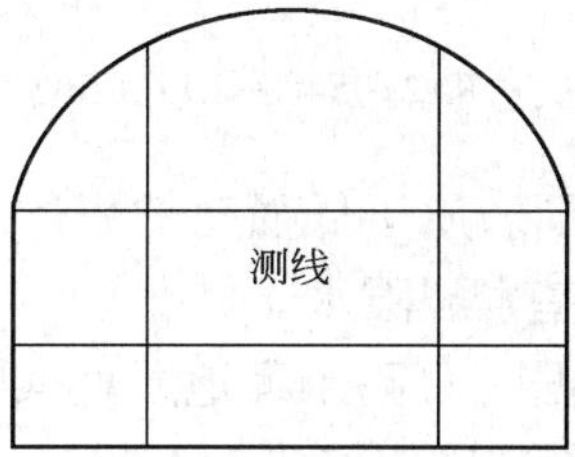

图 9-10 地质雷达测线布置

9.4.2.3 探测成果

此次探测得到地质雷达剖面图如图 9-11 所示，并根据其图像特征对 K12 +548 ~ K12 +568 段共 20m 做地质解释如下：测线在 20m 深度内，0.0 ~ 2.9m 反射波同向轴连续，振幅、频率变化不大；2.9 ~ 18.0m 反射波较强，同向轴呈断续状，振幅低，频率较大。据 GPR 探测得到的反射波图像，结合隧道工程地质实际，探测段掌子面前方 20m，尤其是 K12 +551 ~ K12 +566 段围岩呈角（砾）碎（石）状松散结构，节理裂隙极发育，岩体稳定性很差，局部含基岩裂隙水。地质雷达预报的结果良好地验证了中距离预报得出的预警区域。

9.4.3 短距离预报的结论与建议

根据地面地质调查、高密度电法、TSP 超前地质预报法、探地雷达法和综合掌子面情况，掌子面前方 K12 +551 ~ K12 +566 预测段围岩地质情况为：

（1）岩性及风化程度：褐灰、灰黄色云母石英片岩，整体属强 ~ 全风化，岩体完整性较差。

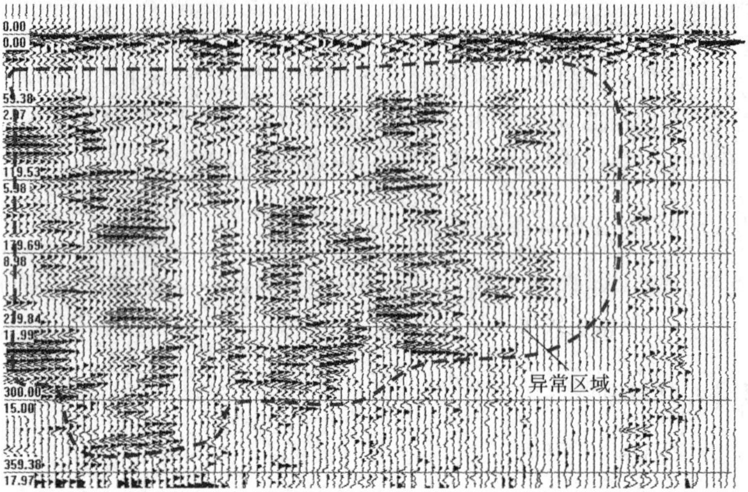

图 9-11　马道地隧道 K12 + 548 ~ K12 + 568 段地质雷达剖面图

（2）岩石的坚硬程度：围岩属于低强度的岩体。

（3）含水情况：局部含基岩裂隙水。

（4）围岩强度等级：根据《公路工程地质勘察规范》（JTJ 064—1998）关于隧道围岩分类的有关规定，判定围岩级别为Ⅴ级。

岩体节理裂隙发育、岩体被节理切割，为减少爆破扰动和保证围岩的稳定，宜采用“多台阶、短进尺、弱爆破、多循环、及支护、早成环”的方式进行隧道施工，具体为：

（1）岩体节理裂隙发育，被节理切割岩体破碎、松散，开挖后易产生掉块和塌方，需采用光面爆破开挖，并严格控制开挖进尺和单响最大药量。

（2）岩体风化严重、节理裂隙发育，岩体被节理、裂隙切割和风化作用呈破碎、松散状，遇水易软化，自稳能力差，开挖后的围岩易产生掉块和塌方现象，在开挖前需加强掌子面的超前支护，开挖后立即进行初期支护，并及时封闭开挖面围岩，减少围岩暴露时间、隔绝围岩与空气中的水分接触，增强围岩的整体强度，避免开挖不当或支护不及时造成围岩的失稳；同时进行仰拱施工，尽早成环。

10 平川隧道超前地质预报及灾害体探测

在地形条件和地质构造比较复杂的地区，隧道围岩工程地质条件较差，隧道开挖后破坏了岩体的原岩应力平衡，在开挖区域上方形成了三带，分别为冒落带、裂隙带和弹性带。开挖后在隧道上方围岩形成一定范围内的松动区，破坏了围岩的局部地质结构和地下水循环，诱发隧道在施工或运营过程中发生隧道边墙开裂、塌方冒顶、突泥、涌水、隧道侧移等地质灾害，对隧道建设周期、运营安全和经济效益产生重大影响。为有效治理隧道病害，需要采用隧道灾害诊断技术查明病害发生的原因和影响范围，分析和评估地质灾害对隧道安全的影响，给灾害治理提供科学的依据。

10.1 平川隧道工程概况

平川隧道为一座上下行分离的双向四车道高速公路隧道，位于云南省普立至宣威高速公路 K50 +005 ~ K51 +560 段，全长 1555m。隧道净高 9.6m，掌子面宽 11.7m，最大埋深 142m，最小埋深 13m。

隧道所处地形起伏较大，属剥蚀构造低山地貌，地形复杂，冲沟发育。隧道上覆盖层为第四系褐灰、褐红色、硬塑黏土，含少量碎石，分布不均匀。K50 +875 ~ K50 +010 区域围岩为灰绿、灰黄色灰岩，岩性不均匀，局部见气孔状、杏仁状构造。K51 +560 ~ K50 +875 区域为暗绿色玄武岩，节理裂隙发育，岩石较破碎。

10.2 超前地质综合预报

10.2.1 地面地质调查

10.2.1.1 准备工作及调查路线

首先对前人的资料如地形地质图、剖面图、文字说明和整个隧道轴线从进口到出口的逐桩坐标进行宏观分析和综合研究，初步掌握隧道地址区及其邻近区域的工程地质条件和特点，粗略判定可能遇到的主要工程地质问题，并了解这些问题的研究现状和借鉴类似工程的经验，然后在洞外进行地质地面调查以确保地质调查成果的质量。

为确保野外资料收集的完整性，此次调查以S形路线进行，从隧道出口K51+560处开始，沿隧道轴线地表到隧道进口K50+005处为止，主要观测点共8个，分别为X_1、X_2、X_3、X_4、X_5、X_6、X_7、X_8（图10-1）。

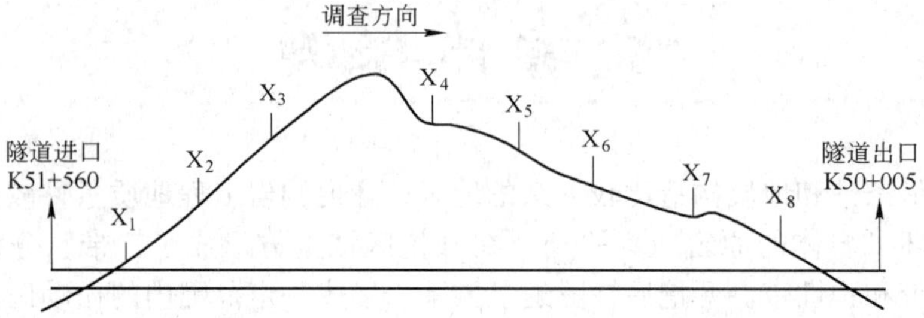

图10-1 隧道调查路线及观察点布置示意图

10.2.1.2 调查结果

调查完成后，将所有观测点的记录进行统一整理、总结得出隧道所处地段大概的地质情况见表10-1。

表10-1 地面地质调查结果

调查里程	调查项目	调 查 结 果
K50+005 ~ K51+560	地形地貌	属剥蚀构造低山地貌，地形复杂，冲沟发育
	岩 性	隧道上覆盖层为第四系褐灰、褐红色，硬塑黏土，含少量碎石，分布不均匀。X_4 ~ X_8（K50+875 ~ K50+010）区域围岩为灰绿、灰黄色灰岩，岩性不均匀，局部见气孔状、杏仁状构造。X_1 ~ X_3（K51+560 ~ K50+875）区域为暗绿色玄武岩，节理裂隙发育，岩石较破碎
	地质构造	测区位于云南“山”字形构造前弧东翼，路线所经区域构造体系行迹主要为华夏系、新华夏系及北西向构造体系，各种构造行迹交织，复合形式复杂多样
	地下水	地下水水位埋深较深，灰岩地段岩溶水较发育，地下水连通性较好，推测隧道区局部水量较丰富
	不良地质	X_7（K50+250）处为向斜核部，此区域岩体极其破碎，隧道距离地表较浅，推测隧道穿越此区域时会遇到岩体破碎带；X_4 ~ X_8（K50+875 ~ K50+010）区域为灰岩，岩溶发育，推测隧道穿越此区域时会遇溶洞

10.2.2 TSP 探测

对平川隧道左幅地面地质调查得出的不良地质体预警 K50+242~K50+342 范围内的 100m 地段进行 TSP 超前地质预报探测。

10.2.2.1 工作布置

在隧道 K50+185 的右边墙位置布置一个地震波信息接收孔，孔径为 45mm，孔深 2.0m，距离地面高度为 1.5m，信息接收孔布置如图 10-2 所示。

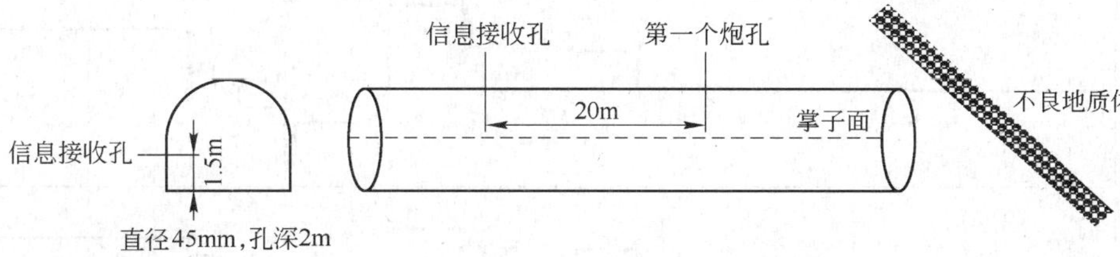

图 10-2 信息接收孔布置示意图

在 K50+205~K50+241 段的右边墙位置，按约 1.5m 的间距布置 24 个炮孔分别激发地震波，孔深 1.5m，孔径 45mm，孔向下倾斜约 15°，每个激发孔装填的药量为 100g，炮孔布置如图 10-3 所示。

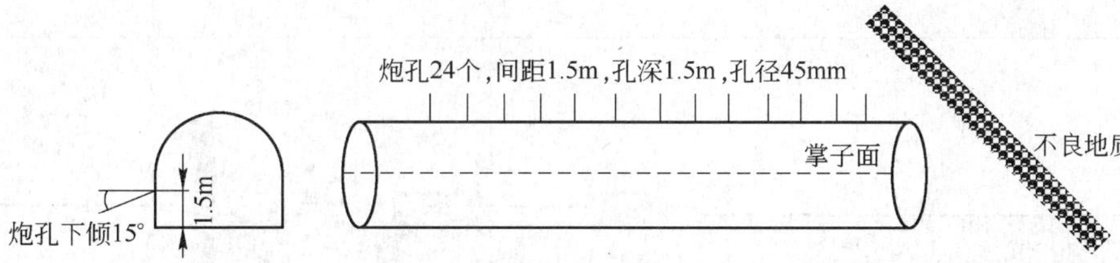

图 10-3 炮孔布置示意图

10.2.2.2 探测结果

探测获得的 K50+242~K50+342 段 TSP 二维推断分析成果和反射层位如图 10-4、图 10-5 所示。根据 TSP 二维推断分析成果图以及结合地面地质调查得出 K50+242~K50+342 段的围岩物理参数（表 10-2）和围岩地质情况及分级（表 10-3）。

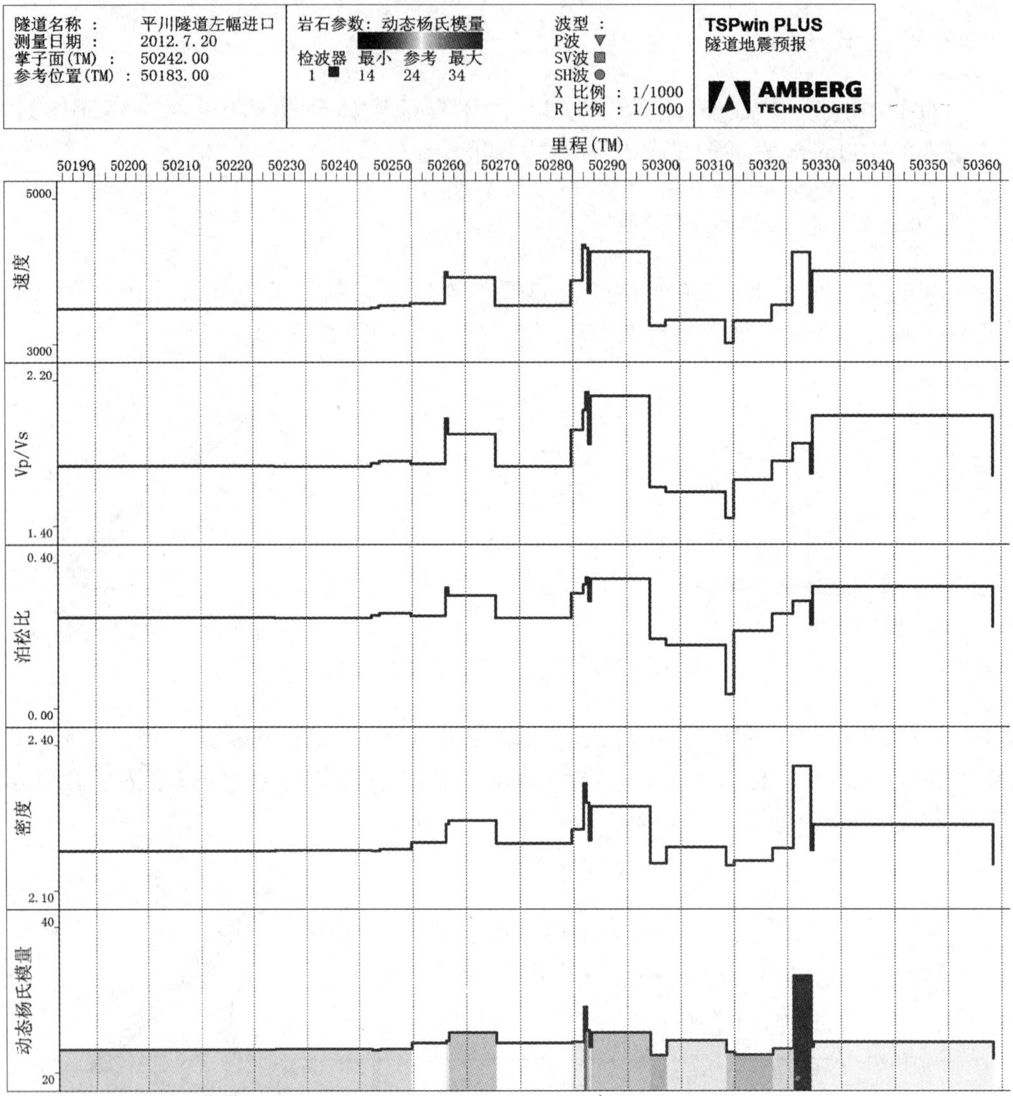

图 10-4 TSP 二维推断分析成果

表 10-2 围岩物理参数统计

里 程 范 围	纵波速度/m·s^{-1}	横波速度/m·s^{-1}	泊 松 比	杨氏模量/GPa
K50+242~K50+250	3487~3652	2016~2018	0.25~0.28	9~11
K50+250~K50+280	3532~4178	1999~2006	0.26~0.35	10~21
K50+280~K50+298	3256~3960	2009~2063	0.19~0.31	5~16
K50+298~K50+327	3016~4283	2029~2095	0.04~0.35	1~23
K50+327~K50+342	3311	1982	0.22	6

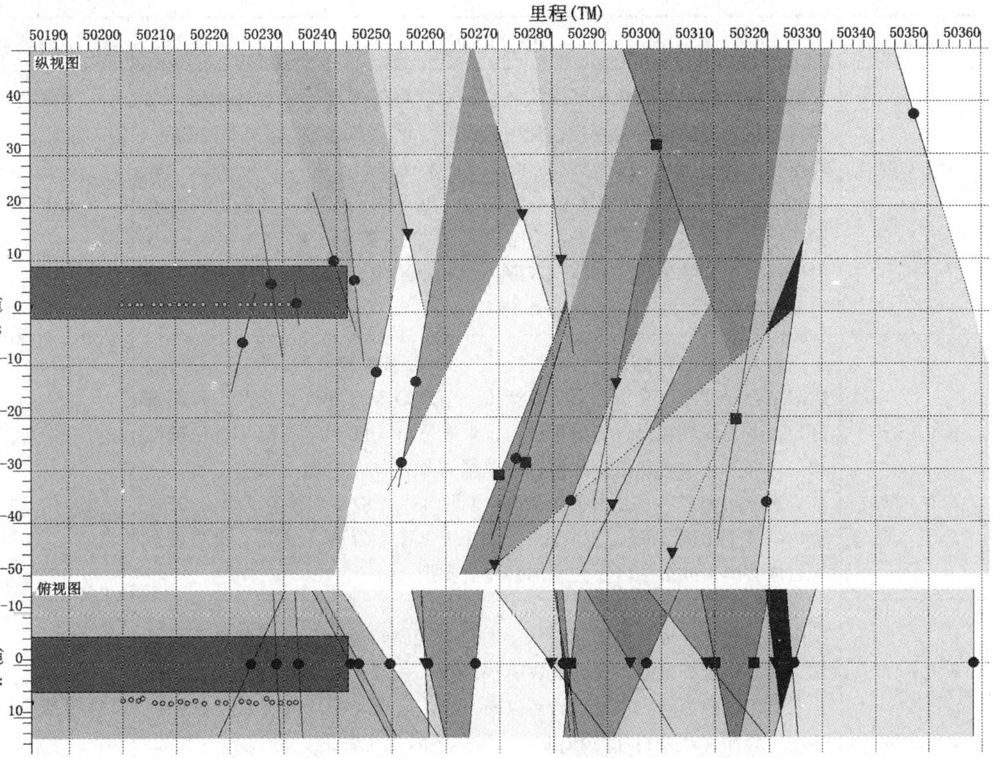

图 10-5 TSP 提取的反射层位

表 10-3 围岩物理参数及分级

预报里程范围	预报地质情况	预报围岩级别
K50+242 ~ K50+250	围岩为灰色、褐红色中厚层状灰岩，原岩属较坚硬岩，强度较低，中~强风化，受构造影响很严重，节理裂隙发育3组以上，结构面结合程度差，岩溶较发育，局部裂隙为泥质填充，岩体较破碎~破碎，岩体呈块碎石状压碎结构，洞室围岩稳定性较差，掌子面潮湿，地下水不丰富，含基岩裂隙水和岩溶水，出水状态为点滴状渗水	Ⅳ级
K50+250 ~ K50+280	围岩为灰色、褐红色中厚层状灰岩，原岩属较坚硬岩，中等~强风化，层间结合程度差，受构造影响很严重，节理裂隙很发育且杂乱，岩溶较发育，局部裂隙为泥质填充，岩体很破碎，岩体呈块碎石状压碎结构~角(砾)碎(石)状松散结构，洞室围岩稳定性较差，地下水不丰富，含基岩裂隙水和岩溶水，出水状态以点滴状为主。应特别注意K50+250~K50+256、K50+266~K50+280段围岩节理裂隙杂乱，岩体破碎，地下水不丰富，推测可能为岩体破碎带或溶蚀区，注意加强超前支护	Ⅴ级（较好）

续表 10-3

预报里程范围	预报地质情况	预报围岩级别
K50 +280 ~ K50 +298	围岩为灰色、褐红色中厚层状灰岩，原岩属较坚硬岩，中等风化，局部强风化，层间结合程度差，受构造影响严重，节理裂隙很发育且杂乱，岩溶较发育，局部裂隙为泥质填充，岩体很破碎，岩体呈角（砾）碎（石）状松散结构，洞室围岩稳定性差，地下水不丰富，含基岩裂隙水和岩溶水，出水状态以点滴状为主。应特别注意 K50 + 290 ~ K50 + 298 段围岩节理裂隙杂乱，岩体很破碎，地下水不丰富，推测可能为岩体破碎带或溶蚀区，注意加强超前支护	V级
K50 +298 ~ K50 +327	围岩为灰色、褐红色中厚层状灰岩，原岩属较坚硬岩，中 ~ 强风化，层间结合程度差，受构造影响很严重，节理裂隙很发育且杂乱，岩溶发育，裂隙为泥质填充，岩体很破碎，岩体呈角（砾）碎（石）状松散结构，局部为土夹石状松散结构，洞室围岩稳定性差，地下水不丰富，含基岩裂隙水和岩溶水，出水状态以点滴状为主。应特别注意 K50 + 305 ~ K50 +317 段围岩节理裂隙杂乱，岩体很破碎，地下水不丰富，推测可能为岩体破碎带或溶蚀区，注意加强超前支护	V级
K50 +327 ~ K50 +342	围岩为灰色、褐红色中厚层状灰岩，原岩属较坚硬岩，强度低，强风化，层间结合程度差，受构造影响很严重，节理裂隙很发育且杂乱，岩溶发育，裂隙为泥质填充，岩体破碎，岩体呈角（砾）碎（石）状松散结构，局部为土夹石状松散结构，洞室围岩稳定性差，地下水不丰富，含基岩裂隙水和岩溶水	V级

10.2.3 GPR 探测

10.2.3.1 工作布置

根据 TSP 探测结果以及现场测试条件，在隧道里程为 K50 +240、K50 +260、K50 +280、K50 +300 的掌子面中台阶位置布设 1 条 GPR 测线，为保证测量数据的精确可靠，往返测量两次，现场测线布置如图 10-6 所示。探测设备为瑞典瑞玛地质雷达，探测天线频率为 100MHz，点距设为 0.10m，每道 1024 采样点，时窗设置为 500ns。数据采集完成后，根据已知地段数据，计算介电常数等参数，采用专业软件进行滤波分析、压制干扰、正反演模拟计算，最后绘制 GPR 测试成果。

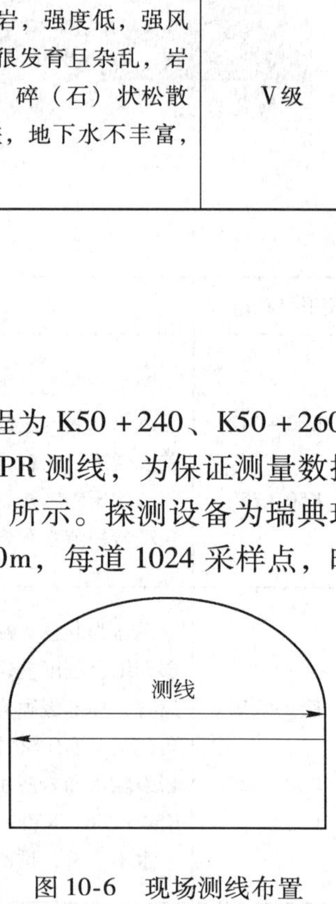

图 10-6 现场测线布置

10.2.3.2 探测结果

探测得到了掌子面里程为 K50 + 240、K50 +

260、K50+280、K50+300 的地质雷达剖面图如图 10-7 所示。从图 10-7 中采集的雷达图像可知：K50+240 段掌子面探测的地质雷达剖面图中 K50+250～K50+260 区域、K50+260 段掌子面探测的地质雷达剖面图中 K50+267～K50+279 区域、K50+280 段掌子面探测的地质雷达剖面图中 K50+283～K50+296 区域、K50+300 段掌子面探测的地质雷达剖面图中 K50+302～K50+317 区域的反射波同向轴呈断续状，振幅、频率变化大，反射波较强、呈杂乱现象。综合地面地质调查、TSP 和 GPR 探测结果，推定这些区域为溶蚀区或者断层破碎带。根据现场施工开挖至预报的里程段，掌子面揭露的围岩为岩体破碎带，局部为黏土充填，超前预报的不良地质区域与开挖后的实际不良地质区域吻合良好。

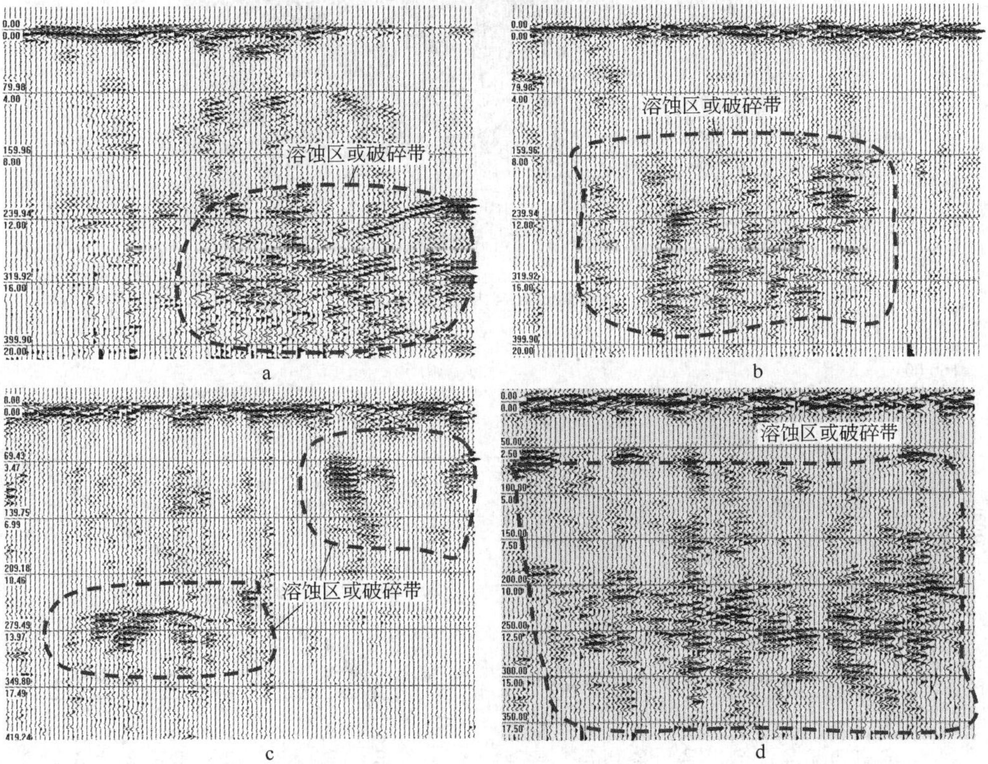

图 10-7 地质雷达剖面示意图

a—掌子面里程为 K50+240；b—掌子面里程为 K50+260；

c—掌子面里程为 K50+280；d—掌子面里程为 K50+300

10.3 公路隧道开挖二次灾害的发生与诊断

10.3.1 灾害发生情况

在不良地质区域通过“多台阶、短进尺、弱爆破、多循环、及支护、早成环”的方式进行隧道施工，2012 年 9 月 23 日上午当掌子面开挖至 K50 + 315 里程桩号时，在 K50 + 291. 5 ~ 293. 5 处初期支护左侧拱腰部位出现竖向裂缝及掉块现象，边墙出现裂缝和掉块如图 10-8 所示。在之后 1 周内 K50 + 291. 5 ~ K50 + 305 处，发现初喷混凝土有多处新增的明显裂纹和掉块现象，监控量测数据表明此区域围岩周边位移向洞内急剧变化、拱顶位移急剧下沉，监控量测结果如图 10-9 和图 10-10 所示。

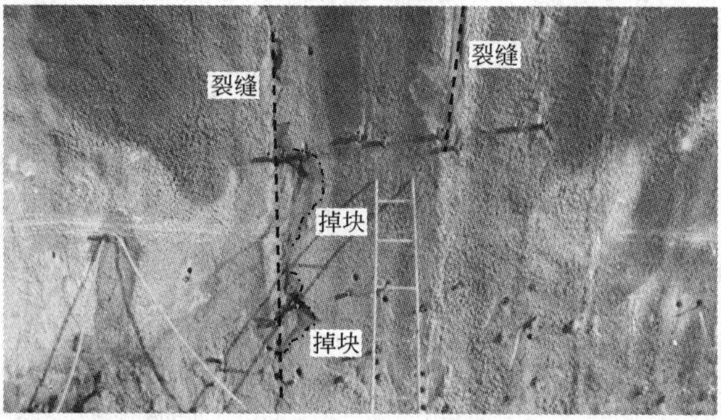

图 10-8　左侧拱腰出现裂缝及掉块示意图

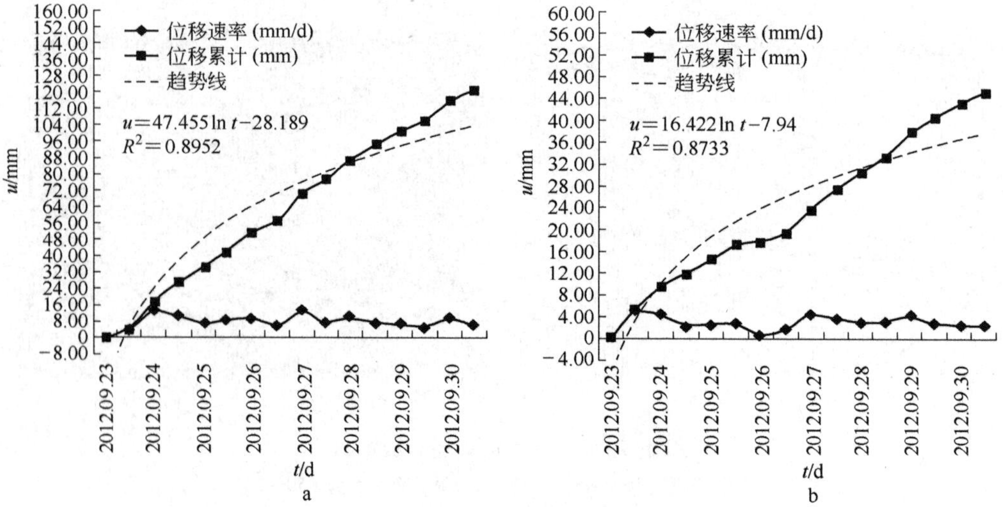

图 10-9　K50 + 291. 5 断面监控量测数据

a—K50 + 291. 5 断面拱顶下沉位移曲线；b—K50 + 291. 5 断面周边收敛位移曲线

由图 10-9 可知，9 月 23 ~ 30 日 K50 + 291. 5 处周边围岩向洞内急剧收敛，拱顶下沉量较大，且围岩收敛速率、拱顶下沉速率成加速发展趋势。

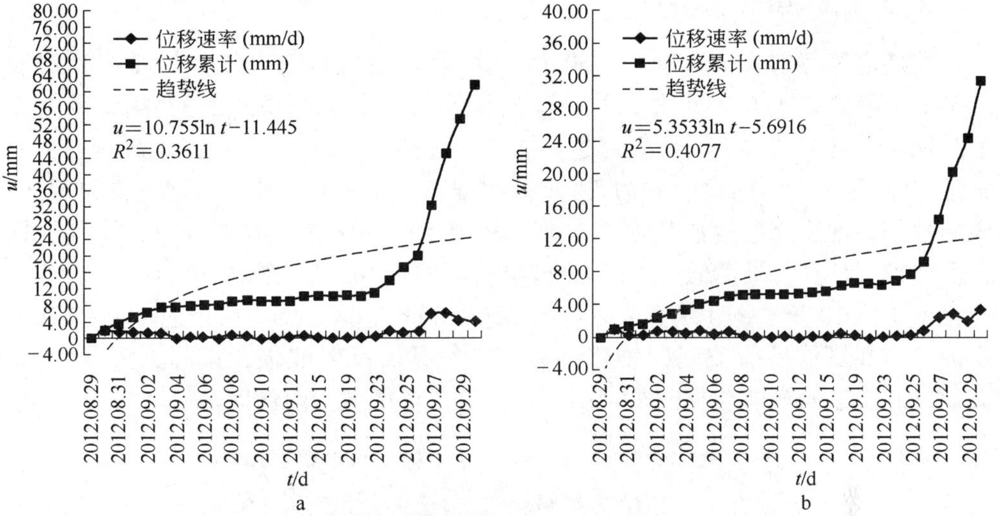

图 10-10 K50 + 301 断面监控量测数据

a—K50 + 301 拱顶下沉位移曲线；b—K50 + 301 断面周边收敛位移曲线

10.3.2 灾害诊断

10.3.2.1 地质地面调查

灾害发生后对隧道进行了二次地质地面调查，在 K50 + 306 ~ K50 + 310 区域地表出现塌陷，塌陷坑约为 12m × 12m × 4m，如图 10-11 所示。结合隧道超前地质预报结果和二次地面地质调查可推断在隧道里程为 K50 + 283 ~ K50 + 296 区域，不仅隧道走向有溶蚀区或破碎带，在隧道走向的垂直上方也有溶蚀区或破碎带存在。

图 10-11 地表塌陷坑示意图

10.3.2.2　GPR 探测验证

在隧道里程为 K50 + 290 ~ K50 + 315 的拱顶左右两侧各布设 1 条 GPR 测线，为保证测量数据的精确可靠，往返进行两次测量，现场测线布置如图 10-12 所示。探测设备为瑞典瑞玛地质雷达，探测天线频率为 100MHz，点距设为 0.10m，每道 1024 采样点，时窗设置为 500ns。数据采集完成后，根据已知地段的测试和观测数据，计算介电常数及相关参数，采用专业软件进行滤波分析、压制干扰、正反演模拟计算，最后绘制 GPR 测试结果图如图 10-13、图 10-14 所示。

根据图 10-13、图 10-14 可以看出 K50 + 298 ~ K50 + 312 拱顶以上 0 ~ 10m 深度内，GPR 图像反射波同向轴较连续 ~ 断续状，反射波强，振幅、频率变化较大，且有明显的横向与纵向复合阴影带，推测该区域为溶蚀区。

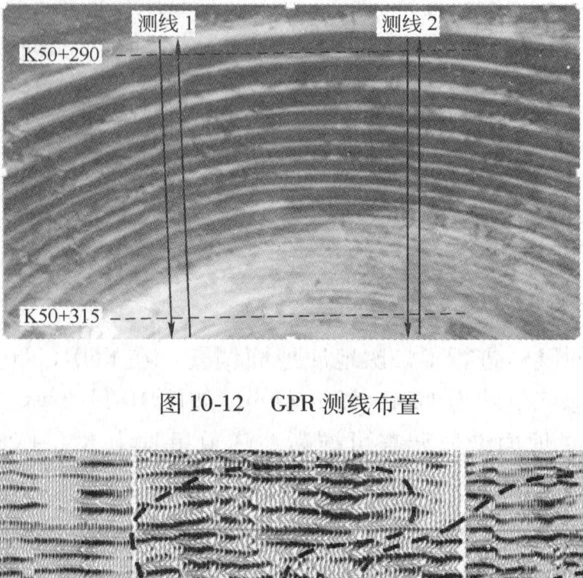

图 10-12　GPR 测线布置

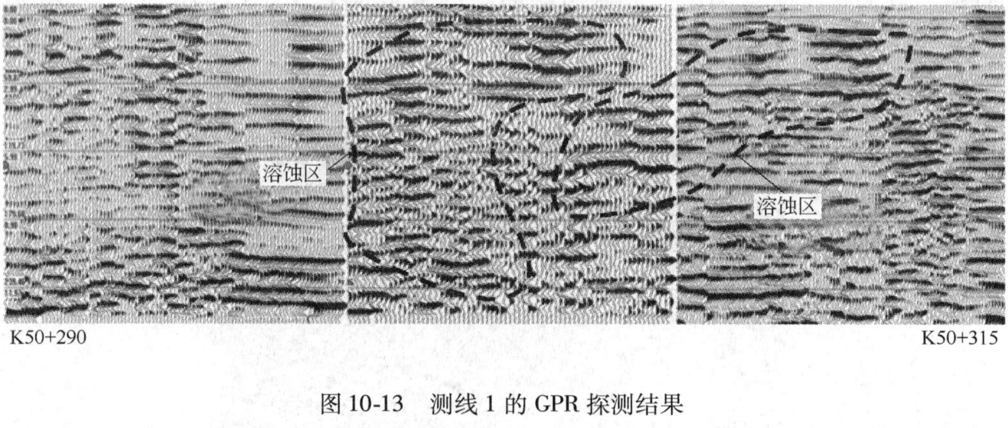

图 10-13　测线 1 的 GPR 探测结果

10.3.2.3　灾害探测结果

根据现场灾害情况、监控量测数据、地面地质调查结果、前期 TSP 探测

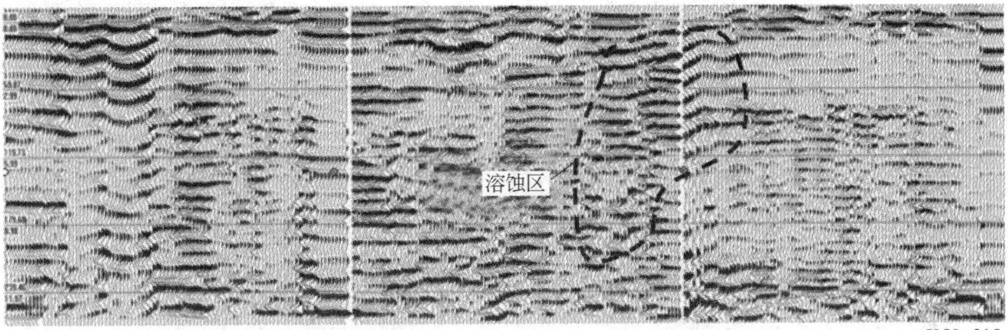

图 10-14 测线 2 的 GPR 探测结果

结果和灾害区域 GPR 探测结果可确定在 K50 + 298 ~ K50 + 312 拱顶以上 0 ~ 10m 深度内有溶蚀区存在，且此区域内围岩整体强度偏低，节理裂隙发育，岩体破碎。

由于受施工扰动的影响，区域内的应力进行了重分布，在溶蚀区产生了应力集中，加上持续的降雨，地表水大量渗透，弱化了围岩的强度和增加了岩土体的自重，破坏了溶蚀区的应力平衡，溶蚀区上覆的大量破碎岩体向溶蚀区坍塌，使隧道初期支护结构承受的荷载急剧增加，造成了初期支护结构的变形，导致边墙初喷混凝土开裂和掉块。

10.3.3 灾害治理

根据灾害探测结果，对灾害进行了治理。首先将地表的塌陷坑用红黏土填平，铺设防水土工布，防止雨水渗入。其次对探测得出的隧道开裂区域上方溶蚀区内破碎岩体进行注浆和打锚杆增加隧道围岩的自承能力和整体强度。最后在隧道里程 K50 + 283 ~ K50 + 296 区域加设一排工字钢，增加初期支护的承载能力。通过对灾害进行上述处理后，通过监控量测得知灾害区内的围岩、拱顶逐步趋于稳定，现场监控量测结果如图 10-15、图 10-16 所示。

由布置在 K50 + 291.5 断面和布置在 K50 + 301 断面的围岩监控测量数据（图 10-15 和图 10-16）可知，围岩的变化发展过程具有相似性，围岩经历了 5 个发展过程，分别为缓慢发展阶段、线性阶段、加速阶段、岩体失稳和围岩趋于稳定阶段。在围岩开挖后进行初期支护，由于围岩的支护强度不够或安全储备系数不足，围岩处于缓慢的发展阶段，随着雨水的渗透和围岩强度的降低，围岩的变形呈线性增加，随着降雨的增加和雨水的持续渗透，围岩的强度进一步弱化和岩体自重的增加，围岩的变形呈加速发展阶段，最后导致了围岩的失稳。在对塌腔进行地表回填防水处理、溶蚀区进行注浆锚杆加固、洞内钢支撑

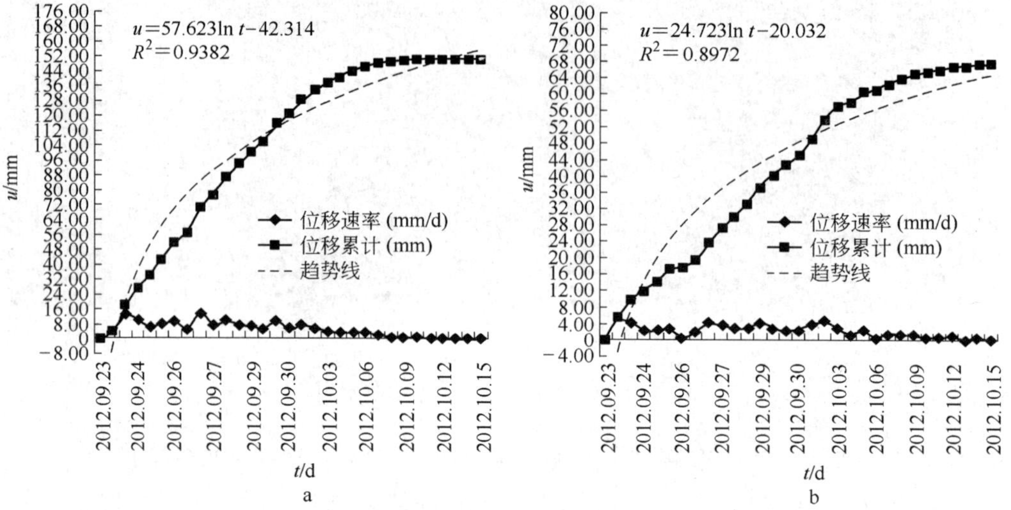

图 10-15 灾害治理后 K50 + 291. 5 断面监控量测数据

a—K50 + 291. 5 断面拱顶下沉位移曲线；b—K50 + 291. 5 断面周边收敛位移曲线

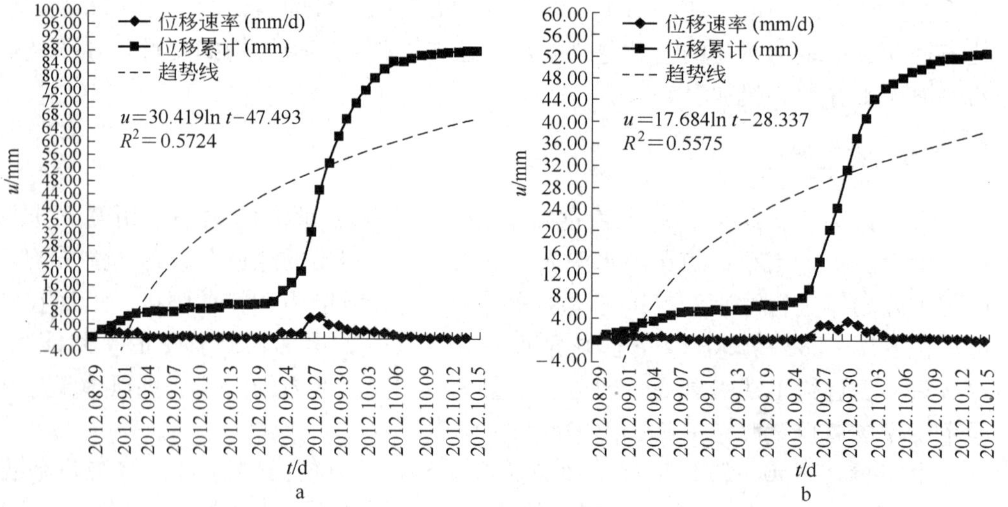

图 10-16 灾害治理后 K50 + 301 断面监控量测数据

a—K50 + 301 拱顶下沉位移曲线；b—K50 + 301 断面周边收敛位移曲线

加强支护后，即从 9 月 30 日以后通过布设的 2 个观测断面的监控量测数据可知，拱顶的位移和两侧的位移趋于稳定，监测量测数据表明处理后的隧道围岩趋于稳定。

对塌陷区周围开展地表和洞内地质调查、对塌陷区周围的不良地质体进行探测，综合确定了不良地质体的范围、规模和产状。据此，有针对性的采用地表充填封闭防水、溶蚀区注浆锚杆加固和洞内钢支撑加强支护的联合处置措施保证了隧道围岩的稳定。因此，采用综合超前预报的方法来确定隧道灾害体的位置、规模和范围是行之有效的，对于隧道灾害的治理具有良好借鉴意义。

11 地下采空区探测

近年来，随着矿业开采的进一步发展，建筑物或公路下伏的采空区越来越多，给人们的生产生活带来了严重的安全隐患。由于开采缺乏长远规划或无序开采或年代久远，地下空区的位置、走向和分布已无从查证或知晓。在进行工程活动时经常会碰到采空区，有时构造物要穿越采空区，有时建筑物要建设在采空区之上。无论是穿越采空区或在采空区上面修建建筑物，都要确定采空区对建构筑物的安全影响，就必须确定采空区的位置、走向和分布，因此地下采空区的准确探测越来越受到人们的重视。某矿山开采过程中形成的地下采空区，在采空区上面有建筑物，在使用过程中发现建筑物前面的地坪发生开裂并产生小面积的塌陷，结合开采历史情况调查，初步推断其下面有采空区或废旧巷道通过，为判断下伏采空区对建筑物的安全影响，需要查明地坪下伏采空区的位置、方位、形态及空间分布，为评价建筑物的安全提供依据。

11.1 工程概况

云南华联锌铟股份有限公司选矿厂位于云南省文山州马关县都龙镇。场地位于都龙镇曼家寨采场附近。选矿厂食堂地表已产生塌陷，根据塌陷坑的情况初步推断，是由于其下部存在废旧巷道或采空区所致，塌陷坑如图 11-1 所示。为探测选矿厂系统范围内地坪以下不良地质体，查明不良地质体的范围、分布、大小和数量，进行了野外勘探及现场数据采集工作。

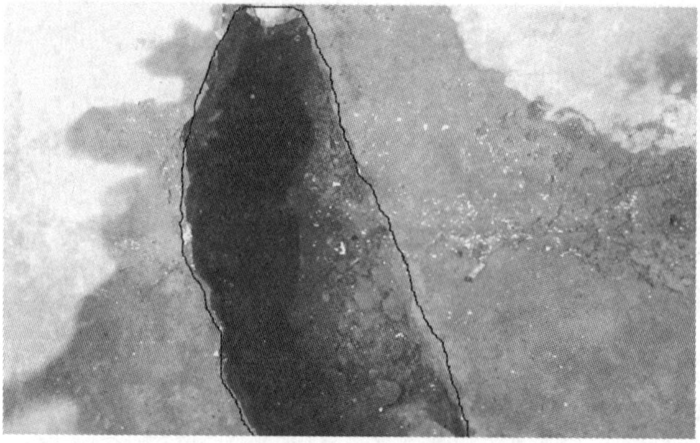

图 11-1　食堂已产生的塌陷坑

11.1.1 探测内容

根据现场情况，对选厂系统地坪以下围岩采用80MHz天线进行不良地质体探测，详细探测项目、内容见表11-1。

表11-1 选厂系统地下探测工作内容

项　目	探测项目	测 试 方 法
选厂系统	不良地质体探测	用IDS雷达配用低频地质雷达连续探测地面以下不良地质体

11.1.2 探测的任务和目的

探明选矿厂系统地坪以下有无采空区或者已报废的巷道，若采空区或报废的巷道距离已建的选矿厂系统较近即20m范围内，将对新建选矿厂的安全运行和稳定性造成影响。

11.2 不良地质体探测的方法和仪器

选矿厂系统地坪以下不良地质体探测是根据地表露头、开挖硐室揭示的围岩条件和采用地质物理探测手段进行的，结合地质调查和预报人员的经验，对选矿厂下部可能存在的不良地质体及由此可能发生的地质灾害的性质、分布位置、规模的进行探测。根据探测的结果可对选矿厂系统存在的不良地质体采用相应的方法进行处理。

11.2.1 探测方法的确定

地质雷达、高密度电法等物探方法不一定同时同等使用，应在地质分析的基础上，考虑"长短预测相结合"的综合预报原则和物探方法适宜性，选取适宜的一种或几种物探方法进行预报。针对选厂系统的工业厂房布置的特点，采用地面地质调查结合地质雷达探测的综合预报方法来确定选厂系统地坪以下的不良地质体的情况。

11.2.2 探测所用仪器设备

（1）地表调查：地质罗盘、地质锤、钢卷尺、放大镜、秒表、手电、数码照相机和GPS。

（2）地质雷达探测：电缆、测量主机、80MHz屏蔽天线、支架和电脑。

11.3 不良地质体的综合探测

11.3.1 地面地质调查

要保证不良地质体探测准确可靠，工程物探与地质研究相结合是必备的要素。地面地质调查的目的是指导GPR的地质解译，总结地质现象的规律，正确理解工程物探结果，给出合理的、客观的预报结果。

11.3.1.1　调查内容和目的

由于矿山设计资料、地质资料已经遗失，此次地面地质调查是在选矿厂设计平面图的基础上，根据食堂旁边出露的采空区进一步开展有针对性的地质调查工作。主要是了解选矿厂地基岩层所处的大地构造和区域地质背景，构造运动对本区地层的影响程度。推断采空区上覆岩体的性质、埋深以及采空区的分布情况。

11.3.1.2　调查结果

选矿厂所处地区为中山区地貌，该区地形切割较深，地势较陡峻，植被稀少，地形复杂，沟谷纵横。该区上覆盖层为碎石土，褐红、灰黄色，松散，稍湿。下伏地层为石英岩夹云母片岩为主。除食堂附近厂区其他地点未发现出露的采空区或因采空区导致的裂缝。

11.3.2　地质雷达探测

11.3.2.1　数据采集

地质雷达探测以选矿厂系统地坪为基准，采用“井”字形布置雷达测线，必要时加密雷达测线以提高探测结果的准确性。探测分4个区域进行，分别为食堂、精矿厂、浓密池和高频振动分离池厂房，对其地坪以下不良地质体进行探测。测线布置如图11-2所示。探测设备为IDS雷达，探测天线频率为80MHz，

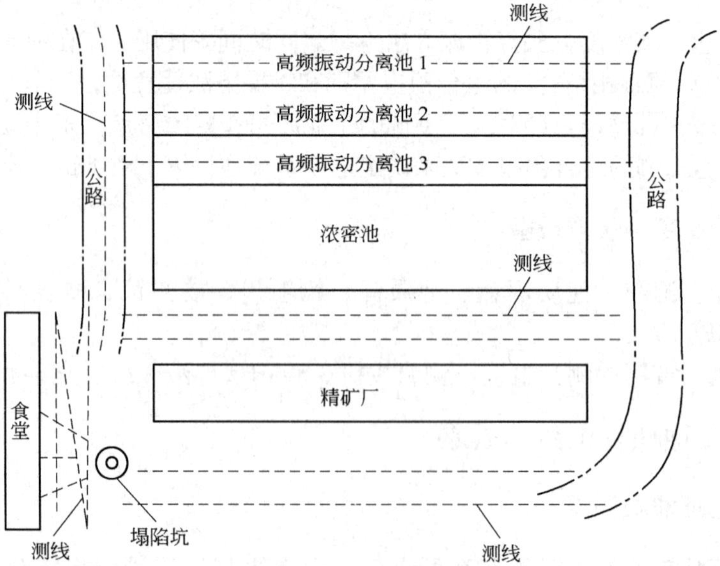

图11-2　现场测线布置

探测距离20m范围，采用连续测量。点距设为0.10m，每道1024采样点，时窗设置为500ns。现场测试如图11-3所示。

图11-3 地质雷达探测现场工作

11.3.2.2 探测结果

数据采集完成后，根据已知路段数据，计算介电常数等参数，采用专业软件进行滤波分析、压制干扰、正反演模拟计算，最后绘制GPR测试成果图。四个区域典型的GPR探测成果图如图11-4所示。

11.3.2.3 图像解译及综合分析

A 食堂及附近地坪以下不良地质体探测情况

通过布置6条测线对食堂下部围岩20m范围内的地质情况进行探测，经数据分析处理后可知：以塌陷坑为中心地坪以下4~7m有一宽约7m的废旧巷道穿过，巷道方向与食堂垂直。具体见图11-5和图11-6所示。其他位置地坪以下0~5m以素填土和粉质黏土为主，4~12m以碎石土为主，12m以下以石英岩夹云母片岩为主。通过布置测线探测，食堂塌陷坑附近有废旧巷道通过，其他位置地坪以下20m范围内未发现明显的溶洞、废旧巷道、采空区和溶槽等不良地质体。

B 精矿厂及附近地坪以下不良地质探测情况

通过在精矿产平行布置2条、垂直布置1条测线对其下部围岩20m范围内的地质情况进行探测。经数据分析处理后可知，地坪以下0~5m以碎石土为主，5~20m以石英岩为主。通过布置测线探测，精矿厂周边以下20m范围内未发现明显的溶洞、废旧巷道、采空区和溶槽等不良地质体。

C 浓密池及附近地坪以下不良地质体探测情况

通过在浓密池平行布置2条、垂直布置1条测线对其下部围岩20m范围内的

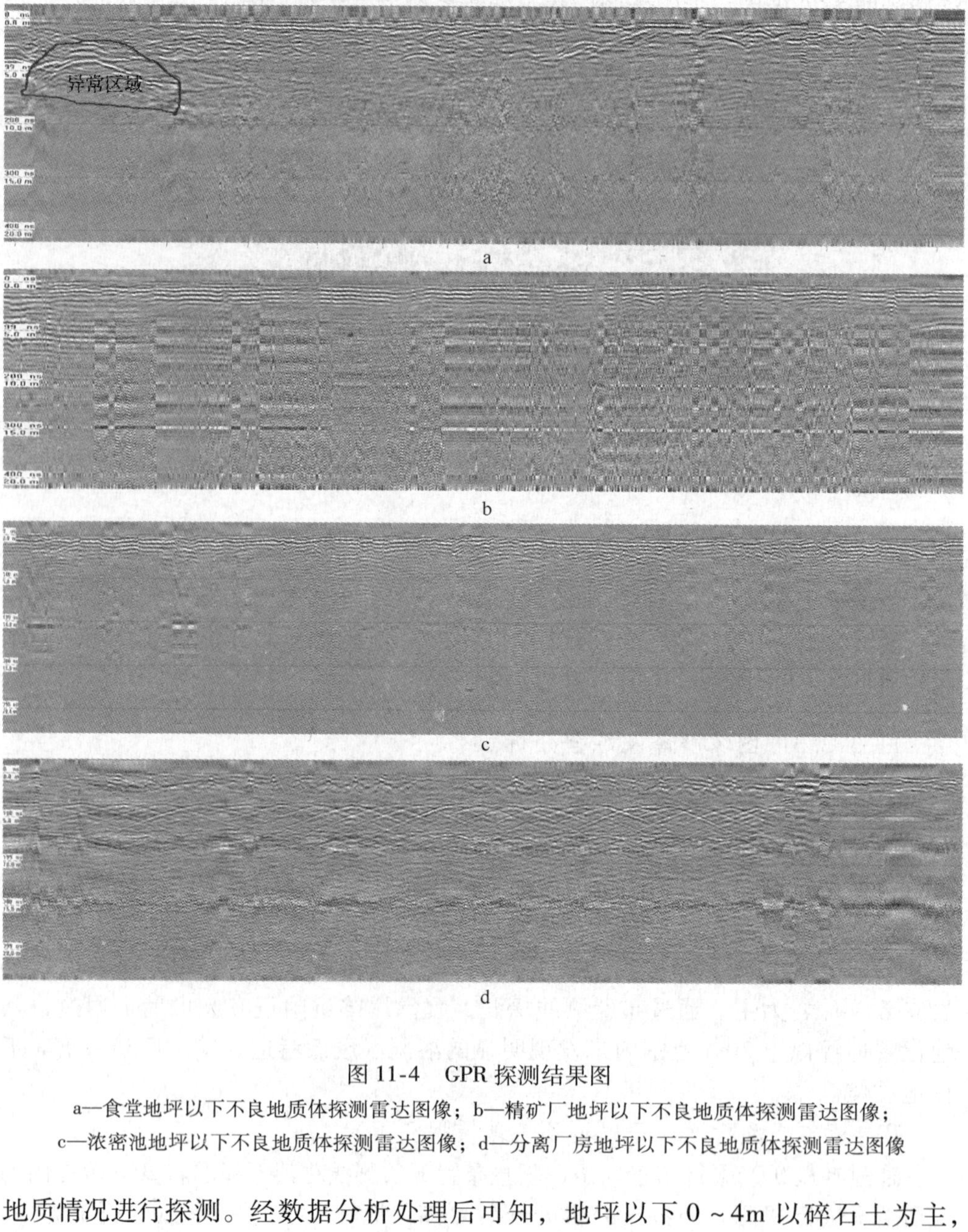

图 11-4　GPR 探测结果图

a—食堂地坪以下不良地质体探测雷达图像；b—精矿厂地坪以下不良地质体探测雷达图像；
c—浓密池地坪以下不良地质体探测雷达图像；d—分离厂房地坪以下不良地质体探测雷达图像

地质情况进行探测。经数据分析处理后可知，地坪以下 0 ~ 4m 以碎石土为主，4 ~ 20m 以石英岩为主。通过布置测线探测，精矿厂周边以下 20m 范围内未发现明显的溶洞、废旧巷道、采空区和溶槽等不良地质体。

D　高频振动筛（分离厂房）及附近地坪以下不良地质体探测情况

通过在分离厂房 1、2、3 的中心线平行布置 3 条对其下部围岩 20m 范围内的地

图 11-5 食堂地坪以下存在废旧巷道的走向示意图 I

图 11-6 食堂地坪以下存在废旧巷道的走向示意图 Ⅱ

质情况进行探测。经数据分析处理后可知，地坪以下 0 ~2m 以钢筋混凝土及混凝土为主，2 ~6m 以碎石土为主，6 ~20m 以石英岩为主。通过布置测线探测，精矿厂周边以下 20m 范围内未发现明显的溶洞、废旧巷道、采空区和溶槽等不良地质体。

11.3.3 综合探测结果和建议

11.3.3.1 探测结果

对选矿厂系统地坪以下的围岩在食堂、精矿厂、浓密池、分离池共布置 16

条雷达测线对选厂系统地坪以下20m范围内的围岩进行探测，通过对采集的数据进行处理、分析后可知：

（1）精矿厂、浓密池、分离池及相关附属设施下部，通过布置的雷达测线进行探测，在测线探测20m范围内，未发现废旧巷道、采空区等不良地质体。

（2）食堂在落洞位置存在一废旧巷道，巷道大体与食堂走向垂直，方向为NW45°，宽约为7m，深度在4～7m之间，其他位置未发现废旧巷道、采空区等不良地质体。

11.3.3.2 建议

（1）对探测食堂下部存在废旧巷道的位置，采用钻芯的方法，确定巷道的塌陷的深度、岩性及其范围。

（2）根据探测的情况、结合当地的地质、气象和水文资料看，废旧巷道以松散和碎石体为主，岩体的自稳能力较差，加上区域雨量充沛，需要对废旧巷道进行注浆或回填处理，避免巷道塌陷范围随着雨水的持续下渗和岩土体强度的逐步弱化，使巷道垮落范围逐渐扩大，致使地面塌陷面积增大，影响食堂的安全。

参 考 文 献

[1] 王锦山，王力，张延新，等．隧道施工超前地质预报理论基础与方法[M]．北京：中国建筑工业出版社，2004.

[2] 中国水利电力物探科技信息网．工程物探手册[M]．北京：中国水利水电出版社，2011.

[3] 刘佑荣，唐辉明．岩体力学[M]．北京：化学工业出版社，2008.

[4] 张永兴，岩石力学[M]．北京：中国建筑工业出版社，2004.

[5] 孔宪立，石振明．工程地质学[M]．北京：中国建筑工业出版社，2001.

[6] 叶英．隧道施工超前地质预报[M]．北京：人民交通出版社，2011.

[7] 王梦恕．对岩溶地区隧道施工水文地质超前预报的意见[J]．铁道勘察，2004(1):7~9.

[8] 刘志刚，刘秀峰．TSP在隧道超前预报中的应用与发展[J]．岩石力学与工程学报，2003，22(8):1399~1402.

[9] 何发亮，李苍松，粟健，等．声波探测技术的新发展及其应用[J]．中国铁道科学，1999，20(4):83~87.

[10] 张勇，张子新，华安增．TSP超前地质预报在公路隧道中的应用[J]．东北公路，2001，24(2):77~79.

[11] 刘志刚．隧道地震勘探TSP在工程中的应用[J]．铁道建筑技术，2001(5):1~4.

[12] 陈成宗，何发亮．隧道工程地质与声波探测技术[M]．北京：中国铁道出版社，1990.

[13] 陈成宗．工程岩体声波探测技术[M]．北京：中国铁道出版社，1990.

[14] 齐传生．TSP202隧道地震波超前地质预报系统的应用[J]．世界隧道，1999(1):36~40.

[15] 张顶立，王梦恕．复杂围岩条件下大跨隧道修建技术研究[J]．岩石力学与工程学报，2003，22(2):290~296.

[16] 叶英．隧道施工空间地震超前地质预报系统[J]．现代隧道技术．2009，46(5):55~61.

[17] 叶英．地下工程施工超前地质预报系统研究[J]．工程地球物理学报．2009，6(1):17~22.

[18] 俞振华．工程井间地震波正演模拟及层析成像技术研究[D]．长沙：中南大学，2008.

[19] 刘志刚，赵勇．隧道施工地质工作及其任务[J]．石家庄铁道学院学报，2000，13(3):28，32.

[20] 董浩斌，王传雷．高密度电法的发展与应用[J]．地学前缘，2003，10(1):171~176.

[21] 冯彦东．高密度电阻率法在煤田采空区勘探中的应用[J]．工程地球物理学报，2009，(5):624~626.

[22] 高秉伦，魏光兴，等．山东省主要自然灾害及减灾对策[J]．北京：地震出版社，1994:231~232.

[23] 高宗军，张富中，鲁峰．山东泰安岩溶地面塌陷前兆及其预测预报[J]．中国地质灾害与防治学报，2004(3):149~150.

[24] 高宗军．泰安岩溶地面塌陷形成机理与防治对策[J]．中国地质灾害与防治学报，2001，12(4)：74～76.

[25] 何伟，于鹏，张罗磊，等．高密度电法在探测地下金属与非金属组合管线中的应用[J]．工程地球物理学报，2005(1)：95～98.

[26] 贺可强，王滨，杜濡林．中国北方岩溶塌陷[M]．北京：地质出版社，2005.

[27] 胡政．山东省蒙阴县洪沟塌陷及其成因分析[J]．灾害学，1992，7(3)：77～78.

[28] 蒋小珍．基于GIS的全国地面塌陷灾害风险区划研究[D]．武汉：武汉大学，2002.

[29] 蒋小珍．岩溶塌陷中水压力的触发作用[J]．中国地质灾害与防治学报，1998(3)：42～47.

[30] 蒋小珍．玉林市岩溶塌陷地理信息系统[J]．中国地质灾害与防治学报，2001，12(1)：55～59.

[31] 康彦仁，等．中国南方岩溶塌陷[M]．南宁：广西科学出版社，1990：25～40.

[32] 雷金山，阳军生，肖武权，等．广州岩溶塌陷形成条件及主要影响因素[J]．地质与勘探，2009(4)：488～492.

[33] 雷明堂，蒋小珍，李瑜．岩溶塌陷预测评价系统及其应用——以唐山岩溶塌陷为例[J]．中国岩溶，1997，16(2)：97～104.

[34] 雷明堂，蒋小珍．岩溶塌陷研究现状、发展趋势及其支撑技术方法[J]．中国地质灾害与防治学报，1998，9(3)：1～6.

[35] 全望永．铜陵小街地区岩溶塌陷模糊综合评判[J]．中国岩溶，1992(4)：35～44.

[36] 王金声．岩溶塌陷的形成机理与预测方法[J]．山西建筑，2009，35(23)：91～92.

[37] 任美锷，刘振中．岩溶学概论[M]．北京：商务印书馆，1983.

[38] 寿冀平．山东省地面塌陷现状、发展趋势及防治[J]．中国地质灾害与防治学报，1998(3)：90～93.

[39] 宋洪柱，李守春，张素梅．高密度电阻率法在古墓探测中的应用[J]．工程地球物理学，2007(2)：123～126.

[40] 泰安市水利与渔业局．泰安市岩溶水保护研究[R]. 2003.

[41] 唐伟，裴建国，殷建，等．桂林毛村岩溶地下河二十多年来的水质演化趋势研究[1]．中国岩溶，2010(3)：331～336.

[42] 涂水源，张伯禹，谢代兴．桂林环境工程地质[M]．重庆：重庆出版社，1988：73～75.

[43] 王洪，汤井田．高密度电阻率法在贵州福泉矿难救援中的应用[J]．工程地球物理学报，2006(5)：392～394.

[44] 王建秀，杨立中，刘丹．覆盖型岩溶区土体塌陷典型数学模型的研究[J]．中国地质灾害与防治学报，1998，9(3)：54～59.

[45] 吴爱民，万继涛，李公岩．枣庄市岩溶塌陷形成规律及防治[J]．山东地质，1997，13(2)：78～82.

[46] 杨立中，王建秀. 国外岩溶塌陷研究的发展及我国的研究现状[J]. 中国地质灾害与防治学报，1997(8):6~10.

[47] 李忠，刘秀峰，黄成麟. 提高TSP202超前预报系统探测距离的技术措施的研究[J]. 岩石力学与工程学报，2003(3):472~475.

[48] 翟立娟. 岩溶水饮用水水源保护区划分技术方法——以邯郸市羊角铺水源地为例[J]. 中国岩溶，2011(1):47~52.

[49] 赵勇华. 试论泰安路基塌陷与稳定性分区[J]. 中国岩溶，1985(4):1~2.

[50] 朱庆俊，李伟，李凤哲，等. 广西隆安县地下水储水构造的地质-地球物理模型及其地球物理相应特征分析[J]. 中国岩溶，2011(1):34~40.

[51] 王滨. 枣庄市岩溶塌陷的形成机理及其渗压致塌模型的研究[D]. 青岛：青岛建筑工程学院，2001.

[52] 关宝树. 隧道力学概论[M]. 成都：西南交通大学出版社，1993.

[53] 何振起，梁彦忠，等. 利用地震反射法进行隧道施工地质超前预报[J]. 铁道工程学报，2000(4):81~85.

[54] 今吉隆，丁志俊. 利用地震勘探方法进行隧道开挖面前方基岩预测——基础实验结果[J]. 物探化探译丛，1994(3):21~27.

[55] 李大心. 探地雷达方法与应地雷达的应用[M]. 北京：地质出版社，1999.

[56] 李伟和，邱庆程. 地质雷达在不同岩性介质中的应用[J]. 物探与化探，2001，25(4):312~315.

[57] 李庆忠. 岩石的纵、横波速度规律[J]. 石油地球物理勘探，1992，27(1):1~12.

[58] 鲁光银，韩旭里，等. 综合探测技术在公路隧道泥涌灾害治理中的应用[J]. 防灾减灾工程学报，2005，25(3):239~243.

[59] 李天斌，孟陆波，朱劲，等. 隧道超前地质预报综合分析方法[J]. 岩石力学与工程学报，2009，28(12):2431~2432.

[60] 张勇，张子新，华安增. TSP超前地质预报在公路隧道中的应用[J]. 东北公路，2001，24(2):77~79.

[61] 工程岩体分级标准（GB 50218—1994）. 北京：中国计划出版社，1999.

[62] 公路隧道设计规范（JTGT0—2004）. 北京：人民交通出版社，2004.

[63] 匡文龙，古德生，周科平，等. GPR在高速公路隧道掘进中掌子面前方岩体结构超前预报工作中的应用[J]. 公路交通科技，2005，22(9):109~114.

[64] 戴前伟，吕绍林，肖彬. 地质雷达的应用条件探讨[J]. 物探与化探，2000，24(2):158~160.

[65] 杜恒捡. 地貌学与第四纪地质学[M]. 北京：地质出版社，1981.

[66] 蔡袁强，徐长节，吴世明. 粘弹性饱水岩层中地震波的传播[J]. 地震学报，1998，20(3):250~254.

[67] 陈成宗．隧道地质预测技术[J]．世界隧道，1995(6):74～77.

[68] 陈建峰．隧道施工地质超前预报技术比较[J]．地下空间，2003(1):5～8.

[69] 高德利，张辉，王家祥．地层岩性与钻头工况的评估方法研究及其应用[J]．钻采工艺，1998，20(1):8～11.

[70] 谷德振．岩体工程地质力学基础[M]．北京：科学出版社，1979.

[71] MASAHIM H，MESARU U，KEINOSUKE G. Geological prognosis ahead of a tunnel face[J]. Engineering Geology，1993，12：229～235.

[72] ALVAREZ G M，VERHOEF P N W. Forecasting rock trencher performance using fuzzy logic [J]. International Joumal of Rock Methanics and Mining Science，1999，36：413～432.

[73] AMBERS. TSP 203 Field Operation&Data Acquisition Mantial Version 1. 4.

[74] ASHRAF W L，et al. An effective maintenance system using the analvtic hierarchy process[J]. Integrated Manufacturing Systems，1998，9(2):87～98.

[75] BULL J W，SALMO S H. Three dimensional analysis of tunnels using infinite boundary elements [J]. Computers and Gentechnics，1987，3(1):37～58.

[76] HOEK E，BROWN E T. Practical estimates of rock mass strength[J]. International Joumal of Rock Mechanics and Mining Science，1997，34(8):1165～1186.

冶金工业出版社部分图书推荐

书　名	定价(元)
采矿手册(第1卷~第7卷)	927.00
采矿工程师手册(上、下)	395.00
现代采矿手册(上、中、下)	1000.00
实用地质、矿业英汉双向查询、翻译与写作宝典	68.00
现代金属矿床开采技术	260.00
海底大型金属矿床安全高效开采技术	78.00
浮选机理论与技术	66.00
现代选矿技术丛书　铁矿石选矿技术	45.00
矿物加工实验理论与方法	45.00
现场混装炸药车	78.00
地下装载机	99.00
硅酸盐矿物精细化加工基础与技术	39.00
矿山废料胶结充填(第2版)	48.00
选矿知识600问	38.00
采矿知识500问	49.00
金属矿山安全生产400问	46.00
煤矿安全生产400问	43.00
金属矿山清洁生产技术	46.00
地质遗迹资源保护与利用	45.00
现代矿业管理经济学(本科教材)	36.00
爆破工程(本科教材)	27.00
采矿学(第2版)(本科教材)	58.00
地质学(第4版)(本科教材)	40.00
井巷工程(本科教材)	38.00
井巷工程(高职高专教材)	36.00